선한창조 1

선한 창조 1

지은이 **황명환 강기호 외 4인**
펴낸이 **김명식**
펴낸곳 **(주)넥서스**

초판 1쇄 발행 2014년 11월 30일
초판 2쇄 발행 2014년 12월 5일

출판신고 1992년 4월 3일 제311-2002-2호
121-893 서울시 마포구 양화로 8길 24
Tel (02)330-5500 Fax (02)330-5555
ISBN 979-11-5752-118-0 03230
     979-11-5752-117-3 （세트）

저자와 출판사의 허락 없이 내용의 일부를 인용하거나
발췌하는 것을 금합니다.
저자와의 협의에 따라서 인지는 붙이지 않습니다.

가격은 뒤표지에 있습니다.
잘못 만들어진 책은 구입처에서 바꾸어드립니다.

www.nexusbook.com
넥서스CROSS는 (주)넥서스의 기독 브랜드입니다.

제자 훈련 그 이후

GOD'S CREATION

1

황명환·강기호 외 4인 지음

넥서스CROSS

서문

하나님의 선하신 창조의 눈으로
나와 세상을 다시 본다

    목사 안수를 받은 지 20여 년이 지난 친구들이 모여 성도의 영적 성장에 관해 이야기하던 자리가 있었습니다. 목회에 관한 여러 가지 고민을 나누다가 성경 공부 교재가 지나치게 '구원'에 초점이 맞춰져 있다는 데 의견이 모아졌습니다. 그렇다면 이를 극복하기 위해 우리가 할 수 있는 일은 무엇인지 토의하다가 '창조'에 초점을 맞춘 교재를 만들어 함께 사용해 보자며 뜻을 모으게 되었습니다. 2013년 12월 26일 첫 모임 이후 9번의 전체 모임과 8개월간 진행된 개인적인 집필 과정을 통해 성경 공부 교재 《선한 창조》가 얼굴을 내밀게 되었습니다.

    구원이라는 앵글로 보면 세상은 죄악 된 곳이요, 인간은 죄인입니다. 그런데 창조라는 안경으로 바라보면 세상은 하나님이 만드신 아름다운 곳이요, 인간은 하나님의 형상을 가진 선한 존재입니다. 저희는 창조라는 앵글을 가지고 성경을 공부해 보기로 했습니다. 하나님이 창조하신 본래의 세상, 그리고 예수 그리스도를 통해 회복된 인간의 본래 모습은 어떤 것인지 드러내어 신앙과 삶의 균형을 이룬 그리스도인이 되도록 돕는 데 초점을 맞추었습니다. 이 책을 통해 하나님의

선한창조

선하신 창조에 걸맞은 신앙적 틀, 삶의 기준점을 찾아, 회복된 그리스도인으로 살게 되기를 소망합니다.

묻고 답하는 식의 공부에서 벗어나 스토리에서 감동받을 수 있게 집필한 점은 기존의 교재들과 비교할 때 차별적이라 하겠습니다.

이 책은 60개 주제를 다루고 있는데 1권은 6단원 30과로 엮었습니다. 1단원 인간, 2단원 치유, 3단원 환경, 4단원 삶, 5단원 역사, 6단원 소통을 제목으로 달았으며, 그 아래 각각 다섯 개의 과가 있습니다. 2권은 다음 해에 얼굴을 내밀게 될 것입니다.

수서교회 황명환 목사, 성남교회 지광복 목사, 서울장로교신학대학 송인설 교수, 상일교회 노철규 목사, 오병이어교회 김형제 목사, 드림교회 강기호 목사가 함께 참여하여 각자 맡은 주제를 쓰다 보니 문체가 동일하지 않다는 약점이 있습니다만 도리어 각자의 색깔이 전체의 조화를 이루는 일곱 색깔 무지개처럼 아름답게 펼쳐진 장점도 있습니다.

구원에 관한 기본적인 진리를 배운 성도들이 구원 그 이후의 과정으로 공부하면 좋겠다 싶어 만든 책이어서 약간 어려운 주제와 개념도 포함되어 있는데 어려울 것이라 짐작되는 단어와 개념들은 약간의 설명을 부연했습니다.

이 책이 나올 수 있도록 격려해 주신 넥서스크로스 김명식 목사님과 편집을 맡아 주신 김혜전 차장님, 그리고 후원해 주신 이옥준 권사님과 임지현 집사님에게 감사드립니다. 부디 이 책이 성도들의 영적 성장을 도모하는 데 일익을 감당할 수 있게 되기를 바라는 마음 간절합니다. 감사합니다.

글쓴이들

교재 활용법

이 교재는 스토리텔링이라는 방식으로 만들어졌습니다. 저자와 독자가 마주 앉아 이야기를 나누는 것 같은 형식입니다. 편히 앉아 유익하고 즐거운 이야기를 듣겠다는 마음으로 공부하시면 좋은 깨달음에 이르게 될 것입니다. 이를 위해 몇 가지 제안을 드리겠습니다.

먼저, 본문 말씀을 읽으십시오

하나님은 성경 말씀 속에서 우리를 기다리고 계십니다. 본문 말씀을 여러 번 읽으면 그 속에서 기다리고 계시는 하나님을 만날 수 있습니다. 제목과 연관하여 본문을 묵상하면 각 과에서 말하고자 하는 핵심적인 내용을 미리 묵상하는 유익이 있습니다.

성령님의 '생각나게 하는 은혜'를 사모하십시오

모든 성경은 하나님의 감동으로 된 것입니다. 그러므로 원 저자이신 성령님의 도우심을 사모하는 기도로 시작하는 것이 좋습니다. 이 주제를 공부할 때 하나님이 말씀하고자 하시는 것이 무엇인지 생각나게 해 달라고 기도하십시오.

'지난 한 주 하나님께서는'이라는 은혜 나누기로 각 과를 시작합니다

기도를 마친 다음 지난 한 주간 동안 하나님과의 관계에서 얻은 은혜나 갈망을 꺼내서 되새김질하며 교재 속으로 들어가시기 바랍니다. 이 되새김질은 지난 한 주간 동안 베풀어 주신 하나님의 은혜에 대한 감사인 동시에 말씀 공부를 통해 얻게 될 새로운 깨달음에 대한 기대입니다. 함께 공부하는 분들이 있으면 숙제로 해 와서 함께 나누면 좋겠습니다. 나눔이 기적을 낳습니다.

🌱책을 편안한 마음으로 읽어 가십시오
세상에는 두 종류의 공부가 있습니다. 예측과 통제를 위한 자연과학적인 공부와 사랑을 위한 계시적 지식에 대한 공부가 그것입니다. 우리는 뭔가를 예측하고 성취하기 위하여 성경을 공부하는 것이 아니라, 사랑하기 위하여 공부합니다. 하나님을 사랑하고, 이웃을 사랑하기 위한 공부이므로 목적을 거기에다 두고 책을 읽어 가십시오.

🌱질문을 던진 여백을 채우며 공부하십시오
어떤 질문은 성경 말씀이나 공부한 내용을 정리하면서 쉽게 답을 얻을 수 있는데 비해 어떤 질문은 본인의 경험을 기초로 답을 써야 하기 때문에 생각을 많이 해야 합니다. 각자의 경험이나 생각을 요구한 질문에 답하신 후에는 그것을 서로 나누면 좋겠습니다. 이해가 사랑을 낳습니다.

🌱마지막 부분에 있는 '선포하기'를 읽고, 진심으로 선포해 보십시오
성경 공부의 가치는 실천에 있습니다. 말씀을 공부한 다음 선포하고, 선포한 내용을 삶 속에서 실천할 때 학습은 완성됩니다. 여러분을 통해 예수님이 세상 속으로 걸어 나가시는 아름다운 역사가 일어나기를 진심으로 소망합니다.

차례

서문 • 004
교재 활용법 • 006

1단원 인간

01 인간은 어떤 존재인가 … 12
02 남자를 생각한다 … 22
03 여자를 말한다 … 31
04 하나님이 만드신 가정 … 42
05 부모와 자녀 … 50

2단원 치유

06 치유는 구원의 또 다른 이름 … 64
07 내적 치유 … 75
08 상한 감정의 치유 … 85
09 낡은 자아의 치유 … 95
10 몸의 치유 … 106

3단원 환경

11 창조와 자연 … 118
12 직업과 소명 … 128
13 돈과 재물 … 138
14 일과 사랑, 그리고 신앙 … 149
15 생명과 죽음 … 160

4단원 삶

- *16* 영적 성장의 길 ⋯ 172
- *17* 균형 잡기 ⋯ 184
- *18* 신앙의 신비 ⋯ 195
- *19* 그리스도 안에 거하기 ⋯ 206
- *20* 헌신 ⋯ 216

5단원 역사

- *21* 시간과 역사 ⋯ 228
- *22* 교회와 국가 ⋯ 239
- *23* 기독교와 무신론 ⋯ 250
- *24* 기독교와 범신론 ⋯ 260
- *25* 세계관 ⋯ 270

6단원 소통

- *26* 언어의 위력 ⋯ 282
- *27* 듣는 마음 ⋯ 292
- *28* 비난 없이 말하기 ⋯ 301
- *29* 따뜻한 소통 ⋯ 311
- *30* 섬김 ⋯ 320

1단원의 주제는 '인간'입니다.

우리는 인간이고("인간이란 무엇인가?"), 남자와 여자이며("남자/여자란 무엇인가?"), 결혼을 통해 가정을 이루었고("결혼과 가정이란 무엇인가?"), 부모와 자녀로 살아갑니다("부모와 자녀는 무엇인가?"). 우리 존재에 대한 질문들입니다.

그런데 우리는 이 질문에 대한 대답, 이것의 정의와 목적, 질서와 아름다움과 행복이 무엇인지 잘 모릅니다. 그저 세상이 나름대로 가르쳐 준 것을 가지고 살아갑니다. 가끔 성경을 통해 이런 저런 지식을 듣게 되지만 종합적으로 정리되어 있지 못합니다. 1단원을 통하여 "나는 누구인가?"를 배울 것입니다. 천상천하에 유아독존하는 존재가 아니라 하나님에 의해 남자/여자로 창조된 가치 있는 존재, 가정을 통해 부모와 자녀의 관계로 살아가는 존재임을 알게 될 것입니다.

1단원

인간

01 | 인간은 어떤 존재인가
02 | 남자를 생각한다
03 | 여자를 말한다
04 | 하나님이 만드신 가정
05 | 부모와 자녀

01
인간은 어떤 존재인가

성경 〈창세기〉 1:26~27   요절 〈시편〉 8:4

지난 한주 하나님께서는

_____

_____

_____

어느 날 '근심'이 강을 건너다가 좋은 흙을 보게 되었습니다. 그 흙으로 아름다운 작품을 만든 다음, '근심'은 주피터에게 자기가 만든 작품에 영혼을 넣어 달라고 부탁했습니다. 주피터는 그렇게 했습니다. 이제 영혼까지 있는 작품에 어떤 이름을 붙일까 생각하다가 자기 이름을 붙이려고 했습니다. 그 순간 주피터는 "안 돼, 내가 영혼을 주었으니 내 이름을 붙여야 해" 하고 우겼습니다. 그 소리를 듣고 땅은 "내 것을 가지고 만들었으니 내 이름을 붙여야지!" 주장했습니다. 그래서 셋이 싸우게 되었습니다. 결론을 내리지 못한 그들은 새턴에게 가서 최종 판결을 받기로 했습니다. 자초지종을 들은 새턴은 다음과 같이 판결했습니다.

"주피터! 당신은 영혼을 주었으니 이것이 죽으면 영혼을 가져가시오. 땅! 당신은 그 몸을 제공했으니 이것이 죽으면 그 몸을 가져가시오. 그리고 근심! 당신은 이것을 만들었으므로 살아있는 동안 당신의 소유로 하시오. 그리고 문제가 되었던 이것의 이름은 땅(후무스, humus)으로 만들었으니 휴먼(human)이라 하시오."

로마 신화에 나오는 이야기입니다. 인간은 어떤 존재인가? 흙으로 빚어진 존재이며, 이 땅에 사는 동안 근심에서 벗어날 길이 없고, 죽으면 어두운 영의 세계로 사라지는 존재라고 로마인들은 고백했던 것입니다.

현대의 인간 이해

현대의 인간 이해는 더 천박합니다. 찰스 다윈은 진화론적 인간관을 주장합니다. 쉽게 말하면 인간은 동물로부터 진화된 존재라는 것입니다. 이것은 인간이 동물과 다를 바 없다는 말이 됩니다. 프로이트는 성적(性的)으로 인간을 이해합니다. 인간은 성적으로 억압된 존재이므로 성에서 해방되어야 한다는 것입니다. 칼 막스는 인간을 철저하게 경제적 동기에 의해서 움직이는 존재라고 보았습니다. 종합해 보면 인간은 짐승이며, 언제나 성적으로 목말라 있고, 돈이라면 사족을 못 쓰는 존재라는 말입니다. 이런 주장을 어떻게 생각하세요? 이런 인간 이해의 공통점은 인간을 아래로부터 이해했다는 데 있습니다. 나의 관점에서, 나를 중심으로, 동물이나 다른 사람을 비교하면서 같은 점과 다른 점을 추론해 낸 것입니다. 이것이 현대의 인간 이해입니다. 여러분의 생각은 어떻습니까?

그러나 이런 인간 이해만 있는 것은 아닙니다. 위로부터 이해하는 방법, 다시 말해 하나님과의 관계에서 인간을 보는 방법도 있습니다. 하나님은 인간을 다른 피조물과 달리 특별한 정성과 계획과 방법으로 창조하셨습니다.

> **〈창세기〉 1:27**
> 하나님이 자기 형상 곧 하나님의 형상대로 사람을 창조하시되 남자와 여자를 창조하시고

> **Q** 〈창세기〉 1장 27절에 보면, 하나님은 인간을 어떤 모습으로 창조하셨나요?
>
> _____

하나님은 인간을 '하나님의 형상'(Image of God)으로 창조하셨습니다. 이것 때문에 인간은 다른 모든 피조물과 구별됩니다. 하나님의 형상이란 하나님의 말씀에 귀 기울이고, 그 사랑을 깨닫고, 거기에 응답하는 능력! 더 쉽게 말하면 하나님과 교통할 수 있는 능력을 말합니다. 하나님의 형상에 대해서 좀 더 자세하게 말해 볼까요?

하나님의 형상에 대해서

첫째, '영원 지향성'입니다. 모든 사람에게는 영원을 사모하는 마음이 있습니다(전 3:11). 그래서 하나님을 찾습니다. 철학자 키케로는 말했습니다. "그 마음속에 하나님을 찾지 않을 만큼 비종교적인 부족이나 인간은 역사 속에 없다."

왜 사람들은 그렇게 세상에서 자기 이름을 남기고 싶어 하고, 역사 속에 기억되려고 할까요? 이것은 우리에게 있는 '하나님의 형상' 중에서 영원 지향성의 한 파편으로 이해할 수 있습니다. 하나님의 형상이 잘못되면 단순히 육체적으로 죽지 않으려는 불사(不死)에 대한 집착으로 전락합니다.

둘째, '신성 지향성'입니다. 인간은 동물이지만, 단순한 동물이기를 거부합니다. 인간의 마음속에는 신성을 지향하는 마음

> 〈창세기〉 3:5
> 너희가 그것을 먹는 날에는 너희 눈이 밝아져 하나님과 같이 되어 선악을 알 줄 하나님이 아심이니라

이 있습니다(창 3:5). 그래서 의미를 추구합니다. 그러나 아무리 존경받는 왕이나 황제라 할지라도 자기는 피조된 인간이지 신이 아니라는 것을 압니다. '신성 지향성'은 신과 교제하는 능력이지, 인간이 신이라는 말은 아닙니다. 이것이 잘못되고 변질되면 '자기 신격화, 자기 우상화'로 나가게 됩니다. 자기를 경배하도록 강요하는 것입니다.

셋째, '다스림'입니다. 인간은 자기를 다스리고, 세상과 만물을 다스리는 것을 좋아합니다. 여기서 다스림은 독재를 의미하는 것이 아니라 섬김을 통한 다스림입니다.

> 그들로 바다의 물고기와 하늘의 새와 가축과 온 땅과 땅에 기는 모든 것을 다스리게 하자
> (창 1:26)

다스리고 섬기면서 즐거워하는 마음, 이런 마음을 인간에게 주셨습니다. 그래서 인간은 다스리고, 결정하고, 가꾸고 키우면서 보람을 누리고, 행복하도록 되어 있습니다. 이것이 잘못되면 억압과 폭정과 학대로 나타납니다.

Q '하나님의 형상'에 대한 세 가지 설명을 정리해 봅시다.

하나님의 형상이란 _____ 이다.
_____ 이다.
_____ 이다.

인간의 가장 큰 행복은 '하나님의 형상'이 찬란히 빛날 때! 즉 하나님을 찾고, 교제하며, 그 안에서 행복을 누리며, 무언가를 다스리고 섬길 때 맛보는 것입니다. 반면에 인간의 가장 큰 죄는 '하나님의 형상'이 왜곡될 때 나타납니다. 이름을 남기려는 몸부림, 단순한 인간이면서도 신적인 존경을 받으려는 욕심! 그래서 스스로를 신격화하거나 우상화하려는 야망, 세상을 섬기지 않고 폭정과 억압과 착취를 행하는 것이 인간의 가장 뿌리 깊은 죄입니다. 그래서 인류 역사 속에는 차별과 억압에 대한 분노가 가득한 것입니다.

미국 대법원의 고민은 "인권의 근거가 어디에 있는가?" 하는 것입니다. 하나님을 인정하면 간단합니다. 하나님이 인간을 하나님의 형상으로 창조하셨으므로 천부인권설에 근거하여 인간은 존엄한 것입니다. 그러나 그 근거를 잃게 되면 인권의 근거를 찾기가 어렵습니다. 개나 고양이나 나무나 돌멩이도 인간과 다를 것이 없습니다. 하나님의 형상을 거부하고 나면 인간의 인간됨을 잃게 됩니다.

Q 인간에 대한 위로부터의 이해와 아래로부터의 이해는 어떻게 다른지 적어 봅시다.

_____

_____

성경의 세 가지 인간 이해

인간에 대한 이해가 서로 달라지는 이유는 인간의 원재료 때문입니다. 인간은

'흙'과 '하나님의 형상'으로 이루어져 있는데 어느 쪽을 바라보느냐에 따라서 인간은 약하고 추하며, 동시에 고귀하고 위대합니다.

> 사람이 무엇이기에 주께서 그를 생각하시며 인자가 무엇이기에 주께서 그를 돌보시나이까 그를 하나님보다 조금 못하게 하시고 영화와 존귀로 관을 씌우셨나이다(시 8:4~5)

에노스와 벤 아담 : "사람이 무엇이기에"를 영어로 표현하면 "What is the man?"(인간이란 어떤 존재인가)입니다. 여기서 '사람'은 히브리어로 '에노스'입니다. 에노스는 사람을 가리키는 말 중에서도 특별히 죽을 수밖에 없는 존재, 썩어버릴 존재, 낡아서 없어지는 존재를 말합니다. 다시 말하면 인간의 연약한 부분을 강조하는 말이 에노스입니다. 또한 "인자가 무엇이기에"의 '인자'는 히브리어로 '벤 아담'이란 말인데 '흙의 아들'이라는 뜻입니다. 흙에서 와서 흙으로 돌아가는 존재라는 말입니다. 사람은 결국 이 땅에 살며, 이 땅에서 나는 것을 먹고, 이 땅의 것을 가지려고 몸부림치다가 죽을 수밖에 없는 존재이며, 죽으면 썩고 낡아서 없어지는 허무한 인생이라는 것입니다. 그러므로 하늘에 속한 것을 알지 못하면 허무할 수밖에 없습니다.

영화롭고 존귀한 존재 : 그러나 하나님은 인간을 거기에 머무르게 하지 않았습니다. 인간을 생각하시고, 그에게 권고하시고, 그와 관계를 맺으십니다. 그리고 그를 영화롭게 합니다. 이런 의미에서 인간은 '에노스'이며 '벤 아담'이지만 한편으로는 만물의 영장입니다. 하나님의 형상으로 빚으셔서, 하나님을 닮은 존재로, 하나님과 교통하는 존재로 만드셨습니다.

Q 인간에 대한 두 가지 견해를 어떻게 생각하는지 적고 나눠 봅시다.
_____
_____
_____

하나님이 본래 창조하신 목적대로 살지 못하는 이유는 죄 때문입니다. 죄가 우리에게서 하나님의 영광을 빼앗고, 우리를 비참과 나약으로 떨어지게 합니다. 하나님에게 붙들려 사용되는 영광을 누리지 못합니다. 회복의 방법은 예수 그리스도를 붙잡는 것입니다. 그분 앞에 나와서, 그분을 통하여 회복되어야 합니다. 죄를 회개하고, 예수 그리스도를 닮아가야 합니다. 그럴 때 우리는 우리를 창조하신 하나님 앞에서 자기 모습을 회복할 수 있습니다. 그렇게 될 때 인간에 대한 세 번째 이해가 나옵니다.

주의 손으로 만드신 것을 다스리게 하시고 만물을 그의 발 아래 두셨으니 (시 8:6)

하나님의 청지기 : 하나님의 청지기가 되어 만물을 다스리는 권세를 위임받습니다. 세상 만물에 영향력을 끼치고, 하나님이 주신 힘으로 세상의 청지기로 살아갑니다. 청지기는 주인이 아닙니다. 그러나 주인으로부터 상당한 권리를 위임받았으므로 자유를 가지며, 다른 종들에 대하여 책임을 집니다.

성경은 인간이 죽을 수밖에 없는 존재이지만, 하나님의 형상을 갖고 있으며, 하나님의 청지기로 존재한다고 말하고 있습니다. 바른 인간 이해는 어디에서 시작되어야 할까요?

종교 개혁자 칼뱅은 《기독교강요》에서 이렇게 말했습니다. "자신을 알지 못하고는 하나님을 알지 못한다. 하나님을 알지 못하고는 자신을 알지 못한다." 하나님을 아는 만큼만 나를 알 수 있다는 것입니다. 왜 그럴까요? 그분이 나를 창조하셨기 때문입니다! 따라서 우리는 모두 하나님 안에서 자신을 발견해야 합니다.

하버드대학에서 있었던 일입니다. 대학 재단은 낡은 철학과 건물을 새로 짓기로 결정했습니다. 철학과에서는 교수 회의를 거쳐 여러 가지를 요청했습니다. 전통적으로 교수 회의가 요청하는 것은 그대로 승인하는 것이 하버드대학의 관례였습니다. 교수들과 설계자들은 철학과를 상징하는 문구를 건물 입구에 써 넣기로 했습니다. 그리고 의견을 모은 결과, 가장 많은 사람이 "인간은 만물의 척도다"라는 말이 좋겠다고 했습니다. 그 의견이 올라오자 총장은 말했습니다. "이것이 언제나 정확한 인간에 대한 이해입니까? 나는 그렇게 생각하지 않습니다. 이것보다 더 좋은 인간에 대한 이해가 있을 것이라고 생각합니다." 결국 "사람이 무엇이기에 주께서 그를 생각하시며 인자가 무엇이기에 주께서 그를 돌보시나이까?"(시 8:4). 이 문구를 건물 기둥에 새겨 넣었습니다.

이 이야기는 인간을 생각하는 두 관점을 극단적으로 보여 줍니다. "나는 누구인가? 나는 만물의 척도이다. 내가 기준이다. 내가 수고하고 내가 노력해서 오늘의 내가 있다"가 그 하나입니다. 그리고 "하나님이 나를 사랑하신다. 그분이 나를 기억하신다. 그리고 그분이 은혜를 주셔서 오늘의 내가 있다"라는 것이 두 번째입니다. 여러분은 자신을 어떻게 생각하십니까?

파스칼은 말했습니다. "인간에게는 하나님만으로 채워져야 할 공간이 있다." 아무리 많은 돈이 있고, 명예와 권력이 있어도 인간은 그것만으로 만족하지 못합니다. 왜 그럴까요? 하나님의 형상 때문입니다. 하나님의 형상이 만족되어야만, 다시 말하면 하나님과의 관계가 이루어져야만 그 영혼이 만족하고 행복해진다는 말입니다. 우리 인간은 세상의 어떤 물건으로도 채울 수 없을 만큼 큰 존재입니다.

하나님에 대한 인간의 두 가지 태도

인간이 존재하면서부터 제기된 가장 절실한 질문은 "나(인간)는 누구인가?"입니다. 아직도 철학적으로는 정답이 없습니다. 그래서 "인생은 나그네 길, 어디서 왔다가 어디로 가는가?" 노래하며 탄식하는 것입니다. 그러나 정말 인간은 어디서 와서, 무엇을 하다, 어디로 가는지 알지 못하는 존재일까요? 아닙니다. 인간은 하나님에게서 와서, 하나님의 은혜로 살다가, 하나님에게로 가는 존재입니다. 그런데 하나님을 버렸으므로 우주의 미아가 되고, 자기가 누군지를 모르는 존재가 되었습니다. 존재 가치와 목적을 잃은 것입니다. 이것이 인간의 비극입니다. 하나님에 대한 인간의 태도는 둘로 갈라집니다.

똑같은 세상에서, 똑같은 모습으로 살아가지만 자기가 누구라고 이해하느냐에 따라서 삶의 내용과 목적은 전혀 달라질 수 있습니다. 이것이 인생입니다.

> 복 있는 사람은 악인들의 꾀를 따르지 아니하며 죄인들의 길에 서지 아니하며 오만한 자들의 자리에 앉지 아니하고 오직 여호와의 율법을 즐거워하여 그의 율법을 주야로 묵상하는도다

그는 시냇가에 심은 나무가 철을 따라 열매를 맺으며 그 잎사귀가 마르지 아니함 같으니 그가 하는 모든 일이 다 형통하리로다 악인들은 그렇지 아니함이여 오직 바람에 나는 겨와 같도다 그러므로 악인들은 심판을 견디지 못하며 죄인들이 의인들의 모임에 들지 못하리로다 무릇 의인들의 길은 여호와께서 인정하시나 악인들의 길은 망하리로다(시 1:1~6)

> **선포합니다**
> † 나는 하나님의 형상으로 창조된 존재입니다.
> † 나는 하나님과 동행하며 진실한 청지기로 살아가겠습니다.
> † 나는 예수님처럼 섬기는 사람이 되겠습니다.

02 남자를 생각한다

성경 〈열왕기상〉 2:2   요절 〈디모데전서〉 2:8

지난 한주 하나님께서는

_____

_____

_____

남자로 살아가기

요즘 전 세계적으로 남자의 정체성에 대한 문제가 심각해졌습니다. 너무나 많은 남자가 자기 정체성을 잃고 있기 때문입니다. "남자란 어떤 존재인가?" 여기에 대한 대답이 옛날에는 분명했는데, 이제는 성별의 영역이 무너지고, 과거 남자만의 세계 속으로 여자가 얼마든지 들어오면서 '남녀의 구별이 진정 어떤 의미가 있는지' 모호하게 되었습니다. 그래서 남자를 "대본을 잃어버린 배우와 같다"고 말합니다.

남자의 역할을 크게 세 가지로 정리해 봅니다.

첫째는 '왕'입니다. 왕은 권위를 요구하고 다스립니다. 원칙을 세우고, 사물에 질서를 부여하고, 선악을 판단합니다. 상과 벌을 주고, 스스로 모범을 보입니다. 산업을 돌보고, 필요한 것을 공급하고 책임집니다. 그래서 자기가 다스리는 영역 안에서 모두가 다 행복하게 살기를 갈망합니다(창 1:26, 3:16).

〈창세기〉3:16b
너는 남편을 원하고 남편은 너를 다스릴 것이니라

둘째는 '용사'입니다. 목표물을 향해 전진하여 성취하고, 전략을 세워서 적들과 싸우며, 주어진 일에 몰두하며 헌신합니다. 그런데 성경적으로 말하면 남자는 '가나안을 향해 나아가는 정복자'입니다(수 1:1~3). 인류학적 관점에서 말하면 '목표를 향해 달려가는 전사'입니다. 쉽게 말하면 사냥꾼입니다(창 10:9). 그렇기 때문에 남자들은 목표 지향적입니다. 그래서 옆을 보지 못합니다. 생물학적으로 남자의 시야가 여자보다 좁다고 합니다. 앞에 있는 목표물을 향하여 전진해야 하기 때문입니다. 집중해서 쳐다보고 잡아 와야지, 여기저기 두리번거리다가 놓치면 안 되잖아요?

셋째는 '정열적인 연인'입니다. 감각적이며, 열정적입니다(전 7:28).

왕이 잘못되면 폭군이 됩니다. 용사가 잘못되면 잔인해집니다. 연인이 잘못되면 여자를 성의 도구로 생각하고 동물이 됩니다.

Q 남자에 대한 이해 세 가지를 정리해 봅시다.

_____

_____

남자다움에 대한 우상

남자들에게는 남자다움에 대한 잘못된 이해와 우상이 있는데 이것을 깨뜨려야 합니다. 먼저, 강해져야 한다고 배웠습니다. 그래서 울지 못합니다. 하지만 울 수 있어야 하고, 자기의 약함을 고백할 수 있어야 합니다(창 45:2; 시 42:3).

> 어떤 남자 성도가 말했습니다.
> "목사님, 저는 예수 믿고서 눈물이 많아졌습니다. 나약해진 걸까요?"
> 저는 대답했습니다.
> "아닙니다. 영성이 회복되고 나서 감정도 회복된 것입니다. 그래서 웃어야 할 일에 웃고, 울어야 할 일에 울게 된 것입니다. 웃어야 할 일에 웃지 못하고, 울어야 할 일에 울지 못하는 남자가 얼마나 많은지 모릅니다. 건강해진 것입니다."

다음으로 성공해야 한다고 배웠습니다. 남자들은 성취와 업적에 대한 부담 때문에, 엄청난 비교 의식 속에서 살아갑니다. 그런데 세상이 생각하는 성공과 신앙인이 생각하는 성공이 같은 것은 아니라는 것을 알아야 합니다. 예수님은 성공한 분입니까, 실패한 분입니까? 세상의 눈으로는 가장 실패한 분이지만 하나님의 뜻을 다 이루었고, 세상을 구원하셨습니다.

남자는 친구가 많지 않습니다. 경쟁자만 많죠. 그래서 외롭습니다. 그것을 잘 표현하지도 못합니다. 남자는 자기 약점을 잘 내놓지 않고 남에게 잘 물어보지도 않습니다. 길을 몰라도 그냥 갑니다. 가다가 헤매지요. 내비게이션이 있어서 천만 다행입니다.

결국 남자는 강해야 하므로 마음대로 울지도 못하고, 끝없이 경쟁하며 살아야 하고, 외로운 마음을 토로하지도 못하고 외롭게 삽니다. 그러니 남자가 제대로 살려면 울 수 있어야 하고, 성공의 개념을 새롭게 해야 하고, 마음을 쏟아 놓을 대상이 필요합니다. 그래야 올바른 영성이 회복되고, 건강한 삶을 살 수 있습니다.

남자에게 드리는 사도 바울의 부탁

> 그러므로 각처에서 남자들이 분노와 다툼이 없이 거룩한 손을 들어 기도하기를 원하노라
> (딤전 2:8)

초대 교회에는 두 개의 문화가 공존했습니다. 유대 문화와 헬라 문화가 그것입니다. 유대인들은 기도할 때 눈을 뜨고 기도합니다. 그리고 손바닥이 위로 가도록 손을 들고, 하늘을 바라보며 기도했습니다. 이것이 기본적인 기도 자세입니다(왕상 8:22). 그런데 이것 때문에 문제가 되었습니다. 유대인에게는 이 자세가 당연했지만, 헬라인들은 유대교의 전통을 따를 필요가 없어졌으므로 자기 맘대로 기도하는 자세를 취했습니다. 지금처럼 손을 모으고 눈을 감는 등의 전통이 만들어지지 않아 아주 복잡해진 것입니다.

> 〈열왕기상〉 8:22
> 솔로몬이 여호와의 제단 앞에서 이스라엘의 온 회중과 마주서서 하늘을 향하여 손을 펴고

어릴 때 교회 선생님이 "기도할 때는 이렇게 양손을 깍지 끼고, 가슴 앞에다 대고 기도해라" 가르쳐 주었습니다. 그런데 어머니를 따라서 어른 예배에 참석했더니 깍지를 끼지 않고 기도합니다. 그래서 저는 '어른이 되면 양손을 붙잡는 방법이 달라지나보다' 생각했습니다.
어느 날 외국 선교사님이 오셔서 설교했는데, 그분이 눈을 뜨고 기도했습니다. "선교사님이 눈 뜨고 기도한다!" 어떤 아이의 소리를 듣고 다 눈을 떠 놀랐던 기억이 있습니다.

한참 지나서야 눈을 감고 기도하는 것이 우리나라의 전통이라는 것을 알게 되었습니다. 그전까지는 선교사님이 눈을 뜨고 기도하는 것이 이해되지 않았지요. 이 정도니까 당시의 교회가 얼마나 사소한 것으로 혼란스러웠을까 충분히 짐작할 수 있습니다.

서로 의견이 맞지 않을 때 남자들은 대개 어떻게 할까요? 여기서 남자의 특징이 나옵니다. 남자들은 자기주장이 강하기 때문에 분노와 다툼이 많습니다. 또한 남자들은 혈기가 많습니다. 사냥꾼이거든요, 정복자입니다! 목표를 향해 달려가는 성향이 있습니다. 그러나 조절해야 합니다. 그러지 않으면 그 혈기 때문에 사람에게 상처를 줍니다. 또한 남자들은 왕의 특성이 있기 때문에 다른 사람이나 하나님의 뜻을 묻기보다 자기 판단과 생각을 앞세우고, 자기 논리에 빠져듭니다. 파워 게임을 하고, 정치를 하려고 합니다.

또한 하나님 앞에서 겸손하기가 어렵습니다. 자기 힘을 믿고 뭔가를 해보려는 경향이 강합니다. 웬만하면 기도보다는 상식으로, 자기 논리와 힘과 경험으로 판단하고 밀어붙이려고 합니다. 기도하는 것이 뭔가 약해지는 것 같고, 초라해지는 것 같다는 생각을 하기가 쉽습니다. 이게 남자의 속성입니다. 그래서 분노와 다툼이 없이 기도하라고 했습니다.

Q 남자의 특성 중 신앙생활에 방해가 되는 것은 어떤 것이 있는지 말해 봅시다.

신앙생활이란 하나님의 뜻을 찾고 따라가는 것입니다. 인간의 논리와 상식으로 모든 것이 결정된다면 교회가 될 수 없습니다. "우리를 통하여 하나님이 하시려는 일이 무엇인가? 주님의 뜻을 가르쳐주소서." 겸손히 물을 수 있는 자세가 필요합니다. 그래서 교회 안에서 남자와 성도들이 기도해야 합니다. 그러면 자신도 변하고, 가정도 변하고, 교회들이 변합니다.

기도 없는 회의, 기도 없는 봉사! 이것은 인간의 칭찬과 직분에 대한 욕심으로 나갑니다. 그 마음 깊은 곳에 기도가 없고, 자기가 깨어지지 않았다면, 하나님의 이름을 자기의 이익을 위해 사용하게 됩니다. 그래서 거듭나지 않으면, 아무리 하나님의 일을 한다고 해도 잘못되기 쉽습니다. 그러므로 특별히 교회 안에서 남자 성도들은 기도해야 합니다. 기도하며 나가야만 남자들이 교회 안에서 정치적이거나 공격적이지 않고, 하나님이 원하시는 아름다운 일들을 감당할 수 있습니다.

그러므로 남자들이 가장 먼저 기억해야 할 것은 "내가 무엇을 하겠다!" 이런 마음이 아니라, "기도를 통하여 하나님의 뜻을 찾고, 하나님이 일하시고 나는 그분의 깨끗한 도구가 되겠다" 하는 자세가 필요합니다. 사람들은 업적을 중시합니다. "내가 이런 일을 했다. 저 사람이 큰일을 했대!" 그러나 하나님은 업적을 중요시하지 않습니다. 순종을 중요시합니다(삼상 15:22). 기도를 통하여 자기를 내려놓으면 과시하거나 싸울 일이 없습니다.

〈사무엘상〉 **15:22**
순종이 제사보다 낫고 듣는 것이 숫양의 기름보다 나으니

Q 순종이 제사보다 나은 이유를 적고 나누어 봅시다.

_____

_____

그러므로 아내는 남편에게 이렇게 권면하십시오.

"무엇을 하든지 먼저 기도하고 하세요. 그러면 당신은 무엇이든지 할 수 있습니다. 그것이 당신과 우리 모두와 교회가 발전하고 행복할 수 있는 최고의 길입니다."

남자들은 자신의 나약함과 경쟁심과 분노와 갈등을 하나님 앞에 올려드려야 합니다. 인생의 짐을 하나님에게 고백해야 합니다. 외로움, 고독, 두려움 같은 누구에게도 말할 수 없는 남자의 고민을 하나님 앞에 내려놓을 수 있어야 합니다. 그리고 은총으로 채워져야 합니다. 기도하지 않으면 남자의 삶은 고달프고 결코 만만치 않습니다.

> **Q** 〈시편〉 55편 22절 말씀을 적어 봅시다.
> _____
> _____

기도할 때! 주님이 주신 남성성이 정말로 꽃필 수 있습니다. 그래서 좋은 왕이 되고, 용감한 전사가 되고, 다정한 연인이 될 수 있습니다.

영적인 권세와 분별력을 가진 아버지

너는 힘써 대장부가 되고 (왕상 2:2b)

다윗이 솔로몬에게 한 유언입니다. 진정한 남자가 되라는 것입니다. 아들은 아버지에게 인정받을 때 진정한 남자가 됩니다. 진정한 남자가 되는 일은 남자의 중요한 과제입니다. 시간이 흐르면서 남자는 아들에서 아버지가 되어야 합니다. 탕자처럼 집을 나간 아들에서 집으로 돌아온 아들, 그래서 아버지를 섬기는 아들이 되어야 합니다. 그러나 아들에서 머물면 안 됩니다. 아버지가 되어야 합니다.

유명한 화가 렘브란트가 〈누가복음〉 15장을 근거로 〈탕자의 귀향〉이라는 그림을 그렸습니다. 늙은 아버지 앞에 무릎을 꿇고 돌아온 지치고 초라한 아들이 안겨 있습니다. 늙은 아버지는 눈을 감고 그 아들을 손으로 감싸 안아줍니다. 그 모습을 싸늘한 눈으로 바라보는 큰 아들이 있는 그림인데, 명화 중의 명화입니다. 이 그림에는 남자의 사명이 들어 있다고 헨리 나우웬은 말했습니다. 먼저 남자가 되는 것, 그리고 아들이 되는 것, 마지막으로 아버지가 되는 것이 그것입니다.

> 아이들아 내가 너희에게 쓴 것은 너희가 아버지를 알았음이요 아비들아 내가 너희에게 쓴 것은 너희가 태초부터 계신 이를 알았음이요 청년들아 내가 너희에게 쓴 것은 너희가 강하고 하나님의 말씀이 너희 안에 거하시며 너희가 흉악한 자를 이기었음이라(요일 2:14)

아이의 신앙과 청년의 신앙과 아비의 신앙을 〈요한일서〉는 말하고 있습니다. 신앙적인 아비들은 하나님의 사랑을 깊이 경험한 사람들을 말합니다. 그래서 누구든지 품을 수 있는 성숙함이 있습니다. 이 시대는 '아버지의 부재'로 고통받고 있습니다. 돈은 벌어오지만 가슴이 따뜻한 아버지, 자녀와 소통하고 축복하는 권위 있는 아버지의 부재로 고통받고 있습니다.

야곱은 노년에 요셉의 두 아들 에브라임과 므낫세를 축복합니다. 그런데 팔을 엇바꾸어 얹었습니다. 요셉이 장남과 차남의 순서가 틀렸다고 하자 야곱은 "나도 안다. 그러나 아우가 형보다 크게 되리라"고 말합니다. 야곱은 자녀를 축복하는 영적 권세를 가졌으며, 후손의 앞날을 바라보는 영적인 분별력을 가지고 있었던 것입니다(창 48:8~20).

이 시대는 아버지가 없는 시대입니다. 흔들리지 않는 원칙이 있으나 가슴은 따뜻한 아버지. 자기 아버지와의 관계를 해결한 사람으로서 남자의 권위를 가진 아버지가 되십시오. 야곱처럼 영적인 권세와 분별력을 가진 아버지가 되시기 바랍니다.

> **Q** 영적인 권세와 분별력을 가진 아버지가 되려면 어떻게 해야 할지 써 봅시다.
>
> _____
> _____
> _____

🕊 선포합니다

† 나는 남자입니다.
† 나는 책임 있는 왕, 용사, 다정한 연인이 되겠습니다.
† 나는 영적인 권세를 갖고 자녀를 축복하는 아버지가 되겠습니다.

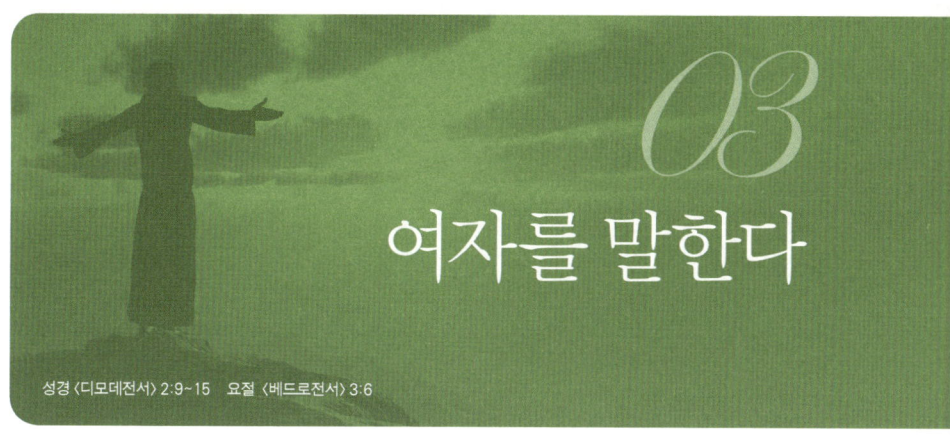

03 여자를 말한다

성경 〈디모데전서〉 2:9~15   요절 〈베드로전서〉 3:6

지난 한주 하나님께서는

_____

_____

_____

여자는 만들어진다?

프랑스 작가 시몬느 보부아르는 《제2의 성》이라는 책에서 여자가 어떻게 만들어지고 억압되는가를 밝히고 남자와 여자는 하나도 다르지 않은 똑같은 사람이라고 주장합니다. 그의 주장은 20세기 여성운동을 촉발하는 계기가 되었습니다.

> **Q** 남존여비 사상 때문에 받은 상처나 특혜가 있다면 나눠 봅시다.
> _____
> _____

과거에는 남자가 여자보다 존재론적으로 우월하다고 생각해서 여자를 무시했습니다. 남자들의 죄와 편견이 여자들을 금지하고 억눌렀던 것입니다. 이것은 잘못입니다. 이 불평등에 분노한 여자들은 이렇게 반응했습니다.

"남자와 여자는 아무 차이가 없다. 단지 성장 과정에서 그렇게 된 것이다!"

그러나 이것도 잘못입니다. 하나님의 질서는 간단합니다.

"남자와 여자는 평등하지만 남자가 대표이다. 그러니까 사랑하고 존중하며 살아라. 그러면 행복할 것이다."

남자와 여자는 각자 완전한 인간이지만 또한 다른 존재입니다. 이것을 학문적으로 증명한 사람이 융입니다. 그에 의하면 남자 안에도 여성성(아니마)이 있고 여자 안에도 남성성(아니무스)이 있습니다. 그래서 서로 이해하며, 조화를 이루고, 상대방의 기능을 감당할 수 있다는 것입니다. 그런데 아니마와 아니무스는 숨어서 기능해야지, 겉으로 드러나면 본질을 약화시킵니다. 여성의 남성화, 남성의 여성화는 엄청난 해로움을 가져옵니다. 남성과 여성은 각자 고유한 성에 충실해야 하며, 그것이 자기완성으로 이어져야 합니다. 그런데 현대 여성들의 아니무스는 점점 거세어져 도가 지나치다고 그는 걱정했습니다.

여성의 남성화! 이것은 전 세계적으로 큰 문제입니다. 백인 여성의 남성화가 왜 시작되었나요? 융은 말합니다.

문명의 발달로 전통적인 여성의 일을 상실했기 때문이다. 밥 짓고, 빨래하고, 아이 키우는 일을 여성이 해야 하는데, 이것을 빼앗기면서 그 보상으로 남성화되었다.

여성들이 자기 속의 남성성을 강화하면서 사회로 진출하여 성공을 얻어도 행복하지 않습니다. 본래 그녀에게 주어진 여성성을 잃어버리고, 가정과 자녀로부터 멀어졌기 때문입니다. 그런데 우리나라는 여자들이 강해지는 것을 부추깁니다. 이것은 남녀 모두에게 큰 불행으로 다가올 것입니다.

남자는 집을 짓고, 여자는 가정을 만든다

남녀의 성차는 분명합니다. 내가 원한다고 남자가 되는 것도 여자가 되는 것도 아닙니다. 하나님이 나를 남자로 만드시고 여자로 만드셨습니다. 그러므로 남자로 태어났으면 남자답게 살아야 하고, 여자로 태어났으면 여자답게 살아야 합니다. 이것이 창조의 원리입니다. 창조 원리를 거부하면 남성성과 여성성을 설명할 길이 없습니다.

Q 여자가 남자보다 더 잘하는 것 5가지만 적어 봅시다.

"남자는 집(house)을 짓고, 여자는 가정(home)을 만든다"는 말이 있습니다. 여자는 가정을 아름답게 장식하고, 사람 사는 곳으로 만듭니다. 그래서 남자를 쉬게 하고, 앞으로 달려갈 새 힘을 공급하는 것이 여자의 역할입니다. 그래서 여자가 하는 일이 살림입니다. 다른 말로 여자는 '가정을 에덴동산으로 가꾸는 정원사'입니다(잠 31:27; 딛 2:4~5). 아내의 마음이 그 집의 크기입니다. 100평짜리 집에 살아도 아내의 마음이 어둡고 짜증이 가득하면 답답해서 들어갈 수 없지요. 그러나 단칸방에 살아도 아내가 푸근하고 따뜻하면 스위트홈입니다.

여자는 목표 지향적이기보다 과정 지향적 성향을 지녔습니다. 삶에 기쁨을 주고, 쉬게 하면서 다시 전진할 힘을 공급하는 존재입니다. 그러므로 여자는 주변을 돌아보고 관계를 잘 맺습니다.

또한 여자는 현명한 조언자입니다. 남편은 아내의 조언을 필요로 합니다. 그런데 남자는 여자의 말을 앞에서는 잘 들으려고 하지 않습니다. 자기 혼자 있을 때, 곰곰이 생각합니다. 그러므로 아내는 어떤 중요한 이야기를 할 경우에 신중한 자세로, 적절한 때를 포착해서, 적당한 어조로 말해야 합니다. 당장 OK 하지 않는다고 상처받으면 안 됩니다.

남자는 앞만 보고 주변을 보지 못하지만 여자는 봅니다. 그러니 어떤 때는 남자가 바보같아 보입니다. 그래서 여자가 남자에게 잔소리가 많아집니다. 그런데 남자를 약간 무시하고 조종하려고 하면 남자는 본능적으로 알아차립니다. "그만해! 조용히 해. 입 닥쳐!" 이런 식으로 과하게 반응합니다. 그러므로 조언할 때 "내 생각은 이래요. 이제는 가장인 당신이 결정하세요"라고 남편의 권위를 인정해야 합니다. 그럴 때 남편은 아내의 말을 마음에 두고 따르며 아내를 존중하게 될 것입니다.

여자의 장점은 부드러움과 인격성입니다. 여자의 부드러움은 남자의 강한 것보다 더 강합니다. 여자가 부드럽게 나올 때 남자는 너그러워집니다. 다 베푸는 것입니다. 남자들은 여자들의 말을 들어 인격적이 되고, 여자들은 남자들의 말을 들으면서 질서를 찾아갑니다. 남자만 있으면 삭막하고, 여자만 있으면 산

만해집니다.

> 또 이와 같이 여자들도 단정하게 옷을 입으며 소박함과 정절로써 자기를 단장하고 땋은 머리와 금이나 진주나 값진 옷으로 하지 말고 오직 선행으로 하기를 원하노라 이것이 하나님을 경외한다 하는 자들에게 마땅한 것이니라 여자는 일체 순종함으로 조용히 배우라 여자가 가르치는 것과 남자를 주관하는 것을 허락하지 아니하노니 오직 조용할지니라 이는 아담이 먼저 지음을 받고 하와가 그 후며 아담이 속은 것이 아니고 여자가 속아 죄에 빠졌음이라 그러나 여자들이 만일 정숙함으로써 믿음과 사랑과 거룩함에 거하면 그의 해산함으로 구원을 얻으리라(딤전 2:9~15)

　성경이 기록될 당시 유대인들이 회당에서 예배를 드릴 때, 여자들과 함께 드리지 않았습니다. 남자들만 들어가는 구역이 있고, 여자들은 그 바깥에 있었습니다. 랍비는 거리를 지날 때 여자를 쳐다보지도 않았습니다. 인사를 해도 받지 않았습니다. 여자를 쳐다보는 것이 경건하지 않다고 생각했습니다. 헬라 사람들은 여자 혼자서는 절대로 밖에 나가지 못했습니다. 남자하고 같이 나가야만 했고, 나갈 때는 반드시 얼굴을 가리고 다녀야만 했습니다. 아랍 여자들은 지금도 그렇습니다.

　이런 상황에서 예수를 믿었습니다. 교회 안에서는 그리스도 안에서 남자와 여자가 형제자매가 되었습니다. 높낮음이 없고, 같이 앉아서 예배를 드렸습니다. 이것은 정말 엄청난 일이고, 감히 다른 곳에서는 상상도 할 수 없는 일이었습니다. 이렇게 되자 문제가 생겼습니다. 억제되었던 부분들이 완전히 자유를 얻게 되자, 이제는 걷잡을 수 없게 된 것입니다. 자유를 제멋대로 사용해서는 안 됩니다. 자유 안에도 질서가 있고, 제약이 있습니다. 그럴 때 더 많은 자유를 누릴 수 있습니다. 여기서 문제가 된 것이 세 가지인데, 이는 여자의 본성과 관계된 것이어서 오늘날에도 적용됩니다.

바울이 제시한 세 가지 제안

첫째, 의상의 문제입니다. 여자들은 아름다움에 대한 능력이 있습니다. 그러나 이것이 도를 넘으면 사치와 허영으로 나타납니다. 그 당시 유대 여자들은 남자들과 예배를 따로 드렸고, 헬라 여자들은 베일을 쓰고 다녔습니다. 그런데 교회 안에서 그런 제약이 없어지자 자기 얼굴이 드러납니다. 그러다 보니 예쁘게 보이려고 화장을 진하게 합니다. 그 당시는 집에서 아버지나 남편에게는 얼굴을 보일 수 있지만, 다른 남자 앞에서 자기 얼굴을 보여 줄 수 없는 시대입니다. 다른 남자에게 맨 얼굴을 보여 주는 여자는 그 당시 창녀밖에 없었습니다. 그런데 교회 안에서는 그렇게 했습니다. 그래서 사회적으로 손가락질받았습니다.

그 당시 여자들은 특별하게 단장하고 다닐 곳이 없습니다. 그런데 교회 올 때는 많은 사람이 바라봅니다. 그래서 값 비싼 옷을 입고 화려하게 치장하기 시작했습니다. 보석을 주렁주렁 달고 왔습니다. 교회가 패션쇼를 하는 곳이 되었습니다! 한편 입을 옷이 없는 여자들도 많이 있었습니다. 이런 사람들은 마음에 낙담이 되었습니다. 뿐만 아니라, 지나치게 화려하고 자극적인 옷은 남자들에게도 시험이 되었습니다. 그래서 옷을 단정하게 입으라고 했습니다.

Q 〈디모데전서〉 2장 9절에서 바울은 여성들에게 어떤 옷을 입으라고 했나요?

그렇습니다. 여성들은 단정하게 옷을 입고 "소박함과 정절"로 단장해야 합니다. 자신을 과시하고 시선을 사로잡기 위해 화려하게 치장하는 것을 금하고 소박한 옷을 입으라는 것입니다. 정절이란 다른 남자들과 접촉하는 기회가 많은 교회 안에서 특별히 요구되는 미덕입니다. 더 중요한 것은 선행입니다. 선행이야말로 여성들이 갖춰야 할 최고의 아름다움입니다.

둘째, 언어의 문제입니다. 여자들에게는 언어의 능력이 있습니다. 왜냐하면 위로하고 조언하고 치료하는 사명을 가졌기 때문입니다. 그러나 이러한 능력을 잘못 사용하면 시끄러워집니다. 여자들이 말하는 것을 얼마나 좋아합니까? 그러나 그 시대에는 여자에게 발언권이 없었습니다. 그런데 교회 안에서 마음대로 말할 수 있게 되었습니다. 남자들 앞에서도 대등한 관계에서 말할 수 있습니다. 얼마나 좋습니까? 그러니까 조심하지 않고, 하고 싶은 말을 마음대로 했습니다. 어디에서도 들을 수 없었던 여자들 소리가 교회 안에 가득했습니다.

이제는 더 나아가서 가르치려고 했습니다. 그런데 무엇을 가르치려면 많이 배워야 합니다. 충분히 배우는 시간을 가진 다음에 가르쳐야 합니다. 그런데 그 당시 대부분의 여자는 많이 배우지 못했습니다. 그럼에도 불구하고 말하기 좋아하고 가르치려다 보니 문제가 많았습니다.

언어에 대해 남자와 여자는 다릅니다. 남자는 정보 전달이 주요 관심사인 반면 여자는 감정 교환이 주요 관심사입니다. 그래서 남자는 길게 말하는 것을 싫어하고 답을 주려고 합니다. 그러나 여자는 그냥 들으면서 반응해 주기를 바랍니다. 여자의 언어는 가르치기보다는 관계를 이어주는 것에 적합하고 탁월합니다. 그래서 여자는 그 언어의 능력으로 위로하고 관계를 아름답게 이어가야 합니다.

셋째, 순종의 문제입니다. 여성의 기본자세는 순종입니다. 물론 여자에게 자유가 있습니다. 그런데 "아담이 먼저 지음을 받았다. 그리고 하와가 먼저 타락했다"는 것이 유대교의 해석입니다(딤전 2:13~14). 이것을 오해하면 안 됩니다. 여자가 남자보다 죄가 많다거나, 남자가 여자보다 우월하다는 뜻이 아닙니다. 순종은 무능해서도 아니고, 미련해서도 아닙니다. 순종해서 손해 보는 것도 아니고, 지는 것도 아닙니다. 하나님의 창조 원리일 뿐입니다.

둘은 동등합니다. 그러나 아담에게 하나님은 대표성을 주었습니다. 그 질서를 따르라는 것입니다. 하나님은 남자를 여자의 머리로 임명하셨습니다. 그러므로 여자가 순종하는 것이 하나님의 뜻입니다. 남편에게 순종한다고 해서 아무 말도 할 수 없을까요? 그렇지 않습니다. 현명하게 조언할 수도 있습니다. 그러나 자신의 자리는 지켜야 합니다. 여자가 남편을 좌지우지 조종해서는 안 됩니다.

> **Q** 남편의 대표성을 지켜 주기 위해 아내는 어떻게 말해야 할까요?
>
> _____
> _____
> _____

남편은 누구의 말을 가장 잘 들을까요? 아내의 말입니다. 성경에 보면 여자의 죄성이 나옵니다. 남자를 다스리려고 합니다. 정확하게 말하면 남자를 조종하려고 합니다(창 3:16). 그러나 여자가 사랑받고, 존중히 여김을 받는 것은 조종을 통해서가 아닙니다. 순종을 통해서입니다. 이것이 창조 질서이고, 여성의 본성에 맞는 일입니다.

> 사라가 아브라함을 주라 칭하여 순종한 것 같이 너희는 선을 행하고 아무 두려운 일에도 놀라지 아니하면 그의 딸이 된 것이니라(벧전 3:6)

그렇다면 공동체 안에서 여자들이 아무 말도 하지 말라는 것일까요? 아닙니다. 질서를 지키고 정상적인 방법을 통해 이야기하라는 것입니다. 그러나 절차도 없이, 하고 싶은 말을 아무 곳에서나 떠들고, 할 말과 하지 않을 말을 구분하지 못하면 안 됩니다. 질서와 규칙을 지키고, 자기 남편이 있다면 남편보다 앞서 나가지 말라는 것입니다.

여성의 리더십에 대해서

〈디모데전서〉 2장은 여성의 리더십을 어떻게 이해할 것인가에 대한 아주 민감한 내용입니다.

> 여자는 일체 순종함으로 조용히 배우라 여자가 가르치는 것과 남자를 주관하는 것을 허락하지 아니하노니 오직 조용할지니라(딤전 2:11~12)

자유주의자들과 여성해방을 말하는 사람들은 "절대로 인정할 수 없다. 이것은 그 당시 문화이므로 폐기되어야 한다"고 말합니다. 그런가하면 아주 보수적인 사람들은 "이것은 변하지 않는 율법이니까 여자들은 앞에서 가르치지 마라" 주장하며 지금도 여성에게 목사 안수를 주지 않습니다. 그러나 이것은 문화적인 것도 아니고, 율법도 아닙니다. 창조 원리입니다. 다시 말하지만 여성들이 일하지 말라는 것이 아닙니다. 여자가 가르치는 것을 금한다면 교회학교는 문을 닫아야 할 것입니다. 구약 시대에도 여자 선지자가 있었습니다. 하나님이 세워 주신 본래의 자리, 여성으로서의 아름다움을 잃어버리지 않고, 그 특성에 맞게 섬기라는 것입니다.

많은 여성이 호르몬의 영향으로 나이가 들수록 소리가 더 커집니다. "좀 조용히 해, 너무 심하지 않아?" 남편이 이렇게 말하면 "당신은 내가 아직도 다소곳한 소녀라고 생각하세요? 나, 소녀 아닙니다, 아줌마예요!" 이렇게 나옵니다. 그러나 아줌마도 여자입니다. 남편와의 관계 속에서 아내는 순종의 자리를 지켜야 합니다. 이것이 자신에게도, 남편에게도 유익하고 더 중요한 것은 하나님이 원하시는 모습이기 때문입니다.

> 그러나 여자들이 만일 정숙함으로써 믿음과 사랑과 거룩함에 거하면 그의 해산함으로 구원을 얻으리라 (딤전 2:15)

옛날에는 해산하는 것이 여자의 죄 때문이라 생각했습니다. 위의 성경 말씀을 보면 "해산함으로 구원을 얻으리라" 했습니다. 그렇다면 처녀들은 구원받지 못할까요? 아이를 낳아야만 천당에 가나요? 여기서 말하는 구원은 영혼의 구원이 아니라, 온전한 여성이 된다는 뜻입니다. 온전한 인격을 말합니다. 여자다운 여자, 하나님이 기뻐하시는 사랑스러운 여자, 남편과 사회가 기대하는 여자는 어떤 여자인가요? 해산을 통하여 고통을 경험합니다. 아이를 양육하면서 수고합니다. 이것을 하나님이 내게 주신 사명으로 알고, 하나님에게 순종하는 마음으로 잘 감당하는 그 자세와 믿음을 하나님은 기뻐합니다. 그럴 때 진정한 여자가 되는 것입니다. 이것이 하나님이 원하시는 여자의 자리입니다. 그러므로 허영과 사치, 무질서와 불순종, 가정을 돌아보지 않고 바깥으로 돌아서는 안 됩니다. 여자다워질 때 행복하고, 인격적으로 존경받을 수 있고, 구원받은 사람으로서의 아름다운 모습을 보여줄 수 있다는 말입니다.

　여성은 그 지혜와 따뜻함으로 세상을 아름답게 하고 치료합니다. 이와 동시에 단정하게 옷 입고, 함부로 말하지 않으며, 순종하고, 가정을 돌아보아야 합니다. 이럴 때 본인이 행복하고, 가정에 기쁨이 있고, 하나님의 뜻이 이루어지는 것입니다.

> 🕊 **선포합니다**
> † 나는 하나님의 형상으로 창조된 여자입니다.
> † 나는 살리고 회복시키는, 현명한 조언자가 되겠습니다.
> † 나는 하나님이 원하시는 온전한 여성이 되겠습니다.

04 하나님이 만드신 가정

성경 〈창세기〉 2:21~24   요절 〈창세기〉 2:18

지난 한주 하나님께서는

_____

_____

_____

가정의 행복을 위해서는

이스라엘에 메이어라는 유명한 랍비가 있었습니다. 그의 설교를 들으려고 멀리서도 사람들이 모였습니다. 어떤 주부가 금요일 저녁 설교를 들으려고 안식일 준비도 하지 않고 갔다가 은혜를 받고 돌아와 보니 남편이 퇴근하여 집에 있었습니다. 아내가 늦게 들어온 것을 보고 남편은 화가 나서 "그 랍비 얼굴에 침을 뱉고 오지 않으면 집에 못 들어올 줄 알아!" 소리를 질렀습니다. 안식일에는 아무 일도 못하는데, 벌써 금요일 밤이 되었으니 내일 하루 종일 굶게 생겼거든요. 남편은 화가 나서 소리를 지르지, 그림자도 밟을 수 없는 존경하는 랍비지, 어떻게 하면 좋을까 걱정하고 있는데 랍비가 그 소식을 듣고 그 부인을 자기 집으로 불러 부탁했습니다. "내 눈이 너무 아프니 부인의 침으로 이 눈을 좀 씻어주시오." 그래서 부인이 침을 뱉어 랍비의 눈에 발랐습니다. 제자들이 이것을 보고 스승의 높은 명예를 훼손시킨다고 불평했습니다. 랍비는 이렇게 말했습니다. "가정의 행복을 위해서는 죄가 아닌 이상 어떤 일이라도 해야 한다." 이것이 이스라엘 사람들의 가정에 대한 사고방식입니다.

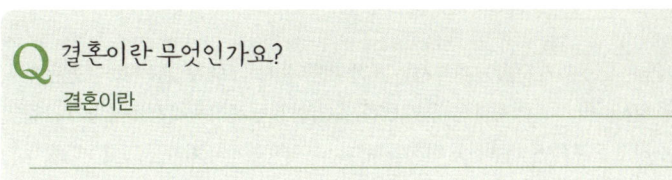

결혼과 가정은 언제 생겼을까요? 하나님이 세상을 창조하신 후에 다 좋았는데, 유일하게 좋지 않은 것이 있었습니다. 그래서 아담을 깊이 잠들게 한 후에 여자를 만드시고, 그 여자를 그에게 데리고 와서 두 사람에게 "행복하게 살아라!" 축복하신 것이 결혼의 시작입니다.

"이 사람이 하나님이 내게 주신 사람입니다. 하나님이 정해주신 이 사람과 함께, 하나님의 말씀대로 살겠습니다."

약속하고, 결단하고, 모두 앞에서 선포하는 것이 바로 결혼식입니다.

왜 결혼할까요? 행복하기 위해서입니다. 그러나 그 행복을 얻는 방법은 종교와 문화에 따라 차이가 있습니다. 유교에서는 자녀 생산이 최고의 가치를 가집니다. 일반적으로는 두 사람의 연합을 통한 친밀감에서 행복을 찾습니다. 그러나 신앙 안에서는 주 안에서 서로를 완성시키는 것이 행복입니다(엡 4:4, 5:27). 가정은 복을 담는 그릇이며, 거의 모든 복이 가정을 통해 옵니다.

〈에베소서〉 4:4
몸이 하나요 성령도 한 분이시니 이와 같이 너희가 부르심의 한 소망 안에서 부르심을 받았느니라

최초의 부부에게 주신 하나님의 말씀

어떻게 하면 하나님이 원하시는 행복한 가정을 만들 수 있을까요? 모든 문화와 역사의 결론은 하나님이 최초의 부부에게 주신 말씀과 그 내용이 동일합니다.

> 여호와 하나님이 이르시되 사람이 혼자 사는 것이 좋지 아니하니 내가 그를 위하여 돕는 배필을 지으리라 하시니라 …… 여호와 하나님이 아담을 깊이 잠들게 하시니 잠들매 그가 그 갈빗대 하나를 취하고 살로 대신 채우시고 여호와 하나님이 아담에게서 취하신 그 갈빗대로 여자를 만드시고 그를 아담에게로 이끌어 오시니 아담이 이르되 이는 내 뼈 중의 뼈요 살 중의 살이라 이것을 남자에게서 취하였은즉 여자라 부르리라 하니라 이러므로 남자가 부모를 떠나 그의 아내와 합하여 둘이 한 몸을 이룰지로다(창 2:8, 21~24)

첫째, 부부는 서로에게 '돕는 배필'입니다. 서로를 돕고 세우는 존재입니다. 종속적이지도 않고, 경쟁적이지도 않습니다. 현대적 용어로는 상호 헌신입니다. 신데렐라 콤플렉스나 온달 콤플렉스는 잘못된 것입니다. 새가 높이 멀리 날아가려면 한쪽 날개로는 불가능하고 두 날개가 필요하듯이, 부부가 서로 행복하려면 혼자서 노력해서는 불가능합니다. 서로 협력하고, 각자의 역할을 수행함으로 상호 헌신해야 합니다. 상호 헌신하는 방법으로는 무엇이 있을까요? 감사와 인정과 칭찬, 기다림과 용서와 배려, 책임을 지는 것 등이 있습니다.

Q 부부가 서로 헌신해야 할 부분을 5가지씩 적어 봅시다.
남편 : _____
아내 : _____

둘째, 선택과 포기가 분명할 때 행복한 가정을 이룰 수 있습니다. 하와를 아담에게로 이끌어 오신 하나님이 이 배우자를 내게 이끌어 짝지어 주셨습니다. 그런데 왜 하필이면 그 많은 사람 중에 이 사람일까요? 나에게 가장 합당하기 때문입니다. 이 사람이 나를 가장 행복하게 할 수 있다고 하나님이 판단하셨기 때문입니다. 너와 나의 만남이 우연한 것이 아니라 우리의 만남 위에 이런 하나님의 함께하심이 있다는 것을 인정해야 합니다. 한 사람을 선택한다는 것은 다른 모든 사람을 포기한다는 뜻입니다. 선택만 하고 포기하지 않으면 선택의 의미가 사라집니다. "이 사람 외에 나에게 다른 남자(여자)는 없습니다. 이 사람은 나를 가장 행복하게 할 수 있는 유일한 남자(여자)입니다"라고 고백해야 합니다.

선택과 결단에 따라오는 윤리는 절대로 비교하지 않는 것입니다. 하나님이 이 사람을 주셨으므로 이제는 내 남편과 다른 남자를 비교하지 말고, 내 아내와 다른 여자를 비교하지 말아야 합니다. 이것이 정신적인 순결이며, 정신적으로 순결할 때 육체의 순결도 지켜갈 수 있습니다. 솔로몬은 〈전도서〉 7장 28절에서 "여자 중에 쓸 만한 여자는 1000명 중에 하나도 발견할 수 없다"고 말했는데 그 이유가 무엇일까요? 여자는 남자의 진정한 파트너가 될 수 없다는 뜻일까요? 아닙니다. 솔로몬이 그렇게 말할 수밖에 없었던 이유는 그의 결혼이 정략적이었기 때문입니다. 외교의 수단이요, 안전 장치였을 뿐 진정한 사랑은 없었습니다. 그 결과 아내들도 솔로몬을 진심으로 사랑하지 않았습니다. 마음을 주고 온전히 사랑했다면 "당신은 내 뼈 중의 뼈요, 살 중의 살"이라고 말할 수 있었을 것입니다.

셋째, 부모님과 우리(부부)의 관계는 어떠해야 할까요? 결혼이란 둘이 하나가 되기 위해서 부모를 떠나는 것입니다. "그러므로 사람이 부모를 떠나"라는 이 말은 독립적이 되라는 뜻이지 부모님과 함께 살지 말라는 것이 아닙니다. 지금까지 살아오면서 맺은 수많은 관계가 있지만, 결혼을 하면서부터는 모든 관계보다 두 사람의 관계가 우선한다는 것을 의미합니다. 두 사람의 결혼이 외풍을 타면 안 된다는 말입니다.

> **Q** 부모를 떠나지 못하여 겪는 외풍이 있습니까? 적어 봅시다.
> _____
> _____

행복은 관계 속에 있습니다. 상호 헌신하고, 다른 사람과 비교하지 말고, 두 사람의 사랑이 방해받지 않는다면 행복할 수 있습니다. 이것이 하나님의 원리입니다. 그렇다면 어떤 기준으로 선택해야 할까요?

아브라함이 며느리를 택할 때

아브라함은 아들의 아내를 선택할 때 어떤 조건을 내세웠나요? "가나안 족속의 딸은 안 된다"였습니다(창 24:3~4). 그들의 문화, 그들의 종교, 그들의 도덕이 잘못되었기 때문입니다. 퇴폐적인 문화 속에 살면서 우상을 섬겼던 것입니다. 만약 그의 가문에 이런 여자가 들어오면 신앙이 바로 설 수 없습니다. 그래서 가나안 족속의 딸은 안 되고, 하나님을 섬기는 내 동족이어야 한다고 합니다. 이것을 '상호 공통성의 원리'라고 합니다. 상호 공통점이 많을수록 좋은데, 그중에서 핵심은 종교입니다. 종교가 같아야 합니다.

종은 주인의 명령을 받고 출발합니다. '도대체 어디 가서 이런 여자를 만나며, 어떻게 설득하여 데리고 올 수 있을까?' 종은 자기 나름대로 생각이 많습니다. 그리고 하나님의 인도하심과 은총을 구합니다. 종은 기도합니다. 이것은 '기도의 원리'입니다. 기도하면서 종이 정한 기준은 다음과 같습니다.

> 성 중 사람의 딸들이 물 길으러 나오겠사오니 내가 우물 곁에 서 있다가 한 소녀에게 이르기를 청하건대 너는 물동이를 기울여 나로 마시게 하라 하리니 그의 대답이 마시라 내가 당신의 낙타에게도 마시게 하리라 하면 그는 주께서 주의 종 이삭을 위하여 정하신 자라 이로 말미암아 주께서 내 주인에게 은혜 베푸심을 내가 알겠나이다(창 24:13~14)

"어떤 여자를 만나면 제가 목마르다고 하겠습니다. 그 말을 듣고 내게 물을 주는 여자이기를 바랍니다. 더 나아가서 낙타에게도 물을 먹이겠다고 말하는 여자, 그 정도면 이 집의 며느리 자격이 있고, 하나님이 준비한 여자인 줄 알겠습니다."

종은 아브라함 가정에서 한평생 살면서 그 가풍을 알고 있습니다. 구체적인 언급은 없었지만 '이삭에게 정말 필요하고, 그가 사랑할 수 있는 여자란 어떤 여자일까'를 생각했습니다. 아브라함의 가정은 손님 접대를 잘하는 가정인데, 새롭게 오는 여자도 그래야 한다는 것입니다. 많은 식구를 거느리고 살 여주인인데, 이런 가문에 맞는 여자는 베풀기를 좋아해야 합니다.

더 나아가서 나그네의 목마름을 알 뿐 아니라, 짐승의 목마름까지 생각하는 마음을 가진 여자면 좋겠다고 생각합니다. 그 당시는 유목 사회입니다. 집집마다 짐승이 많은데, 짐승도 배려하는 마음이라면 얼마나 집안 살림을 잘하겠습니까? 행복한 결혼을 위해서는 반드시 섬기는 마음, 배려하는 마음, 베풀고 접대하는 마음이 있어야 합니다.

어떤 사람이 교육을 잘 받았다는 것은 영어 잘하고, 컴퓨터 잘한다는 의미가 아닙니다. 어른을 잘 모시고, 이웃에게 잘 베풀고, 섬기고 대접할 줄 아는 것을 말합니다. 종은 이런 여자를 어디서 만났나요? 우물가에서 만났습니다. 왜 우물가로 갔을까요? 여인들이 모이는 곳이기 때문이지요! 저녁을 지으려면 시원한 시간에 우물에 와서 물을 길어야 합니다. 종은 우물가에 앉아서 기다립니다.

여자의 입장에서는 언제 귀한 분을 만났습니까? 자기 일에 최선을 다하고 있을 때입니다. 지금 이 젊은 여자가 마땅히 해야 될 일은 물 긷는 것입니다. 그 일을 성실하게 감당하고 있을 때, 그것을 묵묵히 지켜보고 좋아하는 사람이 나타나게 된다는 말입니다. 이것이 '활동의 원리'입니다. 나는 가만히 앉아서 좋은 사람 오기만을 기다리는 것은 잘못입니다. 그러니까 내가 먼저 좋은 신랑감이 되고, 좋은 신부가 되도록 열심히 노력하고 있어야 합니다. 자기 준비는 안 하면서 분에 넘치는 사람만 기대하면 되겠습니까?

> **Q** 상호 공통성의 원리, 기도의 원리, 활동의 원리에 대한 여러분의 생각을 말해 봅시다.

배우자를 놓고 기도하는 사람들이 많습니다. 키, 몸무게, 직업, 연봉 등을 다 정해 놓고 기도합니다. 그런데 이런 기도 대부분은 자기 욕심이 그대로 투영된 기도입니다. 키가 크면 어떻고, 작으면 어떻고, 얼굴이 동그라면 어떻고, 길쭉하면 어떻습니까? 원래 미(美)라는 것은 다 주관적인 것이니 자기 보기에 좋으면 되는 것입니다. 그런데 이런 것으로 하나님의 인도를 제한하는 것은 어리석은 것입니다. 바른 신앙이 아닙니다. 우리가 종의 기도에서 배울 것은 이런 저런 조건을 미리 하나님에게 제시하라는 것이 아닙니다. 어떤 사람이 나에게 필요한지, 그리고 그런 사람을 어떻게 만나야 하는지를 알려달라는 것입니다. 이 종의 마음은 어떻게 하면 하나님이 택하신 여자를 만날 수 있는지, 그리고 이 가문에 이런 여자가 꼭 필요하기 때문에 구했던 것입니다.

Q 배우자의 조건을 하나님에게 구할 때 꼭 들어가야 할 것을 써 봅시다.

_____

_____

가정은 인간의 가장 기본적인 공동체입니다. 다른 어떤 곳에서보다 가정에서 성공해야 합니다. 하나님이 내게 주신 사람을 만나고, 그 사람과 헤어지지 말고 함께 살아갈 때(마 19:6) 가정은 행복한 보금자리가 될 것입니다.

선포합니다
† 나는 나의 가정을 하나님이 만드셨음을 믿습니다.
† 나의 배우자는 하나님이 내게로 보내신 사람입니다.
† 하나님이 주신 가정을 행복한 보금자리가 되게 하겠습니다.

05 부모와 자녀

성경 〈에베소서〉 6:1~4   요절 〈출애굽기〉 20:12

지난 한주 하나님께서는

_____
_____
_____

고려장 이야기

늙은 부모를 산 속의 구덩이에 버려두었다가 죽으면 장례를 지냈다는 고려장이라는 풍습이 있습니다. 고려라는 명칭 때문에 우리나라 고려 시대에 있었던 풍습으로 인식되고 있지만, 이러한 풍습이 있었다는 역사적 자료나 고고학적 증거는 전혀 발견되지 않았습니다. 그리고 이러한 풍습과 관련된 설화는 우리나라에만 있는 것이 아니라 세계 여러 나라에서도 나타난다고 합니다.

어떤 사람이 늙은 어머니를 내다 버리려고 어머니를 업고 깊은 산 속으로 들어갔습니다. 그런데 등에 업힌 어머니가 손에 잡히는 대로 나뭇가지를 꺾어서 길에다 던지는 것이었습니다. 이상하게 생각한 아들이 물었습니다.
"나뭇가지는 왜 꺾으세요?"
"여기는 깊은 산속이다. 들어가기는 쉬워도 나갈 때는 길을 잃기 쉽다. 그러니 돌아갈 때는 내가 던져둔 이 나뭇가지들을 보면서 길을 찾아라. 그러면 무사히 집까지 갈 수 있을 것이다."
아들은 목이 메었습니다. 자기를 버리러 가는 몹쓸 자식인데도, 그 자식이 무사히 집으로 돌아가기 바라는 어머니! 자기는 죽어도 자식은 잘살기를 바라는 부모의 사랑에 감격합니다. 그래서 어머니를 도로 업고 집으로 와서는 효도를 다했다고 합니다.

어떤 사람이 늙은 아버지를 버리려고 지게에 지고 산 속으로 들어갔습니다. 아버지를 내려놓고 지게도 버린 채 돌아서는데, 같이 갔던 어린 아들이 지게를 둘러메는 것이었습니다.
"너 그 지게는 왜 메고 오느냐?"
"이 지게를 지고 가야 아버지가 늙었을 때 내가 버리러 올 것 아닙니까?"
이 말을 들은 아버지는 가슴이 철렁! 합니다. '내가 크게 잘못했구나. 내가 지금 젊다고 앞으로 늙지 않는다는 말인가? 반드시 늙을 것인데 내 자식이 본 그대로 하겠구나.' 그래서 늙은 아버지를 다시 지게에 지고 산을 내려왔답니다.

어떤 효자가 늙은 부모를 차마 버릴 수가 없어서 남몰래 숨겨 놓고 봉양하고 있었는데, 중국에서 사신이 와서 그 나라 사람들의 지혜가 어떤지 시험코자 어려운 문제를 냈답니다. 조정에서는 아무도 풀지 못하여 근심하던 중에, 나라의 재상이던 이 아들이 고민하다가 늙은 어머니에게 그 얘기를 했더니만 늙은 어머니는 아주 쉬운 문제라며 해답을 일러 주었습니다. 나라는 근심을 덜었습니다. 어떻게 그 어려운 문제를 풀 수 있었느냐고 왕이 묻자 재상은 솔직하게 늙은 어머니의 지혜였다고 대답했습니다. 그 대답을 듣고 왕은 "나이든 사람의 지혜를 무시해서는 안 된다"며 고려장을 폐지하였답니다.

이 이야기는 효도에 대하여 가장 중요한 교훈 3가지를 가르칩니다. 첫째, 부모의 사랑은 끝이 없다는 것입니다. 죽는 순간에도 자녀를 생각하고, 그들을 위해 모든 것을 다하는 게 부모의 사랑입니다. 둘째, 내가 부모에게 효도할 때 내 자식이 그것을 보고 배웁니다. 셋째, 노인은 결코 쓸모없는 존재가 아니라 귀중한 지혜를 가진, 존중받아야 할 분들입니다.

> **Q** 여러분의 부모님은 어떤 분이었습니까?
> 아버지 : _____
> 어머니 : _____

성경적으로 부모님은 하나님의 대리자입니다. 하나님이 우리를 창조하신 창조의 도구로 사용된 분들입니다. 우리는 그분들을 통해 이 땅에 왔습니다. 그리고 우리에게 가장 큰 사랑을 주신 분들입니다. 또한 부모님에게는 한평생 살아오면서 얻은 지혜가 있습니다. 효도해야 하며, 효도를 통해 그 지혜를 내 것으로 만들어야 합니다.

그런데 자식들에게는 부모로부터 받은 상처가 있습니다. 왜 상처를 받을까요? 심리학자 프로이트는 사람의 인격을 구성하는 3가지 요소가 있다고 합니다. 겉으로 보이는 '내' 안에 세 개의 '나'가 들어 있다는 것입니다. 마음 가장 깊은 곳에 있는 나를 가리켜 '이드'(id)라고 하는데 '본능적 자아, 또는 충동적 자아'로 번역합니다. 모든 규제와 억압을 벗어나서 내 마음대로 하고 싶은 꿈틀거리는 욕망을 말합니다. 때로는 큰 소리로 욕도 하고 싶고, 이것저것 다 팽개치고 어디론가 훌쩍 떠나고 싶은 그런 충동을 이드라고 합니다.

그 다음에는 '에고'(ego)가 있는데, '현실적 자아'라고 번역합니다. 이것은 겉으로 드러나는 나인 동시에 남들이 평가하는 나입니다. 내 마음속에 충동이 있지만, 현실이라는 무서운 제약이 있고, 의무와 체면이 강제를 해서 충동적으로 살지 못하게 합니다. 그래서 화가 나도 참고, 욕심이 생겨도 절제합니다. 때로는 피곤해서 쉬고 싶지만, 다시 일어나서 출근하도록 자기를 조정하는 나를 에고라고 합니다.

마지막으로는 '슈퍼에고'(super ego), '초월적 자아, 또는 이상적 자아'입니다. "너는 이런 사람이 되어야 한다"고 명령하는 내가 있습니다. "나는 더욱 진실해야 한다. 나는 좀 더 사랑해야 한다." 이렇게 '되고 싶은 나'로 나를 이끄는 나를 슈퍼에고라고 말합니다. 이 슈퍼에고는 어릴 때, 부모님의 영향으로 생깁니다. "너는 이런 사람이 되어야 한다." 이렇게 말로 혹은 행동으로 부모님의 생각이나 가치관을 배우는 것입니다. 그러나 입으로는 그렇게 말하지만 부모님 자신도 그렇게 살지 못합니다. 그러므로 자녀들이 볼 때 부모의 말과 행동이 다를 수밖에 없는 것입니다. 슈퍼에고를 말하면서 에고로 살아가기 때문입니다. 물론 교육과 도덕을 통해 욕망을 중화시키고, 감정을 절제시킵니다. 그래서 효도해야 하고, 감사해야 한다고 알지만 갈등이 있는 것입니다.

부모를 공경해야 하는 이유

부모로서 자식에게 최선을 다하지만, 자식들이 부모에게 서운한 것이 없겠습니까? 많을 것입니다. 특히 아버지에게 더 그렇습니다. 아버지가 어머니보다 더 강하게 삶의 엄격한 원칙과 질서를 제시합니다. 슈퍼에고를 부여하는 것이지요. 그런데 자기는 그렇게 못삽니다.

노아가 농사를 시작하여 포도나무를 심었더니 포도주를 마시고 취하여 그 장막 안에서 벌거

벗은지라 가나안의 아버지 함이 그의 아버지의 하체를 보고 밖으로 나가서 그의 두 형제에게 알리매 셈과 야벳이 옷을 가져다가 자기들의 어깨에 메고 뒷걸음쳐 들어가서 그들의 아버지의 하체를 덮었으며 그들이 얼굴을 돌이키고 그들의 아버지의 하체를 보지 아니하였더라

(창 9:20~23)

방주에서 나온 노아는 포도 농사를 시작합니다. 어느 날 포도주를 마시고 취해 장막에서 벌거벗고 잡니다. 아들 함이 그것을 보고 다른 형제에게 알렸고, 다른 두 형제가 아버지의 하체를 보지 않은 채 덮어 주었습니다. 그 결과 함은 저주를 받아 다른 형제 셈과 야벳을 섬기는 종이 되었다는 이야기입니다.

Q 부모님에게 어떤 약점이 있었습니까?
아버지 : _____
어머니 : _____

네 부모를 공경하라 그리하면 네 하나님 여호와가 네게 준 땅에서 네 생명이 길리라

(출 20:12)

하나님은 약점 많은 부모임에도 불구하고 부모를 공경하라는 명령을 주셨습니다. 왜 그럴까요?

먼저, 노인을 돌보아야 하기 때문이라는 입장이 있습니다. 옛날에는 노인을 위한 사회적 안전장치나 노후 대책 같은 것은 전혀 없었습니다. 자녀들이 늙은 부모를 공경하고 돌보지 않으면 부모는 살 수 없습니다. 그래서 늙은 부모를 살리기 위한 수단으로 주신 말씀이라고 합니다. 이렇게 해석하는 것을 '사회 경제

적 해석 방법'이라고 합니다. 그러므로 여기서 부모 공경이란 늙은 부모가 돌아가실 때까지 음식과 거주할 곳과 옷을 공급하는 것을 목적으로 합니다. 그렇다면 노인들이 자식들 신세를 지지 않고도 살 수 있다면 5계명은 필요 없나요? 5계명은 단순히 늙은 부모의 남은 생을 위한 계명일까요? 아닙니다. 여기서 두 번째 관점이 나옵니다.

두 번째, 5계명은 행복한 가정을 위해서 주신 것이라는 관점이 있습니다. 이렇게 생각하는 것을 '공동체적 해석 방법'이라고 합니다. 우리는 '행복한 가정' 하면 부부가 서로 사랑하는 가정이라고만 생각하는데, 아닙니다. 행복한 가정의 필수 조건은 부모를 공경하는 가정입니다. 인간의 모든 가치관과 성품이 가정에서 형성되기 때문에, 부모와의 관계가 나쁘면 다른 어떤 관계도 좋을 수 없습니다. 지금 애 키우기도 바쁜데 무슨 부모 공경이냐고, 남편과의 사이도 복잡해 죽겠는데 부모님을 공경할 틈이 있겠느냐고 항변할 수도 있겠지만, 그러나 아닙니다! 부모 공경을 뒷전으로 물리면 안 됩니다.

부모님과의 관계가 자녀나 배우자 관계의 출발점이라는 것을 잊으면 안 됩니다. 다시 말하면 부모에 대한 내 자세가 바로 되지 않으면 자식을 제대로 키울 수 없고, 남편과 아내의 관계도 원만할 수 없다는 말입니다. 많은 부부가 자녀나 배우자와 갈등하는 이유를 자녀나 배우자의 문제로만 생각하는데, 사실은 나와 부모님, 그 사람과 그 사람 부모님의 관계가 문제가 되어서 너와 나의 관계가 안 풀리는 경우가 많습니다. 부모님과 바른 관계를 맺을 때 가정은 질서가 잡히고, 안전하며, 행복할 수 있습니다. 결국 부모님을 사랑해야 하고, 동시에 부모님으로부터 독립해야 합니다. 이것이 바로 될 때 행복한 가정이 될 수 있습니다.

부모 공경을 통해 훈련시키는 하나님

그런데 부모를 공경해야 하는 더 중요한 이유가 있습니다. 정치적으로 해방되었다고 다 자유인이 되는 것은 아닙니다. 내 맘대로 하면 자유가 아니라 방종이지요. 이제는 좋은 법을 만들고 그 법을 지켜 가야만 합니다. 그래서 정치적 자유를 주신 후에 하나님은 더 높은 자유, 법을 통한 자유를 주시려고 십계명을 줍니다. 그렇다면 5계명을 통해서도 자유를 주려는 것입니다. 이렇게 부모 공경은 자유를 위한 것이라고 생각하는 것을 '존재론적 해석 방법'이라고 합니다. 오히려 부모님을 공경하고 복종하는 것은 부자유가 아닌가요? 부자유를 통해서 어떤 자유를 주려는 것일까요?

인간의 근본적인 죄는 교만입니다. 교만의 내용은 이것입니다.

"나 외에는 나를 다스릴 존재가 없다. 내가 나의 주인이다. 하나님? 내게는 필요 없다."

인간은 원래부터 머리 숙이고 복종하기를 싫어합니다. 거역하려는 마음이 강합니다. 이것을 치유하는 방법은 무엇일까요? 교만과 거역을 치료하는 방법이 복종입니다. 이 복종을 어떻게 가르칠 수 있을까요? 가장 쉽고 자연스럽게 복종을 가르치는 방법이 부모 공경입니다. 부모는 눈에 보입니다. 추상적인 존재가 아니죠. 그리고 나에게 가장 잘해 주는 존재입니다. 그런 분에게 잘하지 못하는 인간이 누구에게 잘하겠습니까? 그리고 보이지 않는 하나님에게 잘할 수 있겠습니까? 그래서 하나님은 우리가 가장 복종하기 좋은 존재인 부모님을 놓고 우리를 훈련시킵니다. "네 부모를 공경하라!"

그러므로 부모 공경은 교만과 거역을 깨뜨리고 진정한 인간이 되게 하는 훈련입니다. 진정한 인간이 되기 전에는 하나님도 바로 섬길 수 없고, 진정으로 다른 사람을 위해 선을 행할 수도 없습니다. 부모를 공경할 수 있는 사람이 하나님을 바로 섬길 수 있고, 다른 사람을 위해 살 수도 있습니다. 그래서 부모 공경이 십계명 중 5계명으로 계명의 한가운데 있는 것입니다.

복종은 사람을 낮아지게 하는 것이 아니라 진정으로 높아지는 방법입니다. 부모 공경은 거역하는 자기를 내려놓고 순종하는 자기를 회복하는 길이고, 교만을 극복하고 겸손을 훈련하는 길이며, 하나님에게로 가는 지름길입니다.

> 너희 안에 이 마음을 품으라 곧 그리스도 예수의 마음이니 그는 근본 하나님의 본체시나 하나님과 동등됨을 취할 것으로 여기지 아니하시고 오히려 자기를 비워 종의 형체를 가지사 사람들과 같이 되셨고 사람의 모양으로 나타나사 자기를 낮추시고 죽기까지 복종하셨으니 곧 십자가에 죽으심이라 이러므로 하나님이 그를 지극히 높여 모든 이름 위에 뛰어난 이름을 주사 하늘에 있는 자들과 땅에 있는 자들과 땅 아래에 있는 자들로 모든 무릎을 예수의 이름에 꿇게 하시고 모든 입으로 예수 그리스도를 주라 시인하여 하나님 아버지께 영광을 돌리게 하셨느니라(빌 2:5~11)

예수님은 아버지 하나님에게 죽기까지 복종했습니다. 아버지 하나님은 아들 예수를 높이셔서 모든 무릎을 그의 이름에 꿇게 하셨습니다.

부모와 자녀 사이

Q 자녀는 나에게 어떤 존재인지 적어 봅시다.

나에게 자녀란 _____ 이다.

이제 자녀에 대해 생각해 보겠습니다. 자녀는 어떤 존재인가요? 자녀는 짐도 아니고, 우상도, 노후 대책도 아닙니다. 성경 세 군데를 살펴보면서 그 의미를 찾아봅시다. 먼저 에서와 야곱의 재회 장면에서 야곱은 자식을 "하나님에게 은혜로 받은 존재"로 고백합니다.

> 에서가 눈을 들어 여인들과 자식들을 보고 묻되 너와 함께 한 이들은 누구냐 야곱이 이르되 하나님이 주의 종에게 은혜로 주신 자식들이니이다(창 33:5)

그리고 하나님이 아브라함에게 준 마지막 시험은 바로 외아들 이삭을 제물로 바치라는 것이었습니다.

> 여호와께서 이르시되 네 아들 네 사랑하는 독자 이삭을 데리고 모리아 땅으로 가서 내가 네게 일러 준 한 산 거기서 그를 번제로 드리라(창 22:2)

출애굽 당시, 하나님이 바로의 마음을 돌리기 위해서 애굽에 내린 마지막 재앙은 바로 '장자'의 죽음이었습니다.

> 애굽 땅에 있는 모든 처음 난 것은 왕위에 앉아 있는 바로의 장자로부터 맷돌 뒤에 있는 몸종의 장자와 모든 가축의 처음 난 것까지 죽으리니(출 11:5)

이 세 곳을 통해서 살펴보면, 자식은 은혜로 받은 선물이지만, 우리가 하나님보다 더 마음을 쏟을 수 있는 존재이고, 우리를 가장 가슴 아프게 만들 수 있는 존재입니다.

이런 자녀를 맡은 부모에게는 사명이 있는데 '사랑', '훈육', '은사 개발'이 그것입니다. 사랑이란 아이라는 밭에 물을 주는 것이고, 훈육은 그 밭에서 잡초를 제거하는 것이며, 은사 개발은 맺어야할 좋은 열매를 맺게 하는 것입니다. 이 세 가지는 어느 것 하나도 버리면 안 되는 중요한 사명입니다.

> **Q** 자녀를 위한 부모의 사명 세 가지를 적고, 잘 되는 것과 잘 되지 않는 것을 말해 봅시다.

이렇게 부모의 사랑을 받으며 성장한 자녀의 사명은 효도입니다. 효도에는 두 가지 형태가 있는데, 하나는 '순종'이고, 또 하나는 '공경'입니다. 순종은 부모가 직접 감독하고 통제하는 미성숙한 자녀를 대상으로 합니다. 그리고 자녀가 성장하여 결혼하면 그때부터는 효도의 형태가 순종에서 공경으로 바뀝니다. 공경은 히브리어로 '카베드,' 무겁다는 뜻입니다. 부모님을 가볍게 여기거나 무시하지 않고, 존경과 사랑을 다하는 것을 말합니다.

현명한 부모는 결혼하는 자녀가 부담 없이 자기들의 삶을 살도록 해 주지만, 그렇지 못한 부모들도 너무 많습니다. 효도의 형태가 순종에서 공경으로 넘어가야 하는데 그렇게 하지 않기 때문에 세대 간의 갈등은 끝이 없습니다.

순종과 공경의 차이점은 무엇일까요? 순종은 명령을 기초로 합니다. 그러나 공경은 명령과 상관이 없습니다. 부모가 명령하지 않습니다. 해서도 안 됩니다. 왜냐하면 이제는 독립된 성인이기 때문입니다. 이때는 공경하는 것입니다. 결혼하고 나서도 순종해야 하는 줄 알고, 그렇게 하지 못해서 고통받는 사람들이 많습니다.

> **Q** 지금 부모님 때문에 가장 힘든 것은 어떤 문제인지 적어 봅시다.
> _____
> _____

많은 부모님이 오해하는 것이 있습니다. 자녀가 성인이 되었는데도 내가 명령할 수 있다고 생각하는 것입니다. 자녀는 부모를 공경해야 하지만, 부모님 때문에 결혼 생활에서 오는 기쁨과 질서를 파괴해서는 안 됩니다. 이것이 경계선입니다. 부모님의 판단이 잘못되고 하나님의 뜻에 어긋나면 안 들을 수도 있습니다. 공경은 반드시 부모님의 말을 들어야만 한다는 의미가 아닙니다. 그러나 그때에도 부모님을 존경하고, 그 뜻과 의도에 접근하려고 노력해야 합니다. 칼릴 지브란의 시를 읽어 드리겠습니다.

> 그대들의 아이라고 해서 그대들의 아이는 아닌 것.
> 아이들이란 스스로 원래의 생의 아들이며 딸.
> 그들은 그대들을 거쳐 왔을 뿐 결코 그대들에게서 온 것이 아니다.
> 그러므로 지금 비록 그대들과 함께 있을지라도 그대들의 소유는 아니니라.
> ……
> 그대들은 아이들과 같이 되려고 애쓸 것이나,
> 아이들을 그대들과 같이 만들려고 애쓰지 마라.
> 왜냐하면 삶이란 결코 뒤로 돌아가지 않고, 어제에 머물러 있지도 않는 것이기에.
> ……
> 그대들은 활과 같다.

그대들의 아이들은 마치 살아 있는 화살처럼 그대들로부터 쏘아져 나가리니
사수이신 신은 무한의 길 위에 한 표적을 겨누고 온 힘으로 그대들을 구부리는도다.
그분의 화살이 보다 빨리, 보다 멀리 날아갈 수 있도록.
그대들은 사수이신 신의 손길로 구부러짐을 기뻐할지어다.
왜냐하면 신은 날아가는 화살을 사랑하시는 것만큼 흔들리지 않는 활도 사랑하시므로.

내 자녀들은 나와는 다른, 독립된 또 다른 인생을 살아가는 존재들입니다. 그러므로 내가 원하는 길을 가야 한다고 생각하지 마십시오. 그들의 길로 가도록 도와주십시오. 멀리, 높이, 정확하게 날아갈 수 있도록 온 힘을 기울여서 쏘십시오. 내가 원하는 방향이 아니라, 하나님이 그들에게 주신 방향을 향하여.

선포합니다

† 나는 부모님에게 순종하고, 부모님을 공경하겠습니다.
† 나는 사랑, 훈육, 은사 개발이라는 부모로서의 사명에 충실하겠습니다.
† 나는 자녀가 그들의 인생을 살아가도록 격려하겠습니다.

2단원의 주제는 '치유'입니다.

구원은 죽음과 그 증상에서 건짐을 받아 영원한 생명과 자유의 세계로 들어가는 것입니다. 구원은 치유라는 개념과 동일하게 사용되는데 여기에는 영혼의 치유, 내면의 치유, 그리고 몸의 치유가 있습니다. 예수님을 구주로 영접하여 하나님의 자녀로 거듭나는 것이 '영적 치유'이고, 그리스도인이 된 이후 세속적 세계관과 내면의 상처에서 벗어나 기독교적 가치관을 내면화해 가는 과정이 '내적 치유'이며, 치유된 영혼에서 흘러나온 육신의 강건함은 '몸의 치유'입니다.

내적 치유는 좀 더 세분화됩니다. 소외된 영혼에 붙어 있던 잘못된 의식을 바꾸는 것과 상한 감정의 치유, 그리고 세속적인 가치관 대신 기독교적인 가치관으로 리셋하는 것입니다. 또한 내적 치유는 몸의 건강과 자연스럽게 연관됩니다. 왜냐하면 하나님은 우리가 건강하게 장수하기를 원하시기 때문입니다.

2단원

치유

06 | 치유는 구원의 또 다른 이름
07 | 내적 치유
08 | 상한 감정의 치유
09 | 낡은 자아의 치유
10 | 몸의 치유

06 치유는 구원의 또 다른 이름

성경 〈에베소서〉 2:4~10   요절 〈로마서〉 5:8

지난 한 주 하나님께서는

_____

_____

_____

구원은 현재적으로 일어나는 영적 경험

사람들은 구원을 얻기 위해 예수님을 믿습니다. 그렇다면 구원이란 무엇입니까? 죽음과 그 증상에서 건짐을 받아 영원한 생명과 자유의 세계로 들어가는 것입니다. 미래적으로 말하자면 죽어서 천국에 가는 것이기도 합니다. 천국은 하나님이 통치하시는 곳으로 지구가 아닌 다른 곳에 준비되고 있지만, 미래적이거나 장소적인 개념만은 아닙니다. 천국의 핵심적인 요소가 하나님의 다스림에 있기 때문에 천국은 지금, 여기에서도 경험될 수 있습니다. 그렇다면 구원 역시 미래적인 개념만은 아닙니다. 예수를 구주로 영접하는 사람들에게 현재적으로 일어나는 영적 경험입니다.

구원은 행복, 평안, 자유, 치유라는 개념으로도 표현됩니다. 불행했던 과거에서 벗어나 행복을 누리고, 죄에 종노릇하던 시절에서 벗어나 자유를 누리는 것이 구원이며, 죽음에 이르는 병에서 치유받는 것이 구원입니다. 그러므로 구원과 치유는 같은 의미로 받아들여도 좋은 단어입니다.

Q 천국의 핵심적인 요소는 무엇인가요?
_____
_____

구원의 또 다른 이름인 치유에는 세 영역이 있는데 영혼의 치유, 내면의 치유, 그리고 몸의 치유가 그것입니다. 예수님을 구주로 영접하여 하나님의 자녀로 거듭나는 것이 '영적 치유'이고, 그리스도인이 된 이후 세속적 세계관과 내면의 상처에서 벗어나 하나님 나라 시민으로 거듭나는 과정이 '내적 치유'입니다. 영혼과 마음이 치유된 성도들에게 '몸의 치유'는 자연스러운 선물입니다. 오늘은 영혼의 치유와 그로 인한 혜택에 대해 공부하겠습니다.

저는 다섯 살 때 친구의 전도를 받아 예수를 믿었고 지금까지 신앙생활을 하고 있습니다. 성장하면서 자의식이 생겨나자 "정말 구원받았는가" 하는 고민이 생겼습니다. "나는 지금 죽어도 천국에 갈 수 있는가?"를 생각할 때 쉽게 확신을 갖기 어려웠습니다.

청소년 시절 전도사님의 영향으로 대학생선교회에서 만든 10단계 교재로 성경 공부를 했는데 다행히 그 교재는 이 문제를 중점적으로 다루고 있었습니다. 공부하면서 하나님을 주인으로 모셔 들이는 영접 기도도 했습니다.

> "하나님, 저는 그동안 하나님 없이 제가 인생의 주인이 되어 살아왔습니다. 그 결과 불안하고 평안이 없었습니다. 이제 제 마음에 들어오셔서 저를 다스려 주시고, 영원히 떠나지 마시옵소서. 예수님 이름으로 기도드립니다. 아멘."

"영접하는 자 곧 그 이름을 믿는 자에게 하나님의 자녀가 되는 권세를 주신다"(요 1:12)고 했으므로 이제 구원받았고, 하나님의 자녀가 되었습니다. 영적 치유가 일어난 것입니다.

구원은 선물

그럼에도 구원의 확신 문제는 지속적으로 나를 괴롭혔습니다. 왜냐하면 죄를 짓거나 인격적 결함이 발견될 때마다 '너는 천국에 가지 못할 것이다'라는 생각이 들었기 때문입니다. 마치 내가 앓고 있는 천식처럼 어떤 때는 가볍게, 어떤 때는 밤잠을 이루기 어려울 만큼 나를 힘들게 했습니다. 그때 큰 도움이 되었던 말씀이 있습니다. 〈로마서〉 5장 8절 말씀과 〈베드로전서〉 3장 18절 말씀은 내 실망과 좌절을 딛고 일어설 지팡이가 되어 주었습니다.

〈로마서〉 5:8
우리가 아직 죄인 되었을 때에 그리스도께서 우리를 위하여 죽으심으로 하나님께서 우리에 대한 자기의 사랑을 확증하셨느니라

그리스도께서도 단번에 죄를 위하여 죽으사 의인으로서 불의한 자를 대신하셨으니 이는 우

리를 하나님 앞으로 인도하려 하심이라 육체로는 죽임을 당하시고 영으로는 살리심을 받으셨으니(벧전 3:18)

Q 〈로마서〉 5장 8절 말씀을 적어 봅시다.

_____
_____

내가 죄인으로 살고 있을 때 하나님이 나를 사랑하셨다는 말씀은 구원이 내 의에 달린 것이 아니라, 하나님의 사랑 덕분인 것을 깨닫게 했습니다. 성경에 나타난 하나님은 죄를 지으면 미워하여 버리고, 착하게 살면 건져 주는 그런 분이 아니었습니다. 죄인임에도 사랑하여 구속해 주신 하나님의 사랑을 깨닫게 되자 죽음에 이르는 병에서 치유 받은 것이 하나님의 은혜임을 알게 되었습니다(엡 2:8).

> **〈에베소서〉 2:8**
> 너희는 그 은혜에 의하여 믿음으로 말미암아 구원을 받았으니 이것은 너희에게서 난 것이 아니요 하나님의 선물이라

그랬습니다. 구원은 자격 없는 나에게 주신 하나님의 선물이었습니다. 천국은 밭에 감춰져 있던 보화를 발견한 것과 같다고 했습니다. 감춰진 보화를 발견한 사람들은 전 재산을 털어 보화가 감춰진 밭을 산다는 것입니다. 그만큼 구원은 소중했습니다.

Q 구원이 하나님의 선물인 이유를 말해 보세요.

_____
_____
_____

기쁨

구원, 치유라는 선물을 받은 이후 내 삶에는 변화가 일어났습니다. 첫 번째 변화는 하나님이 내 마음에 왕으로 좌정한 것입니다. 모든 사람의 마음에는 왕이 있습니다. 경험, 지식, 물질, 명예, 일, 자식 같은 것이 왕으로 좌정하기도 합니다. 그러기에 자신의 소견을 따라 행동합니다.

저도 그랬습니다. 과거에는 내 소견을 따라 행동했는데 하나님의 통치가 시작된 이후 내 모든 시선은 그분을 향했고, 그분의 다스림을 따라 살게 되었습니다. 마음에는 평안이 찾아왔고, 평안함은 곧 기쁨이 되었습니다. 하나님이 나를 사랑하신다는 것을 깨닫게 되면서 일어난 변화입니다.

> 평안을 너희에게 끼치노니 곧 나의 평안을 너희에게 주노라 내가 너희에게 주는 것은 세상이 주는 것과 같지 아니하니라 너희는 마음에 근심하지도 말고 두려워하지도 말라 (요 14:27)

> 내가 이것을 너희에게 이름은 내 기쁨이 너희 안에 있어 너희 기쁨을 충만하게 하려 함이라 (요 15:11)

하나님이 주신 평안함에서 시작된 기쁨은 환경이나 나 자신의 상태와는 관계가 없었습니다.

내가 초등학교를 다닐 때만 해도 아동부에 목요일 저녁 예배가 있었습니다. 가촌이었던 우리 동네에서 나는 여러 가게 앞을 지나 산 중턱에 있는 교회를 향하곤 했습니다. 그날도 목요일 예배가 있어서 교회를 가는데 가게에 앉아 있던 어떤 누나가 나를 부르더니 물었습니다.

"얘, 너는 뭐가 그리 기쁘니?"

나는 기쁠 일이 별로 없는 아이였습니다. 아버지는 일찍 돌아가셨고, 어머니는 험한 노동으로 우리를 돌볼 겨를이 없었습니다. 내가 처한 경제적인 어려움과 환경의 열악함을 누구보다 잘 알고 있던 그 누나의 질문에 나는 이렇게 대답했습니다.

"예수 믿잖아요!"

초등학교 4학년 때쯤으로 기억되는 이 사건은 세월이 많이 흘렀음에도 내 머릿속에 또렷하게 남아 있습니다.

내 기쁨, 그것은 예수님에게서 왔습니다. 그리고 그 기쁨은 지금도 내 마음속에 여전히 있습니다. 그 기쁨이 내게는 생명이 되고, 일어날 힘이 됩니다. 새벽에 일어나 기도하러 갈 힘이 되고, 까다로운 문제도 감당할 수 있는 능력이 됩니다. 하나님이 내 삶의 왕이 되신 이후 나에게 일어난 가장 큰 변화는 평안함에서 우러나온 기쁨이었습니다.

염려 없는 삶

염려가 없어진 것도 또 하나의 변화였습니다. 수습해야 할 많은 문제가 생기지만 그래도 염려하지 않습니다. 염려가 될 만한 것을 기도 제목으로 바꾸고, 하나님에게 시선을 드리며 살아갑니다. 하나님을 신뢰하기에 내 모든 염려를 주님에게 말씀드리고, 해결을 부탁드립니다.

〈베드로전서〉 5:7
너희 염려를 다 주께 맡기라 이는 그가 너희를 돌보심이라

Q 〈베드로전서〉 5장 7절 말씀을 적어 봅시다.

_____

염려를 온전히 주께 맡기게 되기까지 꽤 긴 시간이 걸렸습니다. 기도하고 응답받는 과정이 반복되면서 하나님에 대한 신뢰가 쌓이고, 덕분에 염려가 점차 사라지게 되었습니다. 나는 믿음의 반대말은 불신이 아니라, 염려라고 생각합니다. 염려하지 말고 구할 것을 하나님에게 말씀드려야 하는데 기도하는 것이 훈련되지 않아서 많은 성도들이 걱정하고 염려하며 지냅니다. 염려하는 대신 하나님에게 기도드리는 것은 성도에게 주어진 특권입니다. 저는 예수 믿고 난 후 기도하여 많은 응답을 받았는데 그 수를 헤아리기 어렵습니다.

> 여호와 나의 하나님이여 주께서 행하신 기적이 많고 우리를 향하신 주의 생각도 많아 누구도 주와 견줄 수가 없나이다 내가 널리 알려 말하고자 하나 너무 많아 그 수를 셀 수도 없나이다
> (시 40:5)

Q 기도하여 응답받은 것을 소개해 봅시다.
_____
_____

먼저 구해야 하는 것

직면한 문제를 수습하기 위하여 기도하고, 기도하여 응답받는 일이 반복되면서 정말 구해야 할 것이 따로 있다는 생각이 들었습니다.

테레사 수녀님이 살아 있을 때 미국을 방문하여 모금 운동을 하게 되었다고 합니다. 가난한

사람들을 위해 할 일이 많으셨던 수녀님이 어떤 부자를 만나 기부를 부탁했습니다. 바쁜 일정 가운데 시간을 낸 그 사업가는 수녀님이 앉기가 바쁘게 물었습니다.

"수녀님, 지금 절실히 필요한 것은 무엇인가요?"

필요한 금액이 얼마인지 말씀하라며 부자가 생각 없이 건넨 말에 수녀님은 "지금, 절실히 필요한 거요?"라며 말을 잇지 못했습니다. 곰곰이 생각하더니 이렇게 대답했답니다.

"네, 제게 지금 절실히 필요한 것은 예수님입니다!"

이 이야기는 읽는 우리에게 도전이 됩니다. 사실 몇 푼의 돈이나 시급한 문제를 해결하는 것보다, 예수님이 절실히 필요하다고 느낀 테레사 수녀님의 마음에 공감하기 때문이죠.

> 그러므로 염려하여 이르기를 무엇을 먹을까 무엇을 마실까 무엇을 입을까 하지 말라 이는 다 이방인들이 구하는 것이라 너희 하늘 아버지께서 이 모든 것이 너희에게 있어야 할 줄을 아시느니라 그런즉 너희는 먼저 그의 나라와 그의 의를 구하라 그리하면 이 모든 것을 너희에게 더하시리라(마 6:31~33)

Q 위의 성경 말씀을 읽고 답해 봅시다.

1. 이방인들이 구하는 것은 무엇인가요?
   _____

2. 구원 얻은 사람들은 무엇을 구해야 하나요?
   _____

예수님은 우리에게 '그의 나라와 그의 의'를 구하라고 했습니다. '그의 나라'는 하나님의 다스림이요, '그의 의'는 하나님과의 관계입니다. 그리스도인에게 절실히 필요한 것은 당면한 몇 가지 문제의 해결이 아니라, 하나님의 다스림과 그분과의 거리낌 없는 관계라는 말씀입니다. 하나님과의 관계가 불편해지는 것이 문제입니다.

하나님과의 관계가 소원해지는 것, 그분의 다스림에 순종하지 않는 것이 모든 문제의 시작입니다. 죄가 우리를 따라다닐지라도(원할지라도) 우리가 하나님에게 순종했다면 인생이 꼬이지 않았을 것인데 그렇게 하지 않아 많은 문제가 발생했습니다. 하나님이 가인에게 했던 말씀이 있습니다.

네가 선을 행하면 어찌 낯을 들지 못하겠느냐 선을 행하지 아니하면 죄가 문에 엎드려 있느니라. 죄가 너를 원하나 너는 죄를 다스릴지니라 (창 3:7)

하나님이 기뻐하시는 것과 싫어하시는 것을 우리의 양심과 직관이 느낍니다. 심리학에서는 직관을 '영의 느낌'이라 정의하는데 성령 안에 거하면 영혼의 촉수가 발달하여 예민해지기 시작합니다. 신경이 날카로워졌다는 뜻이 아니라, 하나님이 보내시는 전파에 공명하게 된다는 뜻입니다. 그분의 뜻에 공명하면서 구도자의 길을 걷게 됩니다. 그러한 삶은 광야 같은 세상을 그저 버티기로 살아가는 것이 아닙니다. 영혼에 생긴 그리움에 나를 옭아맵니다. 그 '옭아맴'을 '위에서 부르신 부르심'이라, '비전'이라고도 할 수 있겠습니다. 하나님의 비전을 깨닫는 때는 각기 다르겠습니다만 성도들은 하나님과 사명에 자신의 인생을 옭아매고 살아갑니다.

어린양의 혼인 잔치

모든 성도가 순례자 인생의 끝자락에서 예수님을 만나게 될 것입니다. 우리를 사랑하셨던, 그래서 십자가에 대신 돌아가셨던 예수님을 만나 '어린양의 혼인 잔치'에 들어갑니다. 그 동경과 그리움은 비록 힘들고 고단한 삶을 살지만, 인생을 탄력 있고 윤택하게 만듭니다.

> 우리가 즐거워하고 크게 기뻐하며 그에게 영광을 돌리세 어린 양의 혼인 기약이 이르렀고 그의 아내가 자신을 준비하였으므로 그에게 빛나고 깨끗한 세마포 옷을 입도록 허락하셨으니 이 세마포 옷은 성도들의 옳은 행실이로다 하더라 천사가 내게 말하기를 기록하라 어린 양의 혼인 잔치에 청함을 받은 자들은 복이 있도다 하고 또 내게 말하되 이것은 하나님의 참되신 말씀이라 하기로(계 19:7~9)

성도들은 복받은 사람들입니다. 경제적으로 넉넉해서 하는 말도 아니고, 모든 근심이 다 사라져 없어졌기 때문도 아닙니다. 복받았다고 생각하는 이유는 어린양의 혼인 잔치에 초대받았기 때문입니다. 그 파티에 초대받은 사람들은 예복을 잘 간직해야 합니다.

> 종들이 길에 나가 악한 자나 선한 자나 만나는 대로 모두 데려오니 혼인 잔치에 손님들이 가득한지라 임금이 손님들을 보러 들어올새 거기서 예복을 입지 않은 한 사람을 보고 이르되 친구여 어찌하여 예복을 입지 않고 여기 들어왔느냐 하니 그가 아무 말도 못하거늘 임금이 사환들에게 말하되 그 손발을 묶어 바깥 어두운 데에 내던지라 거기서 슬피 울며 이를 갈게 되리라 하니라 청함을 받은 자는 많되 택함을 입은 자는 적으니라(마 22:10~14)

Q 위의 성경 말씀을 읽고 질문에 답해 봅시다.

1. 혼인 잔치에 왔으나 바깥 어두운 데로 내던져진 사람이 있습니다. 왜 그랬나요?

_____

> **Q** 위의 성경 말씀을 읽고 답해 봅시다.
>
> 2. 이 예복은 무엇인지 적어 봅시다.
>
> _____
>
> _____

　이 예복은 '예수 그리스도가 주신 의'입니다. 성도들 가운데 자기 의를 붙들고 사는 분들이 있습니다. 그래서 다른 사람을 정죄하는 심판자가 됩니다. "나에게는 의가 없다", "나는 죄인의 괴수다" 하는 고백을 진심으로 하는 분이라면 남을 정죄하거나 심판하며 살지 않을 것입니다. 죽음에 이르는 병을 고쳐 주신 하나님에게 감사하고, 형제들을 사랑하며 살 것입니다. 우리 모두 구원 얻을 때 받은 의의 예복을 잘 간수하며 지내다가 어린양의 파티에 입고 가십시다.

> 🕊 **선포합니다**
>
> † 나는 예수님을 구주로 영접하여 구원받았습니다.
> † 구원은 하나님이 주신 선물입니다.
> † 나는 하나님의 나라와 의를 구하며 살겠습니다.

07 내적 치유

성경 〈히브리서〉 10:10~14　요절 〈요한일서〉 4:18

지난 한주 하나님께서는

_____

_____

_____

　　병든 영혼이 치유되어 하나님의 자녀가 되었으나 내면세계가 신앙적으로 정리되지 않은 성도를 어렵지 않게 만나게 됩니다. 세속적인 세계관에 물들어 있거나 마음의 병으로 왜곡된 인격을 가진 성도를 볼 때 내적 치유의 필요성을 뼈저리게 느낍니다. 세속적인 가치관을 따라 살던 사람이 어느 날 예수 믿게 되었다고 해서 갑자기 완벽한 성도로 변하거나 아무 흠결도 없는 사람으로 달라지는 것은 아니기 때문입니다. 출애굽한 이스라엘 백성이 홍해를 건너는 기적은 하룻밤 사이에 일어났으나, 그들 안에 있는 애굽을 쫓아내는 데는 40년이나 되는 세월이 필요했습니다. 이를 기억한다면 영혼의 치유가 일어난 다음 내면의 치유에 상당한 시간이 걸린다는 것은 자연스러운 일입니다. 오늘은 소외되었던 인간 의식 깊이 스며들어 있던 형벌 의식, 공로 의식, 우상숭배에 관하여 공부해 보겠습니다.

벌 받을지 모른다는 두려움 _ 형벌 의식

새신자 한 분이 교회에 등록을 해서 심방을 갔더니 자기 집 곳곳에 붙어 있는 부적을 떼어달라고 부탁했습니다. 본인이 떼도 괜찮다고 했는데 기어이 나에게 떼어 달라고 해서 부적을 떼주었습니다.
"왜 본인이 직접 떼지 않으셨어요?"
"혹시 귀신이 노해서 벌을 주면 어떻게 해요?"
"그럼 성도님은 벌 받으면 안 되고, 목사인 나는 벌을 받아도 된다는 말인가요?"
함께 있던 교인들이 까르르 웃었습니다.

성도들 마음 깊은 곳에 벌 받으면 어떻게 하나 하는 형벌 의식이 있습니다.

주의 종이 주께 은혜를 입었고 주께서 큰 인자를 내게 베푸사 내 생명을 구원하시오나 내가 도망하여 산에까지 갈 수 없나이다 두렵건대 재앙을 만나 죽을까 하나이다(창 19:19)

롯은 하나님의 은혜로 위기 가운데서 생명을 건졌으나 여전히 재앙을 만나 죽을지 모른다는 두려움에 사로잡혀 있었습니다. 이 두려움이 예수 믿는 사람들에게도 있습니다. 사실 성도들은 사탄의 공격에서 안전합니다. 더 이상 벌을 받는 일도 없습니다. 왜냐하면 예수님이 사탄의 공격을 받아 십자가에 단번에 죽으심으로 모든 벌을 다 받았기 때문입니다. 그럼에도 교인들의 마음속 깊은 곳에는 벌 받는 것 아닌가 하는 생각이 깔려 있습니다.

  어떤 교인이 주일에 골프를 치러 갔다가 죽었습니다. 교인들은 너 나 할 것 없이 주일에 골프 치러 가서 벌을 받아 그리 되었다고 수군거렸습니다. 과연 그럴까요? 그렇다면 하나님은 주일에 성도들이 드리는 예배는 받지 않으시고, 예배드리지 않는 교인들을 벌 주려고 찾아다니고 계신다는 말인가요? 그런 수군거림은 성경에 나타난 하나님의 사랑과 모든 죄와 그 형벌을 한 몸에 지고 가신 예수님 이야기와는 거리가 먼 이야기입니다. 감기만 걸려도 벌 받아서 그렇게 된 것 아닌가 생각하는 것은 불필요한 형벌 의식에서 나온 잘못된 신앙 태도입니다.

> **〈요한일서〉 4:18**
> 사랑 안에 두려움이 없고 온전한 사랑이 두려움을 내쫓나니 두려움에는 형벌이 있음이라 두려워하는 자는 사랑 안에서 온전히 이루지 못하였느니라

Q 〈요한일서〉 4장 18절 말씀을 적어 봅시다.

_____
_____
_____

  벌 받을까봐 두려워하면서 교회에 다니고 있다면 아직도 내면세계가 구원받기 이전의 세계관에서 완전히 벗어나지 못했다 하겠습니다. 이 두려움을 걷어 내고 사랑의 기쁨, 밝은 빛의 세계로 나가는 훈련이 필요합니다. 과거, 현재, 미래의 모든 벌을 한 몸에 지고 골고다 언덕을 오르신 예수님을 새롭게 묵상할 필요가 있습니다.

이 뜻을 따라 예수 그리스도의 몸을 단번에 드리심으로 말미암아 우리가 거룩함을 얻었노라 제사장마다 매일 서서 섬기며 자주 같은 제사를 드리되 이 제사는 언제나 죄를 없게 하지 못하거니와 오직 그리스도는 죄를 위하여 한 영원한 제사를 드리시고 하나님 우편에 앉으사 그 후에 자기 원수들을 자기 발등상이 되게 하실 때까지 기다리시나니 그가 거룩하게 된 자들을 한 번의 제사로 영원히 온전하게 하셨느니라(히 10:10~14)

Q 위의 성경 말씀을 읽고 답해 봅시다.

1. 구약의 제사가 지닌 결정적인 한계는 무엇인가요?

2. 예수 그리스도의 희생은 어떤 결과를 가져왔나요?

예수님은 우리의 모든 죄를 대신 지시고 단번에 십자가에 죽으셨습니다. 모든 진노를 예수 그리스도께서 짊어지신 것입니다. 그러므로 하나님의 자녀들은 더 이상 벌 받을까봐 두려워하면서 살지 말아야 합니다. 우리의 아버지이신 하나님은 우리가 두려움 없이 행복하게 살아가기를 원하십니다(딤후 1:7).

〈디모데후서〉 1:7
하나님이 우리에게 주신 것은 두려워하는 마음이 아니요 오직 능력과 사랑과 절제하는 마음이니

훌륭한 자녀들도 가끔은 부모에게 혼나는 일이 있는데 그것은 버림받음의 징표가 아니라, 사랑받고 있음의 표징입니다. 사랑은 진노를 통해 구체화되곤 합니다. 가끔 우리가 하나님에게 혼나는 것은 더 좋은 그리스도인이 되라는 훈계입니다. 그것은 죄의 삯을 지불하기 위해 죽음에 이르는 벌과는 차원이 다른 이야기입니다. 그러므로 모든 그리스도인은 자신의 내면에 있는 형벌 의식을

내다 버리는 작업을 해야 하고, 있는 그대로 우리를 사랑하시는 하나님의 완전한 사랑을 느끼는 경지에 이르러야 합니다.

무언가 해야 하지 않을까? _ 공로 의식

공로 의식도 기독교적 세계관의 산물은 아닙니다. 공로를 세워야 천국에 갈 것이라 생각하는 것은 성경의 가르침과 거리가 먼 이야기입니다. 구원은 우리가 쌓아올린 공덕의 결과물이 아닙니다. 그럼에도 많은 성도가 공덕을 쌓아야 인정받을 것이라는 세속적인 세계관에 물들어 살고 있습니다.

> 세례를 줄 때 수세자에게 꼭 물어보는 질문이 있습니다.
> "지금 죽어도 천국에 갈 수 있습니까?"
> 참여자들의 대답은 거의 비슷합니다.
> "지금 천국 가기 어렵습니다. 이제 세례받고, 성경 공부도 하고, 교회 봉사도 좀 하면 그때쯤 천국에 갈 수 있을 겁니다."
> 겸손한 대답처럼 보이지만 세례받을 자격이 없는 대답입니다.
> "예수님이 나의 모든 죄 짐을 지고 십자가에서 대신 죽으셨습니다. 그분이 저를 대신하여 죽으셨으므로 저는 오늘 죽어도 천국에 갈 수 있습니다."
> 이렇게 대답하는 사람이 세례받을 자격이 있는 사람입니다.

공로가 있으면 사랑받고, 그렇지 못하면 버림받는 세상의 원리를 기독교 신앙에 적용하는 것은 자연스러워 보일지 모르지만 그것은 기독교 복음을 왜곡하는 것입니다. 구원은 예수님이 사람의 몸을 입고 이 땅에 오셔서 만들어 놓으신 그 길에 있습니다.

> 그 길은 우리를 위하여 휘장 가운데로 열어 놓으신 새로운 살 길이요 휘장은 곧 그의 육체니라(히 10:20)

예수님이 인간을 구원하기 위해 사람의 몸을 입고 이 땅에 내려오셔서 인간 구원의 새로운 길을 만들어 놓으셨습니다. 우리는 그 길로 가기만 하면 됩니다. 그럼에도 불구하고 사람들은 구원이 인간 자신의 일이라 여겨 구원에 이르기 위해 온갖 노력을 다하지만 결국 한계에 부딪쳐 좌절하고 절망합니다. 그런 우리에게 〈누가복음〉 15장에 나오는 탕자의 비유는 매우 좋은 교훈을 줍니다.

> 또 이르시되 어떤 사람에게 두 아들이 있는데 그 둘째가 아버지에게 말하되 아버지여 재산 중에서 내게 돌아올 분깃을 내게 주소서 하는지라 아버지가 그 살림을 각각 나눠 주었더니 그 후 며칠이 안 되어 둘째 아들이 재물을 다 모아 가지고 먼 나라에 가 거기서 허랑방탕하여 그 재산을 낭비하더니 다 없앤 후 그 나라에 크게 흉년이 들어 그가 비로소 궁핍한지라 가서 그 나라 백성 중 한 사람에게 붙여 사니 그가 그를 들로 보내어 돼지를 치게 하였는데 그가 돼지 먹는 쥐엄 열매로 배를 채우고자 하되 주는 자가 없는지라 이에 스스로 돌이켜 이르되 내 아버지에게는 양식이 풍족한 품꾼이 얼마나 많은가 나는 여기서 주려 죽는구나 내가 일어나 아버지께 가서 이르기를 아버지 내가 하늘과 아버지께 죄를 지었사오니 지금부터는 아버지의 아들이라 일컬음을 감당하지 못하겠나이다 나를 품꾼의 하나로 보소서 하리라 하고

Q 위의 성경 말씀을 읽고 답해 봅시다.

1. 둘째 아들은 받은 유산을 어떻게 했나요?

2. 재산을 탕진한 둘째 아들이 최종적으로 한 결심은 무엇인가요?

> **Q** 위의 성경 말씀을 읽고 답해 봅시다.
>
> 3. 아버지는 그를 어떻게 대우했나요?
>
> _____

받은 유산을 모두 탕진하고 빈털터리가 된 탕자는 아버지께 돌아가기로 결심합니다. 죄를 지었다는 것과 종으로라도 써 주시면 감사하겠다는 마음으로 아버지께 돌아왔을 때 아버지는 그를 환영하여 다시 자녀로 받아 주었습니다. 이 이야기는 자녀 됨(구원)은 인간의 성공이나 실패에 달린 문제가 아니라, 하나님의 용납하심에 있다는 것을 일깨워 줍니다. 그러므로 우리의 노력으로 구원을 얻으려는 생각을 버리고, 하나님의 은혜를 믿음으로 받아들여야 합니다.

> 우리가 이 보배를 질그릇에 가졌으니 이는 심히 큰 능력은 하나님에게 있고 우리에게 있지 아니함을 알게 하려 함이라 (고후 4:7)

능력의 심히 큰 것은 하나님에게 있지 사람에게 있는 것이 아닙니다. 구원의 능력, 하나님의 자녀가 되는 지위의 회복은 사람에게 달린 문제가 아니라, 전적으로 하나님이 주시는 선물입니다. 이런 인식의 변화가 기독교 신앙을 가진 사람들에게 요구됩니다.

현대 사회가 길을 잃은 이유 _ 우상숭배

우상숭배는 우리가 정리해야 할 또 하나의 어두운 그림자입니다. 하나님을 떠난 인간이 불안과 두려움을 해소시켜 줄 대상을 찾다가 우상을 숭배하게 됩니다. 그것은 죽음에 이르는 병을 다루는 유사 치료제입니다. 돈, 권력, 성공, 일, 자식, 성, 이념 같은 것은 인간들이 섬기는 대표적인 우상들입니다. 우상을 섬기며 살아가는 한 인간은 삶의 목적과 의미를 찾을 수도 없고, 행복하게 살아갈 수도 없습니다. 현대 사회의 모든 문제는 길을 잃어버렸다는 말 한 마디로 요약할 수 있는데 그렇게 된 이유는 하나님에서 출발하지 않고, 우상에서 출발했기 때문입니다.

교환 수단에 불과한 돈이 현대 사회에서 우상이 된 지 오래입니다. 학생들에게 목표가 무엇이냐고 물으면 서슴없이 돈을 많이 버는 것이라고 대답합니다. 돈을 많이 벌어서 무엇을 할 것이냐고 물으면 잘사는 것이라 대답합니다. 잘 산다는 것이 무엇이냐고 물으면 선뜻 대답하지 못합니다. 돈이 주인이 되어 사람들을 노예로 부리기 시작한 것입니다. 많은 사람이 기꺼이 돈의 종이 되어 살아가고 있습니다. 그런 우리에게 예수님의 이야기는 많은 것을 생각하게 합니다.

> 그 때에 예수께서 성령에게 이끌리어 마귀에게 시험을 받으러 광야로 가사 사십 일을 밤낮으로 금식하신 후에 주리신지라 시험하는 자가 예수께 나아와서 이르되 네가 만일 하나님의 아들이어든 명하여 이 돌들로 떡덩이가 되게 하라 예수께서 대답하여 이르시되 기록되었으되 사람이 떡으로만 살 것이 아니요 하나님의 입으로부터 나오는 모든 말씀으로 살 것이라 하였느니라 하시니(마 4:1~4)

> **Q** 위의 성경 말씀을 읽고 답해 봅시다.
>
> 1. 40일 금식을 마친 예수님에게 사탄이 요구한 것은 무엇인가요?
> _____
>
> 2. 사람은 떡 (경제)으로만 살 수 없다고 생각에 동의하나요?
>   이유를 말해 봅시다.
> _____

사람은 떡으로만 살 수 없습니다. 경제가 중요한 것 같지만 정말 중요한 것은 경제가 아니라 하나님의 말씀입니다. 하나님의 말씀이 내 안에서 역사할 때 가난해도 생기 넘치는 삶을 살 수 있고, 그러지 않으면 많은 것을 가졌어도 공허함 가운데 죽어갈 수밖에 없는 것이 인간의 운명입니다.

권력욕도 사람들이 즐겨 섬기는 우상입니다. 권력욕은 정치가들에게만 있는 것이 아니라, 모든 사람에게 깊숙이 자리하고 있습니다. 가정을 살펴보십시다. 부모에게 자녀는 선물이고 기업입니다. 소중한 아이들을 사랑하고 잘 돌봐서 예수님 닮은 사람이 되게 해야 하는데 어떤 부모들은 자녀들에게 권력을 휘두르다가 관계도 망가뜨리고, 아이의 인생도 망쳐 버립니다.

아들 하나를 낳아 잘 기르겠다고 마음먹은 어머니가 있었습니다. 온갖 정성을 다해 아이를 기르면서 이 학원, 저 학원에 보냈습니다. 아이는 어머니가 기대하는 점수를 못 받으면 매를 맞곤 했습니다. 그 날도 85점을 받아 또 매를 맞았습니다. 그날따라 어머니는 무엇에 그리 화가 났는지 발로 차고, 아이 목을 짓밟았습니다. 이렇게 살다가는 맞아 죽겠다는 생각에 아이는 가출했습니다. 어머니가 찾아왔지만 그 후 어머니는 아이를 전혀 통제할 수 없게 되었습니다. 아이를 결을 따라 길러서 잠재된 능력을 발휘하도록 도왔으면 커서 능력 있는 사람이 되고 부모에게 효도하는 사람이 되었을 텐데, 어머니의 권력욕이 자식을 망가뜨린 것입니다.

성공도 또 하나의 우상입니다. 세상에서 인정받고 출세하는 것은 좋은 일이지만 그것이 인생의 목적이 되어서는 곤란합니다. 성공 지상주의에 빠지면 그것을 얻는 과정에서 너무 많은 것을 잃어버리게 합니다. 엄밀히 말하면 성공은 없습니다. 우리는 각자 자신에게 주어진 삶을 살아갈 뿐입니다. 사도 바울은 이렇게 고백했습니다.

> 나는 비천에 처할 줄도 알고 풍부에 처할 줄도 알아 모든 일 곧 배부름과 배고픔과 풍부와 궁핍에도 처할 줄 아는 일체의 비결을 배웠노라 내게 능력 주시는 자 안에서 내가 모든 것을 할 수 있느니라(빌 4:12~13)

그렇습니다. 성공할 수도 있고, 실패할 수도 있습니다. 풍부에 처할 수도 있고, 비천에 처할 수도 있습니다. 정말 중요한 것은 '하나님에게 영광'이 되느냐에 달려 있을 뿐입니다.

성도들은 세속적인 세계관을 버리고 기독교적 세계관을 가진 사람으로 거듭나야 합니다. 벌 받은 것 아닌가 하는 두려움, 공로 의식과 우상숭배에서 벗어나야 합니다. 무의식적 행동 뒤에 숨어있는 민낯을 그대로 직시하여 '비움'과 '덧입음'을 의식적으로 수행할 때 비로소 건강한 그리스도인이 될 수 있습니다.

선포합니다

† 나는 형벌 의식, 공로 의식, 우상숭배에서 벗어나겠습니다.
† 나는 세속적 가치관을 버리고, 기독교적 세계관으로 채워가겠습니다.
† 내면의 치유에 시간이 걸리겠지만, 즐거이 구도자의 길을 가겠습니다.

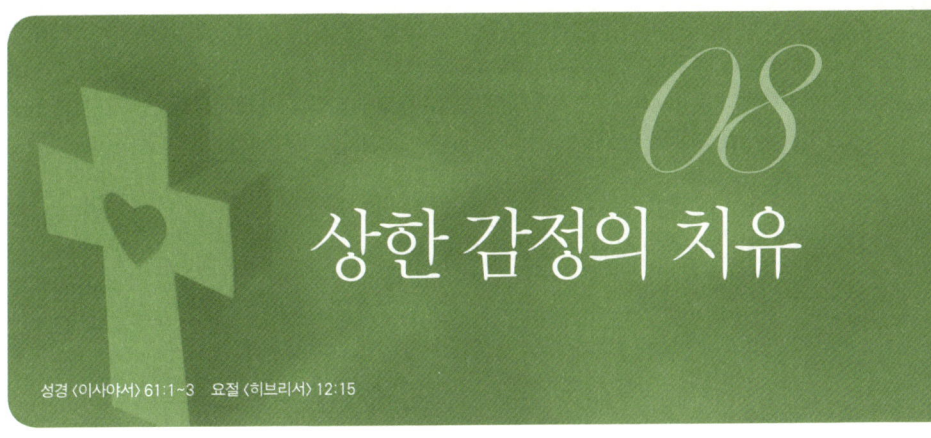

08 상한 감정의 치유

성경 〈이사야서〉 61:1~3 요절 〈히브리서〉 12:15

지난 한주 하나님께서는

___

어느 교회 전도사님의 이야기입니다.

　술을 마시고 밤늦게 귀가하는 것이 일상이었던 아버지는 밤늦게 들어와서 잠자리에 든 자식들을 깨웠습니다. 술에 취한 아버지는 자다 깬 아이들의 얼굴에 송곳처럼 날카로운 수염을 부비며 애정을 표현했습니다. 술 냄새와 함께 견디기 어려운 악취를 풍기며 '사랑한다'고 말하면 사랑이 전해지는 게 아니라, 미움이 밀물처럼 밀고 들어왔다 했습니다. 이런 일들이 점차 쌓여가자 아버지라 부르고 싶지도 않았고, '아버지'라는 단어를 입 밖으로 꺼내기도 싫어졌습니다.
　성장하여 집을 떠나 서울로 왔고, 교회에서 지도자가 되어 일하게 되었는데 한번은 교사 중 한 분이 "전도사님은 왜 하나님 아버지라고 하지 않으세요?"라고 묻더랍니다. 그러고 보니

08. 상한 감정의 치유　085

까 기도할 때나 말씀을 전할 때 '하나님 아버지'라 하지 않는 자신을 발견했습니다. 성경의 가르침을 따라 하나님을 아버지라 불러야 하는데 하나님이라고만 부르고 있는 것을 알아차렸습니다. 성장하는 동안 아버지로부터 입은 마음의 상처가 성인이 된 다음 신앙생활에도 영향을 미쳐 하나님을 아버지라 부를 수 없게 만들어 버린 것이었습니다.

우리가 즐겨 부르는 찬양이 있습니다.

마음이 상한 자를 고치시는 주님. 하늘의 아버지 날 주관하소서.
주의 길로 인도하사 자유케 하소서. 새 일을 행하사 부흥케 하소서.
의에 주리고 목이 마르니, 성령의 기름 부으소서.
의에 주리고 목이 마르니, 내 잔을 채워 주소서.

그렇습니다. 상한 마음이 치유되고 매여 있던 것에서 자유롭게 되는 일이 필요합니다. '의'라는 단어는 헬라어 '디카이오수네'인데, 이 단어는 '옳을 의'라기보다는 '바른 관계'를 의미합니다. 관계가 바로 될 때 인간은 비로소 자유로워집니다. 그러므로 관계의 상함에서 온 상처를 치유해야 합니다. 예수님은 우리를 죄에서 구원하기 위해 오셨지만, 그 속에는 상한 마음의 치유도 내포되어 있습니다.

예수님이 이 땅에 오신 이유

주 여호와의 영이 내게 내리셨으니 이는 여호와께서 내게 기름을 부으사 가난한 자에게 아름다운 소식을 전하게 하려 하심이라 나를 보내사 마음이 상한 자를 고치며 포로된 자에게 자유를, 갇힌 자에게 놓임을 선포하며 여호와의 은혜의 해와 우리 하나님의 보복의 날을 선포하여 모든 슬픈 자를 위로하되 무릇 시온에서 슬퍼하는 자에게 화관을 주어 그 재를 대신하며 기쁨의 기름으로 그 슬픔을 대신하며 찬송의 옷으로 그 근심을 대신하시고 그들이 의의 나무 곧 여호와께서 심으신 그 영광을 나타낼 자라 일컬음을 받게 하심이라 (사 61:1~3)

> **Q** 위의 성경 말씀을 읽고 답해 봅시다.
>
> 1. 예수님은 어떤 사람을 고치려고 이 땅에 오셨나요?
>
> 2. 여호와께서 심으신 영광이 나타나려면 어떤 일이 일어나야 하나요?

누가 우리의 마음을 상하게 할까요? 우리와 중요한 관계에 있는 사람들입니다. 부모나 친척 등 가족 관계에 있는 분들이 우리의 마음을 상하게 합니다. 친구나 선생님 같은 가까운 사이에 있는 사람들도 우리의 마음을 상하게 합니다. 일부러 그런 것은 아닙니다. 사랑을 전하려고 했지만 방법이 잘못되어서 그리 되었으므로 성인이 된 지금 책임의 소재를 따지는 것은 무의미한 일입니다. 어떤 일로 감정이 상했는지 파악하여 치유하는 것만이 우리가 할 수 있는 유일한 일입니다.

〈마태복음〉 18장에는 1만 달란트 탕감받은 사람이 100데나리온 빚진 자를 옥에 가두는 이야기가 나옵니다. 신약시대 유대 나라에서 징수된 세금이 800달란트였다고 합니다. 그러니까 일만 달란트는 한 개인이 갚을 수 없는 엄청난 금액입니다. 그 엄청난 돈을 탕감받은 사람이 길에서 100데나리온(1데나리온은 당시 노동자의 하루 품삯) 빚진 동료를 만나 빚을 갚으라고 했습니다. 시간을 좀 달라고 하자 감옥에 가둬 버렸습니다. 이 이야기를 전해 들은 주인이 그를 불러 심하게 꾸짖고 다시 감옥에 가둬 버렸다는 말씀입니다.

우리가 탕감해 주어야 할 빚

이 비유가 우리에게 교훈하는 바는 무엇일까요? 그리스도인들은 일만 달란트를 탕감받은 존재와 같다는 것이며, 용서받았으니 용서하는 사람이 되어야 한다는 말씀입니다. 누가 우리에게 빚을 졌을까요? 우리는 누구에게 빚을 갚으라고 요구하고 있는 것일까요? 우리에게 상처 입힌 사람들이 바로 우리에게 빚진 사람이며, 우리는 그들에게 빚을 갚으라고 요구하는 있는 것입니다. 우리가 그들을 용서하지 않는 것은 마치 그를 옥에 가둬 놓고 있는 것과 같은 행위입니다. 방안에 갇힌 강아지가 짖어대거나 문을 할퀴는 것처럼 상한 감정을 가진 사람의 내면에는 지속적인 울부짖음이 있습니다.

식욕, 수면욕, 성욕, 소유욕으로 대표되는 욕구를 필요 이상으로 충족하려는 경향은 마음의 상처를 가진 사람들에게 나타나는 특징 가운데 하나입니다. 충분히 먹었는데도 계속 먹어대는 사람, 뜯어 보지도 않으면서 계속 물건을 사들이는 사람들은 마음에 상처를 갖고 있는 사람입니다. 슬픔과 분노, 의욕 상실로 대표되는 풀죽은 모습 역시 상처 입은 사람에게 나타나는 정서적인 현상입니다. 교만, 시기, 완벽에의 충동도 상한 감정을 가진 이들에게 나타나는 증상입니다.

자랄 때 상처 준 부모, 도움이 절실해서 청했는데 외면한 사람들, 놀리거나 무시했던 사람들, 사랑을 거절했던 애인, 자신의 기대와 다르게 흘러간 운명, 돕는 배필이 될 것이라 기대했으나 상처 입힌 배우자 모두가 여러분에게 빚진 사람입니다. 그들을 옥에 가두고 빚을 갚으라고 요구하는 대신 풀어 놓으며 "나도 탕감받았으니 이제 빚을 갚을 필요 없습니다. 풀어 드리겠습니다"라고 말하는 것이 필요합니다. 그럴 때 여러분은 자유함을 얻게 될 것입니다.

Q 아직도 용서하지 못한 일, 상처받은 사건, 억울했던 경험이 있나요? 써 봅시다.

_____

_____

감정에 상처를 입은 사람들은 마치 빚쟁이처럼 사랑해 달라고 조릅니다. 조르는 사람이 아동이라면 부모들은 아이의 감정을 이해하고 들어주어야 하는데 대부분의 부모들은 힘들어하는 아이의 말을 들어주는 대신 옳은 소리를 합니다. 문제를 해결하는 방법이 아님에도 불구하고, 옳은 소리를 하다가 결국 감정의 골만 깊어지고, 부모 자녀 관계는 회복이 어려울 만큼 심각해집니다. 이런 아이를 이해하여 들어주고 그의 상처를 어루만져 주는 사람이 있다면 그런 행운을 가진 학생은 행복하게 살아갈 것입니다. 상한 감정을 가진 사람을 치유하기 위해서는 누군가가 그의 어둠을 밝혀내는 수고를 해야 합니다.

> 우리가 이 보배를 질그릇에 가졌으니 이는 심히 큰 능력은 하나님께 있고 우리에게 있지 아니함을 알게 하려 함이라 우리가 사방으로 우겨쌈을 당하여도 싸이지 아니하며 답답한 일을 당하여도 낙심하지 아니하며 박해를 받아도 버린 바 되지 아니하며 거꾸러뜨림을 당하여도 망하지 아니하고 우리가 항상 예수의 죽음을 몸에 짊어짐은 예수의 생명이 또한 우리 몸에 나타나게 하려 함이라 우리 살아 있는 자가 항상 예수를 위하여 죽음에 넘겨짐은 예수의 생명이

또한 우리 죽을 육체에 나타나게 하려 함이라 그런즉 사망은 우리 안에서 역사하고 생명은 너희 안에서 역사하느니라(고후 4:7~12)

> **Q** 위의 성경 말씀을 읽고 답해 봅시다.
>
> 1. 살아 있는 자가 예수님을 위해 어디에 넘겨지나요?
>
> 2. 생명이 '너희' 안에 역사하기 위해 우리는 무엇을 감당해야 하나요?

상한 감정의 치유

상한 감정을 가진 채 성장하고 있는 아이들은 부모가 아니면 다른 누구에게라도 사랑해 달라고 절규합니다. 청소년들을 돌보면서 제가 뼈저리게 느끼는 것은 이 '빚'은 누군가가 갚아야만 한다는 것입니다. 누군가가 짊어져야 합니다. 그래야 치유됩니다. 교사들이 아이들을 사랑하여 자신의 속이 시커멓게 타더라도 사망을 짊어지면 아이들은 치유됩니다. 만약 청소년기에 이 문제를 수습하지 못하면 성인이 된 다음에는 매우 심각한 문제를 일으킵니다.

제가 살던 시골 동네에는 교회 다니는 아이들이 자랑스러워했던 형이 있었습니다. 육지에서 대학을 졸업하고 대기업에 취직하여 그야말로 잘 나가던 형이었는데 회사를 그만두고 시골로 내려와서는 시골교회 목사님 딸과 결혼했습니다. 우리는 축하했고, 기대했습니다. 새 가정을 꾸민 형이 교회에서도 한 몫의 역할을 감당해 주고 사회에서도 모범이 되어줄 것이라 기대했습니다. 그런데 놀랍게도 밤이 되면 형수를 때리고 발가벗겨서 집밖으로 내쫓는 일이 일어났습니다. 동네 사람들도 놀랐고, 우리의 충격은 그보다 훨씬 컸습니다. 그런 행동이 부끄러웠는지 어느 날 시골에서 자취를 감추고 말았습니다.

세월이 많이 흐른 다음 그 형이 책을 한 권 출간했는데 제목이 《위장된 분노의 치유》였습니다. 자신의 분노는 위장된 것이라는 내용이었습니다. 아버지가 알콜 중독자였는데 술을 사오라 해서 부지런히 다녀오면 어디서 딴 짓하다가 이제 왔느냐며 때렸습니다. 매번 죽을 힘을 다해 심부름을 했지만 비난을 듣거나 맞았다 했습니다. 화가 났으나 분노를 표현할 수 없었던 것은 아버지는 힘이 세고 자신은 연약했기 때문이었습니다. 세월이 흘러 내면에 자리하고 있던 분노는 그의 아내에게 쏟아졌습니다. 억울함을 아버지에게 표출했어야 했는데 대신 힘없는 아내에게 쏟은 것입니다. 몸은 어른이 되었지만 자신의 내면에 있는 분노의 정체를 파악하지 못해서 마치 어린 아이처럼 행동한 것입니다. 그 형은 자신의 문제에 정직하게 직면한 뒤 내면의 분노가 위장된 것이라 고백하며 하나님에게 나아가 통곡했습니다. 그리고 치유를 받았습니다.

우리 모두는 성장하면서 상처를 받습니다. 심각하게 상처를 입은 사람도 있고, 약간의 상한 마음을 가진 사람도 있습니다. 그 정도가 어떠하든지 우리의 상한 감정은 치유받아야 합니다. 감정이 상처받았다는 것을 어떻게 알 수 있을까요? 감정이 상한 사람들에게는 원망, 미움, 분노 같은 증상이 있습니다.

그런 증상이 있습니까? 그러면 그 뿌리를 찾아 마주하기 바랍니다. 그리고 치유받고 싶은지 물어보십시오. 그 문제에서 벗어나기 원한다면 이제 정직하게 하나님에게 고백하시기 바랍니다. 어떤 문제 때문에 화가 난다고, 어떤 사람이 원망스럽다고, 어떤 사건은 억울했다고 말씀드리시기 바랍니다.

> 내가 어렸을 때에는 말하는 것이 어린 아이와 같고 깨닫는 것이 어린 아이와 같고 생각하는 것이 어린 아이와 같다가 장성한 사람이 되어서는 어린 아이의 일을 버렸노라 (고전 13:11)

성인이 된 우리는 '어린 아이의 일'을 버려야 합니다. 그것을 꺼내 버리지 못하면 병리적인 성품의 소유자가 되고, 위험한 일을 일으킬 수도 있습니다. 2차 세계대전 때 유대인을 600만 명이나 죽인 히틀러는 어린 시절 받았던 상처가 있었습니다. 아버지가 사업차 꽤 긴 시간 동안 출장을 간 사이 어머니가 유대인 남자와 놀아나는 것을 보고 증오심을 느끼며 성장던 것입니다. 그가 권력을 갖게 되자 유대인 학살이라는 비극적인 사건을 저지르고 말았습니다. 히틀러는 자신 안에 있던 분노를 정상적으로 처리해야 했는데 그렇게 하지 못했고, 결국 남을 괴롭히고 자신의 인생도 비참하게 마감했습니다.

> 그 때에 그들이 말하기를 다시는 아버지가 신 포도를 먹었으므로 아들들의 이가 시다 하지 아니하겠고 신 포도를 먹는 자마다 그의 이가 신 것 같이 누구나 자기의 죄악으로 말미암아 죽으리라(렘 31:29~30)

은혜의 강물이 흐르게

그렇습니다. 부모대로부터 흘러 내려오는 저주의 사슬을 본인이 끊어야 합니다. 좋지 못하던 가계의 습관과 운명을 끊어 버리고 은혜의 강물이 흐르게 할 필요가 있습니다. 자녀와 행복하게 살아가는 기술을 갖지 못했던 부모 밑에서 성장하여 그런 악습을 반복하고 있다면 새로운 어머니(아버지)상을 배우고 실행에 옮겨야 합니다. 이 일은 누구도 대신할 수 없습니다.

> 너희는 하나님의 은혜에 이르지 못하는 자가 없도록 하고 또 쓴 뿌리가 나서 괴롭게 하여 많

은 사람이 이로 말미암아 더럽게 되지 않게 하며 (히 12:15)

> **Q** 위의 성경 말씀을 읽고 답해 봅시다.
>
> 1. 여러분 안에 계속 자라고 있는 쓴 뿌리가 있습니까? 무엇인가요?
>
> _____
>
> 2. 그것을 뽑아 버리기 위해 어떤 노력을 하고 있나요?
>
> _____

하나님의 은혜에 이르기 위하여 우리는 쓴 뿌리를 뽑아내는 작업을 시작해야 합니다. 그러지 않으면 쓴 뿌리에서 계속 싹이 나와 우리를 괴롭힐 것입니다. 잎사귀 몇 개 자른다고 문제가 해결되는 것이 아닙니다. 문제의 뿌리를 찾아 뽑아 내버리는 작업을 해야 합니다.

자존감이 낮아진 것, 완전주의에 빠진 것, 불필요한 우울증에 시달리는 것 등 우리가 겪고 있는 문제의 상당한 것들이 성장하는 동안 입은 상한 감정에서 발생합니다. 이 문제의 수습은 상처 입힌 당사자를 찾아간다고 해결되는 것이 아닙니다. 우리 각자가 하나님에게 상처 입은 것을 꺼내 놓고 치유받을 때 그 문제에서 벗어날 수 있습니다.

어떤 여성도가 임종을 앞둔 어머니가 돌아가실 듯, 돌아가실 듯하다가 다시 의식이 회복되곤 하는데 이 사건에 의미가 있는 것 같다며 임종 예배를 부탁했습니다. 함께 차를 타고 가면서 어머니는 왜정 시대 때 해외 유학을 다녀온 분이었는데 학벌 문제로 자신과 언니가 무시를 많이 당하며 상처받았는데 돌아가시기 전에 화해를 하라는 메시지 같다고 했습니다. 나는 두 분을 화해시켜 드렸습니다. 어머니도 용서를 빌었고 자녀들도 눈물로 용서했습니다. 그리고 편안하게 하나님 나라로 돌아가셨습니다. 여러분에게도 이러한 평안이 깃들기를 바랍니다.

> **선포합니다**
> † 예수님은 상한 마음을 치유하기 위해 오셨습니다.
> † 나의 상한 마음을 치유하실 분은 하나님뿐입니다.
> † 상한 마음을 하나님에게 고백하고 하나님의 은혜를 구하겠습니다.

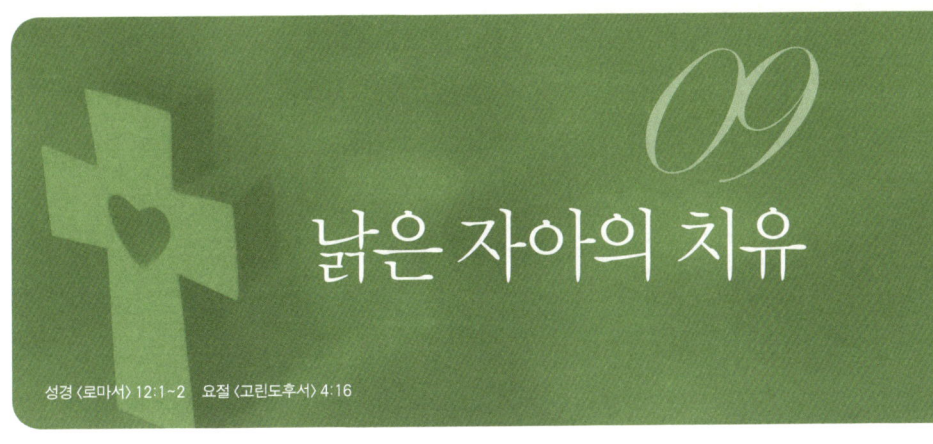

09 낡은 자아의 치유

성경 〈로마서〉 12:1~2 요절 〈고린도후서〉 4:16

지난 한주 하나님께서는

_____
_____
_____

낡은 지도

성도들이 겪는 문제 가운데는 자아와 관련된 것이 아주 많습니다. 세속적인 가치관을 따라 양육된 우리들 안에는 하나님 나라와 어울리지 않는 모습이 곳곳에 있기 때문입니다. 구원은 받았지만 성도라는 이름에 어울리지 않은 행동을 하는 이유는 잘못 형성된 낡은 자아와 관련이 있습니다. 이것을 낡은 지도라 이름 지어 보겠습니다.

사도 바울은 "그런즉 누구든지 그리스도 안에 있으면 새로운 피조물이라 이

전 것은 지나갔으니 보라 새 것이 되었도다"(고후 5:17)라고 선포했습니다. 예수 그리스도 안에 있으므로 새로운 존재가 되었다는 것입니다. 과연 그런가요? 하나님 앞에서는 새로운 존재가 되었습니다. 의롭다 인침을 받았기 때문입니다. 그러나 세속적인 가치관을 따라 양육받은 우리 내면에는 여전히 옛 지도가 그대로 남아 있습니다. 이는 새로운 도시가 건설되었는데 옛날 지도를 가지고 길을 찾는 것과 같은 모습입니다. 신도시가 세워졌으니 옛날 지도는 버리고 새 지도를 숙지해야 합니다.

그리스도인이 된 이후 목적론적 변화가 일어났습니다. 삶의 방향이 세상에서 하나님으로, 자기를 위해 살던 삶에서 그리스도를 위한 삶으로 바뀌었습니다. 그러나 성장하는 과정에서 습득한 삶의 목적과 태도, 세계관과 가치관, 생활방식 같은 구체적인 영역에서는 아직도 가야 할 길이 남아 있습니다. 하나님의 영광을 위해 살겠다고 하지만 구체적인 삶의 모습이 새로워지기까지는 '통찰'과 '직면'과 '변화'라는 힘겹고 까다로운 과정을 거쳐야 합니다.

〈고린도후서〉 4:16
그러므로 우리가 낙심하지 아니하노니 우리의 겉 사람은 낡아지나 우리의 속사람은 날로 새로워지도다

Q 〈고린도후서〉 4장 16절 말씀을 적어 봅시다.

_____
_____

'겉 사람'을 육신으로 해석하여 우리의 육체는 세월의 흐름과 더불어 점점 퇴락하지만 우리의 내면은 도리어 새로워진다는 뜻으로 풀이하는 것은 전통적인 해석입니다. 좀 다른 관점에서 해석할 수도 있습니다. '겉 사람'을 낡은 지

도로 풀어보는 것입니다. 그러면 쓸모없어진 낡은 지도는 버리고, 하나님 말씀과 변하는 환경에 적합한 새로운 지도를 받아들여야 한다는 의미로 읽힙니다. 이 과정에서 의도적인 버림과 받아들임을 통해 새로운 존재가 됩니다.

새 지도 내려받기

우리는 유교 문화에서 성장했습니다. 성경 어디에도 나이를 중시하지 않지만, 우리 문화에서는 나이 먹은 것이 권세가 됩니다. 뿐만 아니라, 입신양명하는 것을 성공한 인생으로 평가합니다. 그런데 좋은 대학을 나오고, 좋은 직장에 다니면서 더 많은 연봉을 받는 것이 가치 있는 삶이라 여기는 기준은 기독교적 세계관과는 거리가 멉니다. 그리스도인들이 돈을 버는 목적은 단순히 부자가 되는 데 있는 것이 아니라 복음을 전하기 위함 입니다. 돈을 버는 이유가 다른 것입니다.

> 그런즉 너희가 먹든지 마시든지 무엇을 하든지 다 하나님의 영광을 위하여 하라
> (고전 10:31)

성도들은 모든 것을 하나님의 영광을 위하여 해야 합니다. 모든 면에서 하나님의 영광을 위하여 사는 그리스도인으로 변화되는 것은 하나님에게 욕이 돌아가는 것을 인식하고 회개하여 새로운 자아를 받아들일 때 비로소 가능해집니다. 머리에서 가슴으로, 가슴에서 행동으로 이어지는 데는 시간이 걸리기 때문에 내면이 새로워진 사람으로 거듭나게 되는 데는 꽤 많은 세월이 필요합니

다. 낡은 지도를 버리고, 새로운 세계관을 받아들여 온전한 그리스도인이 되려면 본받고 있는 '이 세대'를 인식하여 '마음이 변화'되는 것이 우선입니다.

> 그러므로 형제들아 내가 하나님의 모든 자비하심으로 너희를 권하노니 너희 몸을 하나님이 기뻐하시는 거룩한 산 제물로 드리라 이는 너희가 드릴 영적 예배니라 너희는 이 세대를 본받지 말고 오직 마음을 새롭게 함으로 변화를 받아 하나님의 선하시고 기뻐하시고 온전하신 뜻이 무엇인지 분별하도록 하라(롬 12:1~2)

Q 위의 성경 말씀을 읽고 답해 봅시다.

1. 우리는 무엇을 본받지 말아야 하나요?
   _____

2. 하나님의 뜻을 분별하기 위하여 우리가 새롭게 해야 할 것은 무엇인가요?
   _____

성도들 가운데 자신의 몸을 하나님에게 산 제물로 드리지 못하고, 세상 유혹을 따라 썩어져가는 구습에서 벗어나지 못한 분들이 있습니다. 하나님은 우리의 손과 발을 필요로 하시는데 마음이 새롭게 되지 않으니까 행동의 변화가 나타나지 않습니다. 변화되어야 할 마음에 여러 가지 세상적인 것이 들어 있기 때문입니다.

우월주의

우리의 마음에 도사리고 있는 낡은 지도 중 하나는 '우월주의'입니다. 모든 사람은 우월 의식을 갖고 삽니다. 아담과 하와가 선악과를 따먹은 것은 하나님처럼 되고자 했던 우월욕 때문이었습니다. 제자들은 예수님이 십자가를 지러 예루살렘으로 가는 길목에서 서로 높은 자리를 차지하겠다며 싸우기도 했는데 예수님은 제자들의 우월욕 자체를 부정하지는 않았습니다. 사람은 누가 뭐래도 자기가 잘난 맛에 삽니다. 그런데 이런 생각이 지나치게 강하면 다른 사람들은 모두 틀리고 나는 맞다고 생각하게 됩니다. 어떻게 달라져야 할까요? 과거에는 자신의 생각이나 주장이 전적으로 옳다고 고집을 부렸을지라도 예수를 믿고 난 다음에는 '나도 틀릴 수 있다'고 인정하면서 다른 사람의 의견을 존중하고 들어 주는 관용의 사람이 되어야 합니다.

> 예수원을 짓고자 했던 대천덕 신부님은 한국 동역자들에게 먼저 큰 길에서 공사 현장에 이르는 도로를 건설하자고 제안했습니다. 길이 있어야 짐을 실은 트럭이 공사 현장까지 들어올 수 있으니 먼저 도로를 닦아야 한다고 말한 것입니다. 그런데 사역자들이 완강하게 반대했습니다. 길을 닦는 돈이면 건물을 지을 수 있는데 왜 그 돈을 길바닥에 버리느냐며 자신들이 짐을 져 나르겠다고 했습니다. 신부님은 물러설 수밖에 없었다고 합니다. 저들의 생각이 틀렸고 자신의 생각이 옳다는 확신이 있었기에, 서운한 마음을 안고 겨울을 보냈습니다. 공사를 시작하는 봄날이 되자 놀라운 일이 생겼습니다. 군청이 큰 길에서부터 건축 현장까지 도로를 닦아 주었던 것입니다. 이 일은 신부님에게 매우 큰 깨달음을 주었다고 했습니다.

항상 내 의견이 옳은 것은 아닙니다. 나도 틀릴 수 있습니다. 이런 자기부정이 필요합니다. 예수님은 제자들에게 "누구든지 나를 따라오려거든 자기를 부인하고 자기 십자가를 지고 나를 따를 것이니라"(마 8:34)고 요구하셨습니다.

그리스도의 제자들은 자기를 부인하고 예수님을 따라가야 합니다. 예수님에게는 우월 의식이 없었습니다. 이것이 예수님의 제자 공동체에 요구되는 첫째 되는 자세입니다. 사람이 되신 예수님은 자기를 낮추셨습니다. 그리스도인은 예수님의 그런 모습을 본받아야 합니다.

> 너희 안에 이 마음을 품으라 곧 그리스도 예수의 마음이니 그는 근본 하나님의 본체시나 하나님과 동등됨을 취할 것으로 여기지 아니하시고 오히려 자기를 비워 종의 형체를 가지사 사람들과 같이 되셨고 사람의 모양으로 나타나사 자기를 낮추시고 죽기까지 복종하셨으니 곧 십자가에 죽으심이라 이러므로 하나님이 그를 지극히 높여 모든 이름 위에 뛰어난 이름을 주사
> (빌 2:5~9)

Q 위의 성경 말씀을 읽고 답해 봅시다.

1. 사람 모양으로 나타나신 예수님은 어떤 삶을 살았나요?

2. 그런 예수님을 하나님은 어떻게 대우했나요?

자기를 낮추며 사신 예수님을 하나님은 높여 주셨습니다. 나는 나를 높이는데 하나님이 나를 낮춰 버리신다면 인생은 비참할 것입니다. 나는 흙덩이요 먼지라 고백하며 자신을 낮추고, 자신도 틀렸을 수 있다고 인정하며 살아가면 하나님이 높이실 것입니다. 교회는 싸우지만 않아도 부흥한다는 선배 목사님의 교훈이 목회 경험에서 우러난 이야기라는 것을 깨닫는 데는 시간이 얼마 걸리

지 않았습니다. 사소한 일에도 자기가 옳다고 강력하게 주장하는 사람들을 보면 대부분 열등감이 많은 사람입니다. 그리고 사회에서는 별로 내놓을 만한 것이 없는 사람입니다. 교회에서 자기주장을 굽히지 않는 분들을 보면 이상하기도 하고, 놀랍기도 합니다. 우리는 예수님의 마음을 품어야 합니다. 진심으로 자기를 낮출 뿐 아니라, 나도 틀렸을 수 있다고 인정하는 것입니다. 의에 대한 자기주장을 내려놓고 오직 예수 그리스도 안에서 자신의 의를 발견할 때 그는 비로소 그리스도인이라 할 것입니다.

출세 지상주의

교육을 우상처럼 떠받드는 우리의 문화는 어떻습니까? 세계 어디에도 500년이 넘는 긴 기간 동안 시험을 통해 인재를 등용했던 나라는 한국밖에 없습니다. 우리나라는 고려시대부터 과거제도를 통해 인재를 등용했고, 그것이 출세의 지름길이었으므로 부모들은 자식들을 교육하는 데 모든 에너지를 모았습니다. 그 결과 이 자그마한 나라가 세계 10대 무역국이 될 수 있었고, 전쟁으로 폐허가 된 땅에 이만한 나라를 건설할 수 있었습니다. 부모님들의 교육열이 가져다 준 결과물입니다. 그러나 그 열정 속에 좋은 것만 있는 것은 아니었습니다. 교육이 자녀들의 잠재된 능력을 일깨우는 수단이 아니라 목적이 되어버린 가정들이 있습니다. 빚을 내서 과외 공부시키는 가정, 외국어 조기 교육을 위해 망설임 없이 떠나는 기러기 가족, 선행 학습을 통해 좀 더 일찍 우위를 점하려고 혈안이 되어 있는 부모를 바라보노라면 잘못되어도 한참 잘못되었다고 생각하게 됩니다. 교육은 어디에서 시작되어야 할까요?

> Q 〈잠언〉 1장 7절 말씀을 적어 봅시다.
> _____
> _____
> _____

〈잠언〉 1:7
여호와를 경외하는 것이 지식의 근본이거늘 미련한 자는 지혜와 훈계를 멸시하느니라

그렇습니다. 하나님을 경외하도록 가르치는 것이 교육의 근본입니다. 하나님을 사랑하도록 가르치는 것이 지식의 근본이요, 자녀 양육의 핵심입니다. 그런데 우리의 교육은 세상에서 우위를 점하도록 자녀들을 서열화하고 경쟁으로 내몰고 있습니다. 그 경쟁에서 우위를 점하지 못하면 비난받고, 업신여김을 받는 현실은 부모와 자녀 모두에게 불행입니다. 이 왜곡된 교육을 바로 세우는 작업은 교육이 하나님을 사랑하고, 이웃을 사랑하는 사람이 되도록 만드는 데 있다는 목적의 갱신에서 시작되어야 합니다.

에로스

사랑에 대한 왜곡된 개념도 치유되어야 할 또 하나의 영역입니다. 상대방의 매력과 조건을 보고 사랑하는 에로스는 사랑하여 매력 있는 사람이 되게 하는 아가페와는 다릅니다. '이 세대의 사랑'은 매력 있으면 사랑하고 매력이 없으면 버립니다. 귤 알맹이만 먹고 껍질은 버리는 형국입니다. 사랑이 매력을 느끼면서 시작되는 것은 분명하지만 거기에 머물러 있으면 곤란합니다. 사랑은 매력

없음에도 참고 견뎌 줌으로 매력 있는 사람이 되게 하는 아가페이기 때문입니다. 현대인들은 이 아가페에 대하여는 알지 않으려고 합니다. 그래서 사랑은 에로스만 있는 것처럼 착각합니다. 사랑이 에로스에서 아가페로 건너가야 한다는 것을 깨닫는 것은 매우 중요한 변화입니다.

사랑을 주는 것이라 정의해 봅시다. 에로스적 사랑은 맘에 드는 사람에게 뭔가를 주는 것만이 사랑이라 생각하지만 아가페 사랑은 상대방의 영적 성장을 위하여 사려 깊게 주고, 사려 깊게 주지 않습니다. 사랑은 무엇을 주느냐의 문제라기보다는 어떻게 주느냐의 문제이기 때문입니다. 그러므로 사랑은 한없이 희생하는 것도 아니며, 애완동물에 느끼는 애착과도 다른 것입니다.

〈요한일서〉 3:14
우리는 형제를 사랑함으로 사망에서 옮겨 생명으로 들어간 줄을 알거니와 사랑하지 아니하는 자는 사망에 머물러 있느니라

Q 〈요한일서〉 3장 14절 말씀을 적어 봅시다.

_____

_____

_____

우리가 형제 사랑에 대해 알지 못하면 아직 사망에 머물러 있다는 사도 요한의 가르침은 매우 인상적입니다. 이 사랑은 에로스가 아니라, 아가페입니다. 우리 안에 새로운 삶이 시작되었음을 알리는 신호탄은 형제 사랑입니다. 그러므로 아가페의 사랑을 시작하십시다.

예수님은 그의 제자들을 사랑하시되 끝까지 사랑하셨습니다. 예수님은 상벌이라는 개념을 가지고 제자들을 훈련시키지 않았습니다. 잘하면 상을 주고

못하면 벌을 주지 않았습니다. 베드로가 부인할 것을 예언하셨던 예수님이 배신한 그를 다시 만나 벌을 준 일은 없습니다. 다만 사랑하고 또 사랑했습니다. 그 사랑에 물드는 것, 그것이 그리스도인이 가야 할 길입니다.

고난에 대한 해석

고난, 힘든 일에 대한 해석을 달리하는 것도 새롭게 되어야 할 태도 가운데 하나입니다. 과거에는 세상을 원망하고, 다른 사람을 탓하며 지냈을 수 있습니다. 그러나 그리스도인이 된 이후 성도들은 고난에 대한 해석을 달리할 수 있어야 합니다.

> 우리가 잠시 받는 환난의 경한 것이 지극히 크고 영원한 영광의 중한 것을 우리에게 이루게 함이니 우리가 주목하는 것은 보이는 것이 아니요 보이지 않는 것이니 보이는 것은 잠깐이요 보이지 않는 것은 영원함이라 (고후 4:17~18)

고난(환난)은 잠시 받는 것이요, 가벼운 것이라 했습니다. 우리는 고난이 오래 지속된다고 느끼고, 혼자 지고 가기에는 너무 무겁다고 생각하는데 성경은 잠시 받는 가벼운 것이라 했습니다. 우리가 당하는 고난을 통해 영원한 영광의 중한 것이 이루어질 뿐 아니라, 눈앞에 보이는 고난 너머에 하나님의 손길이 있다고 했습니다. 필요하니까 허락된 고난입니다. 이를 통해 하나님의 섭리가 실현되고, 우리는 그의 역사를 이루게 됩니다. 그러므로 고난에 대한 해석을 신앙적으로 하는 작업은 낡은 자아를 버리고 새로운 자아를 받아들이는 아름다운 훈련입니다.

Q 버려야 할 낡은 지도를 모두 적어 봅시다.
_____
_____
_____

🕊 **선포합니다**
✝ 누구든지 '그리스도 안'에 있으면 새로운 존재가 됩니다.
✝ 새로워진 나는 이제 우월 주의, 출세 지상주의, 에로스, 탓하기를 내버립니다.
✝ 내가 겪었던 모든 고난을 '감사'로 받아들입니다!

10 몸의 치유

성경 〈요한삼서〉 1:2   요절 〈데살로니가전서〉 5:23

지난 한주 하나님께서는

_____

_____

_____

> 사랑하는 자여 네 영혼이 잘됨 같이 네가 범사에 잘되고 강건하기를 내가 간구하노라
> (요삼 1:2)

사도 요한이 가이오에게 편지하면서 축복한 말입니다. 영혼이 잘됨 같이 범사가 잘되고 몸이 강건하기를 바란다는 기원입니다. 몸의 건강을 영혼이 잘되는 것과 동일 선상에 놓고 있는 기원이 인상적입니다. 몸의 건강, 그것은 사도 요한이 가이오를 위해 비는 기도인 동시에 하나님의 소원이기도 합니다. 하나님은 사람들이 건강하게 장수하기를 원하십니다.

영혼이 치유되고, 마음의 평안을 되찾은 성도들이 해야 할 또 하나의 과제는 몸의 건강을 돌보는 것입니다. 건강한 몸을 위해 우리가 해야 할 몇 가지 실천 사항이 있습니다. 좋은 음식을 먹는 것, 편히 잠을 자는 것, 규칙적인 운동을 하는 것이 그것입니다.

건강한 먹을거리를 챙기기

건강을 위해 먹을거리를 꼼꼼하게 챙기는 것은 매우 성경적인 일입니다. 하나님은 사람을 창조하신 다음 먹을거리부터 챙기셨습니다.

> 하나님이 이르시되 내가 온 지면의 씨 맺는 모든 채소와 씨 가진 열매 맺는 모든 나무를 너희에게 주노니 너희의 먹을거리가 되리라 또 땅의 모든 짐승과 하늘의 모든 새와 생명이 있어 땅에 기는 모든 것에게는 내가 모든 푸른 풀을 먹거리로 주노라 하시니 그대로 되니라
> (창 1:29~30)

하나님은 처음 사람들에게 씨 맺는 채소와 열매를 먹으라고 했습니다. 씨가 있는 채소와 열매를 먹는 것이 사람들의 몸에 좋다는 말씀입니다. 그런데 사람들이 식물만 먹은 것이 아니라 동물을 사냥해서 고기를 먹기 시작했습니다. 단백질을 보충하고자 그리한 것만이 아닙니다. 육식은 인간을 즐겁게 만들기 때문이었습니다. 그와 같은 행위가 하나님의 마음에 걸렸으리라고 상상하게 만드는 말씀이 있습니다.

> 모든 산 동물은 너희의 먹을 것이 될지라 채소 같이 내가 이것을 다 너희에게 주노라 그러나 고기를 그 생명 되는 피째 먹지 말 것이니라(창 9:3~4)

하나님이 노아 홍수 이후에 하신 말씀입니다. 채소와 함께 동물도 먹도록 허락하면서 피 째는 먹지 말라고 당부했습니다. 홍수 이전부터 이미 동물성 단백질에 맛을 들인 사람들 때문에 어쩔 수 없이 허락한 것이 아닌가 생각됩니다. 동물성 단백질 섭취를 허락하신 하나님은 이에 대한 기준을 제시했습니다.

〈신명기〉 14:6
짐승 중에 굽이 갈라져 쪽발도 되고 새김질도 하는 모든 것은 너희가 먹을 것이니라

Q 〈신명기〉 14장 6절 말씀을 적어 봅시다.

_____

_____

기름, 피 째 먹는 것 조심

짐승 중에 굽이 갈라져 쪽발도 되고 새김질도 하는 것은 먹되 피는 먹지 말고 고기만 먹으라 하셨습니다. 그러나 짐작하건대 사람들은 피와 함께 고기를 먹었을 것입니다. 우리가 스테이크를 먹을 때 레어나 미디움으로 먹는데 웰던으로 익히면 퍽퍽해서 먹기가 힘듭니다. 핏기가 어느 정도 있으면 먹기도 좋고, 맛도 있으니까 사람들은 피 째 먹지 말라는 하나님의 말씀에 순종하지 않았을 것입니다. 뿐만 아니라, 하나님은 기름 째 먹는 것도 금지하셨습니다.

> 제사장은 그것을 제단 위에서 불사를지니 이는 화제로 드리는 음식이요 향기로운 냄새라 모든 기름은 여호와의 것이니라 너희는 기름과 피를 먹지 말라 이는 너희의 모든 처소에서 너희 대대로 지킬 영원한 규례니라 (레 3:16~17)

> **Q** 위의 성경 말씀을 읽고 답해 봅시다.
>
> 1. 모든 기름은 누구의 것인가요?
> _____
>
> 2. 기름과 피를 먹지 말라고 한 이유는 무엇인가요?
> _____

기름과 피를 먹지 말라고 한 이유는 그것이 사람 몸에 좋지 않기 때문입니다. 식물성 음식은 우리의 생명을 길게 하고, 동물성 음식은 우리를 기쁘게 하기 때문에(마빈 해리스) 동물을 잡아 고기를 취하는 것은 본능에 가까운 욕구라 할 수 있습니다. 그러나 하나님은 피와 기름이 범벅이 된 육식이 결코 사람 몸에 유익하지 않다는 것을 아셨습니다. 그래서 금지시켰습니다. 그러나 사람들은 금지된 선을 계속 넘어갔습니다. 기름기가 있는 고기가 부드럽고 맛있다고 생각했기 때문입니다.

> 둘째 아이가 6살쯤 되었을 때 고깃집에 가서 꽃등심을 먹은 적이 있습니다. 맛이 어떠냐고 물었더니 매우 흡족한 얼굴로 맛있다고 했습니다. 무엇이 맛있냐고 했더니 '부드럽잖아!' 하는 것이었습니다. 6살 꼬마 아이도 부드러운 고기가 맛있다는 것을 아는 것입니다.

피에 젖은 고기, 기름이 꽃처럼 번져 있는 고기를 먹은 결과는 어떻게 나타났을까요? 온갖 질병입니다. 짐승이 죽을 때 분비시켜 피 속에 고스란히 남아 있던 독소들이 사람 몸에 그대로 들어왔습니다. 혈관을 타고 돌아다니던 짐승의 기름은 피의 흐름을 좋지 않게 하거나 통로를 막아 버리기도 했습니다. 인간의 뇌는 80%가 기름이니까 사람이 기름을 먹어야 하는 것은 분명합니다. 그러나 쇠고기 기름보다는 식물성 기름과 오메가3로 대표되는 생선 기름이 더 좋습니다.

비늘과 지느러미 있는 생선

그렇다면 모든 생선은 먹어도 되는 것일까요? 생선에서 얻는 모든 기름이 좋은 것일까요? 생선도 먹을 것과 먹지 말 것을 정해 주셨습니다.

> 지느러미와 비늘이 없는 모든 것은 너희가 먹지 말지니 이는 너희에게 부정함이니라
> (신 14:10)

지느러미와 비늘이 없는 생선은 먹지 말라고 했습니다. 모든 생선이 사람에게 좋은 것은 아니라는 말씀입니다. 실제로 비늘이 없으면서 바다의 밑바닥을 기어 다니는 생선들은 창조의 목적이 다른 데 있을 가능성이 많습니다. 사람들은 먹으면 강장 효과가 높다고 생각하지만 콜레스테롤이 높고, 중금속에 노출되어 있습니다. 먹어서 유익하지 않다고 하신 이유가 있는 것이죠. 또 비교적 큰 물고기를 잡아먹는 비늘 없는 생선들을 먹으면 수은이 체내로 유입되는 결과를 낳기도 합니다. 먹어서 유익하지 않습니다.

Q 지느러미와 비늘이 없는 생선은 어떤 것이 있는지 적어 봅시다.

하나님은 인간이 씨 맺는 채소와 열매를 주식으로 삼기 원하셨습니다. 그리고 고기를 먹을 때는 피와 기름을 제거하고 먹기를 바라셨습니다. 지금은 모든 음식을 먹을 수 있는 자유로운 시대가 되었지만 하나님이 먹지 말라고 하신 것들에 대하여 귀담아 들을 필요는 있습니다. 지나치게 율법적으로 생각하여 그것에 매일 것은 아니지만 우리를 사랑하셔서 하신 말씀에 귀를 기울일 이유는 있습니다.

자연 생수

물은 어떨까요? 자연 생수가 좋습니다. 사람의 몸은 대부분이 물로 구성되어 있습니다. 오염되지 않은 자연 생수를 마시는 것이 건강에 좋습니다. 최근에는 정수기를 사용하여 물을 마시기도 하지만 가장 좋은 것은 오염되지 않은 자연 생수입니다. 너무 차갑게 해서 마시는 분들도 있지만 바깥 온도와 동일한 온도의 물을 마시는 것이 좋습니다. 음식을 너무 차갑게 먹으면 많은 질병을 유발할 수 있다는 것을 기억하면 좋을 것입니다.

숙면하기

잠에 관한 습관은 점점 다루기 어려운 주제가 되어 가고 있습니다. 상황이나 개인적인 성향으로 인해 밤늦게까지 일하는 사람도 있고, 또 잠 못 이루는 분도 늘어나고 있기 때문입니다. 성경 두 곳을 읽어 봅시다.

하나님이 그 일곱째 날을 복되게 하사 거룩하게 하셨으니 이는 하나님이 그 창조하시며 만드

시던 모든 일을 마치시고 그 날에 안식하셨음이니라(창 2:3)

너희가 일찍이 일어나고 늦게 누우며 수고의 떡을 먹음이 헛되도다 그러므로 여호와께서 그의 사랑하시는 자에게는 잠을 주시는도다(시 127:2)

하나님은 창조를 마치신 다음 쉬시면서 사람들에게도 그날을 구별하여 쉬게 했습니다. 해가 저물어 날이 어두워질 때 처음 사람들은 무엇을 했을까요? 컴퓨터를 켰을까요? 아니면 영화를 보러 극장에 갔을까요? 잠을 잤을 것입니다. 편안하게 걱정 없이 깊은 잠에 빠져들었을 것입니다. 그 단잠이 이 시대를 사는 우리에게도 필요합니다. 밤 11시부터 새벽 2시 사이에 가장 좋은 호르몬이 분비된다는 과학적 증거는 일찍 잠자리에 드는 것이 좋다고 주장하는 우리의 편을 들어줍니다.

좋은 약도 많고, 실력 있는 의사도 많은데 왜 이렇게 아픈 사람도 많을까요? 숙면을 취하지 못하는 것과 깊은 관련이 있다고 해도 과언이 아닙니다. 하나님은 사랑하는 사람에게 잠을 주신다고 한 말씀의 의미가 무엇이겠습니까? 밤늦게까지 일하고 돌아다니는 것이 그다지 유익하지 않다고 성경은 말하고 있습니다. 창조의 섭리를 따라 낮에는 열심히 일하고 밤에는 일찍 자는 습관을 가져야 합니다.

현대 문명은 전기와 전화 위에 세워져 있습니다. 전기가 우리에게 가져다 준 유익이 얼마나 많은지 모릅니다. 당장 전기가 없으면 거의 할 일이 없어집니다. 텔레비전도 볼 수 없고, 냉난방기도 안 돌아가고, 컴퓨터도 사용할 수 없습니다. 전화가 안 되면 어떨까요? 불편하기 그지없을 것입니다. 그런데 역으로 전화나 전기가 없으면 얼마나 편히 쉴 수 있을까요? 잃어버린 저녁을 되찾을 수 있게 될 것입니다.

낮에는 열심히 일하고, 저녁이 되면 결과를 하나님에게 맡기고, 밤 12시가 되기 전에 잠자리에 듭시다. 모든 발광 물체의 불을 끄고 편히 쉬어 에너지를 보충하는 시간을 충분히 가집시다. 그날의 일을 그날 마치고, 내일 일은 내일 하는 생활 습관을 들입시다. 하나님은 우리가 행복하게 자기를 바라십니다.

그리고 운동하자

또 하나의 주제, 운동에 관한 내용을 정리해 봅시다.

> **Q** 〈창세기〉 3장 19절 말씀을 적어 봅시다.
> _____
> _____

타락한 인간에게 하나님은 얼굴에 땀을 흘려야 산다고 했습니다. 이 말씀에 대한 전통적인 해석은 '노동의 수고'입니다. 땀 흘려 노동해야 먹고 살 수 있다는 말씀입니다. 그런데 최근에는 이 구절을 운동으로 해석하는 분들도 있습니다. 땀 흘려 운동을 해야 먹을 것을 먹을 수 있다는 뜻으로 받아들입니다. 운동을 하지 않으면 소화도 되지 않으니까 진수성찬이 앞에 차려져 있어도 먹기가 어렵습니다. 소화도 안 되고, 식욕도 없기 때문입니다. 맛있게 식사를 하고 건강하게 살아가기 원한다면 운동을 해야 합니다.

〈창세기〉 3:19
네가 흙으로 돌아갈 때까지 얼굴에 땀을 흘려야 먹을 것을 먹으리니 네가 그것에서 취함을 입었음이라 너는 흙이니 흙으로 돌아갈 것이니라 하시니라 운동으로는 걷기가 최고라 합니다. 나이가 들수록 평지를 걷는 것이 유익합니다. 격한 운동을 하는 분도 많지만 일반적으로는 매일 한 시간 이상씩 걷는 것이 최고의 운동입니다. 약간 땀이 날 정도의 빠르기로 걷는 것이 좋습니다. 근육이 없는 여성일수록 근육을 만드는 운동이 좋고, 근육이 있는 남성들은 몸의 유연성을 갖게 하는 가벼운 운동이 좋습니다. 한방에서 보약은 보식만 못하고, 보식은 보동만 못하다고 말합니다. 그만큼 운동이 중요하다는 교훈입니다.

의사는 하나님의 동역자

건강을 잃게 되었을 때는 어떻게 해야 할까요? 의료기관의 도움을 받아야 합니다. 의사는 하나님의 동역자입니다.

> 너희 중에 병든 자가 있느냐 그는 교회의 장로들을 청할 것이요 그들은 주의 이름으로 기름을 바르며 그를 위하여 기도할지니라(약 5:13)

아플 때 '기름을 바르며' 기도하라는 것은, 당시 기름이 약으로 사용되었으니까 의료적 도움을 받으며 기도하라는 의미로 해석해야 합니다. 아픈 사람이 있을 때 신앙적으로 접근하는 것은 당연하지만 의료적인 도움도 거절하면 안 됩니다. 반대로 아프면 곧장 병원으로 달려가는 것만 능사는 아니라는 뜻도 됩니다. 먼저 '장로들을 청하라'는 말씀은 신앙적으로 접근하라는 의미이며 병 낫기를 기도하라는 권면입니다. 모든 그리스도인에게는 병 고치는 은사가 파편으로 들어 있다는 것을 기억한다면, 아픈 사람을 위해 기도하는 것은 성도가 꼭 해야 할 임무 가운데 하나입니다.

  건강할 때나 병들었을 때나 하나님은 변함없이 우리를 사랑하십니다. 그리고 병들었을 때 주시는 메시지가 따로 있는 것도 사실입니다. 그러나 하나님은 우리 모두가 건강하게 지내기를 원하십니다. 주 안에서 강건하십시오!

> 🕊 선포합니다
>
> † 하나님은 내가 건강하고 오래 살기를 원하십니다.
> † 몸의 건강은 좋은 먹거리, 숙면, 그리고 운동에서 옵니다.
> † 아플 때 병원도 찾아가지만, 하나님에게 기도하겠습니다.

3단원의 주제는 '환경'입니다.

이 단원을 통해서는 "내가 무엇을 해야 하는가?"에 대해 살펴볼 것입니다.

우리가 살고 있는 세상은 저절로 있는 것이 아니라 "창조된 세상"입니다. 모든 피조물은 서로 뒤엉켜 있는 것이 아니라, 서로의 분명한 위치와 가치가 있습니다. 그리고 그 안에서 각자의 사명이 있습니다. 창조된 세상에서 인간에게 주어진 사명은 무엇인가를 살펴보아야 합니다. 구체적으로 "일이란 무엇이며, 어떻게 해야 하며, 왜 해야 하는가?", "돈(재물)이란 무엇인가? 어떻게 벌고, 사용하고, 모아야 하는가?", "일과 사랑과 신앙이라는 삶의 핵심가치가 어떻게 하모니를 이루어야 하는가?", 마지막으로 "어떻게 살다가 어떻게 죽어야 하는가?"를 다루려고 합니다.

3단원

환경

11 | 창조와 자연
12 | 직업과 소명
13 | 돈과 재물
14 | 일과 사랑, 그리고 신앙
15 | 생명과 죽음

11 창조와 자연

성경 〈창세기〉 1:1~5　요절 〈창세기〉 1:1

지난 한주 하나님께서는

_____

_____

_____

시간 바깥에 계셨던 하나님

사람들은 과학이 발달할수록 신비의 영역이 사라진다고 말하지만 사실은 그렇지 않습니다. 과학이 발달할수록 신비는 사라지는 것이 아니라, 새로운 의미로 다가옵니다. 그러므로 과학을 통하여 모든 신비를 제거하려는 시도는 어리석고 교만한 짓입니다. 더 나아가 신비의 영역을 잃어버린 사람은 삶에 있어서 감탄사를 잃어버린 사람과 같습니다. 아무리 과학이 발달해도 신비는 남아 있습니다. 왜냐하면 이 세상은 과학 이상의 것이기 때문입니다.

-알버트 아인슈타인

의심에서 시작하는 과학과 믿음에서 시작하는 신앙은 하나님 안에서 만납니다. 그러므로 과학을 제대로 하면 창조를 인정하게 되고, 올바른 신앙을 가지면 과학을 사랑하게 되어 있습니다. 잘못된 과학은 창조를 부정하고, 잘못된 신앙이 과학을 부정하는 것입니다.

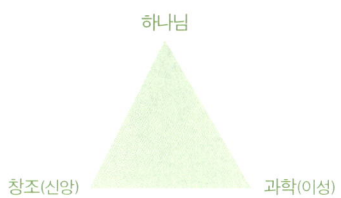

Q 〈창세기〉 1장 1절 말씀을 적어 봅시다.

_____

"태초(맨 처음)에 하나님이 천지를 창조하셨다!"는 말씀은 너무도 위대한 말씀입니다. 왜냐하면 만물의 기원에 대한 가장 정확한 설명이기 때문입니다. 칼뱅(John Calvin)에게 어떤 사람이 물었습니다. "태초 이전에 하나님은 무엇을 하셨나요?" 아무리 설명해 줘도 못 알아듣자 나중에는 "너 같이 쓸데없는 질문을 하는 녀석을 위해 지옥을 만드셨다"고 대답했답니다. 그러나 아우구스티누스는 정확하게 대답했습니다. "하나님은 안식하셨다." 여기서 안식은 아무 일도 안 했다는 뜻이 아닙니다. 창조 이전에 하나님은 시간 바깥에 있었지요. 시간 밖에서는 우리가 생각하는 의미의 어떤 변화나 행동이 없습니다. 그러므로 안식하셨다는 겁니다.

이 말은 창조가 "시간 밖에서" 이루어졌다는 말입니다. 시간은 창조와 함께 시작되었습니다. 그 순간을 태초라고 합니다. 시간과 공간도 피조물이기 때문에 태초 이전은 우리의 시간 개념으로는 생각할 수 없습니다. 이것은 빅뱅 이론과도 맞습니다. 시간과 공간 속에서 우주가 탄생한 것이 아니라 우주가 탄생하면서 시간과 공간이 펼쳐졌다는 이론이 빅뱅입니다. 하나님은 모든 피조물의 존재 양태를 시간과 공간 속에 제한했습니다. 그러므로 시간과 공간은 존재하는 것의 좌표입니다.

영원한 현재

시공을 초월한 세계, 시공을 필요로 하지 않는 세계를 영원이라고 합니다. 그러므로 영원은 시간 밖의 시간이자, 모든 시간의 근원인 신의 시간입니다. 시간과 영원이 만나는 순간을 '영원한 현재'(eternal now)라고 합니다. 영원한 현재는 시간적으로는 '현재'입니다. 그런데 그냥 평범한 시간이 아니고 시간을 초월하는 시간, '영원'과 연결되는 시간이어서 영원한 현재라고 합니다. 막연한 시간의 연장선(크로노스)이 아니라 하나님의 뜻이 이루어지는 순간(카이로스)을 말합니다. 신앙인에게는 영원하신 하나님을 느끼고 감격하며 대면하는 순간입니다. 구원이나 천국이나 영생은 사후에 일어나지만 오늘 이곳에서도 우리는 영원한 현재를 통해 구원의 감격과 하나님의 뜻이 성취되는 것을 경험할 수 있는 것입니다. 매 순간마다 '영원한 현재'를 체험하는 것이 가장 이상적이라고 할 수 있습니다.

> **Q** 지금까지 경험한 '영원한 현재'를 소개해 봅시다.
> _____
> _____

창조의 현장을 직접 목격한 사람은 없습니다. 그러므로 창조에 관한 한 하나님의 말씀을 믿고 받아들이는 신앙이 필요합니다. 이것을 창조 신앙이라고 합니다. 사도신경의 첫 부분에도 "나는 전능하신 아버지 하나님, 천지의 창조주를 믿습니다"라고 창조 신앙을 고백하고 있습니다. 창조 신앙은 허무맹랑한 것이 아닙니다. 실제로 존재하는 객관적 세계, 존재하는 자연이 그 근거입니다. 사실에 근거한 창조 신앙을 고백하면 그 다음 문제는 술술 풀리게 되어 있습니다.

창조 신앙을 거부한다면

창조 신앙을 거부하면 존재하는 모든 것이 어디로부터 왔는지 나름대로 대답해야 합니다. 만약 못한다면 그는 고의적으로 하나님의 창조 사실을 거부하는 것밖에 되지 않습니다. 그런데 창조를 거부한다면 3가지 문제가 발생합니다.

첫째, 보이는 세계의 원인을 설명할 수 없습니다. "모든 것이 우연히 발생했다. 원시 공간에서 물질 입자가 결합되었다"라고 설명한다면 원시 공간은 어디서 생겼으며 그 입자는 어디서 나왔을까요? 빛의 스파크를 에너지원으로 해서 물질이 생성되었다면 스파크의 원인인 번개는 어떻게 생겼을까요? 설명할 수 없습니다. 이렇게 정밀한 우주가 우연히, 저절로 생긴 것이라고 말하는 것은 그들이 주장하는 것처럼 논리적이지 않습니다.

둘째, 그냥 생겨났다고 합시다. 그렇다면 세상의 모든 것은 목적이 없어집니다. 그것이 왜 지금 여기 이렇게 존재하는지 필연성이 사라집니다. 결국 내가 왜 여기 있는지 이유가 없어집니다. 그래서 모든 것이 무가치해지고, 허무해지고, 비관적이 됩니다.

셋째, 그냥 목적 없이 살아간다고 가정합시다. 그러나 그렇게 된다면 모든 것의 가치나 우열의 기준이 사라지고 맙니다. 길을 걸어가는 강아지나 돌멩이, 꽃이나 내 어머니가 질적인 차이가 없습니다. 나무 잎 한 장을 따는 것과 사람을 하나 죽이는 것은 아무 질적인 차이가 없습니다. 인간과 짐승, 생물과 무생물의 가치가 동일해지며 혼합되는 것입니다. 결국 창조를 부정하고 나면 존재하는 모든 것의 원인과 목적과 가치를 설명할 길이 없어지는 논리적 어둠으로 떨어집니다.

Q 창조론을 거부하면 어떤 문제가 생기나요?

"하나님의 창조를 안 믿고도 얼마든지 잘 살아갈 수 있지 않나요?"라는 질문에 대해 프랜시스 쉐퍼는 말했습니다.

> 하나님의 창조를 부정하는 사람들이라도 실제로 그들의 삶은 결코 창조를 부정하는 말 그대로 살고 있지 않다. 아니, 살 수가 없다. 사실 모든 사람은 의도적이건 비의도적이건 하나님이 만든 질서정연한 창조 원리를 따라 살아가고 있다. 그것이 과학이다. 그러면서도 창조론에 대하여 거부하고 있다.

창조의 원리대로 살면서 왜 하나님의 창조를 거부할까요? 헬무트 틸리케는 "세상의 시작에 대해 말하는 것은 세상을 분개시키기 때문"이라고 말합니다. 자기가 알지 못하는 태초를 언급하는 것은 결국 인간의 무능과 한계를 단적으로 나타내기 때문입니다. 그러므로 창조론을 인정한다면 인간은 누군가에 의해서 시작되어 어디론가 끌려가는 존재라고 인식하지 않을 수 없고, 여기에 대하여 인간은 불안한 것입니다.

더 압축해서 말하면 인간이 자신의 주인이 되지 못한다는데 대한 거부감, 이것이 창조론을 거부하는 궁극적 이유입니다. 그래서 분명히 존재하는 자연 속에 살아가면서도 "이것은 하나님이 만든 것이 아니다. 저절로 생겨난 것이다. 우연히 생긴 것이다. 눈에만 보일 뿐 이것은 사실이 아니라 허깨비일 뿐이다" 하고 말하며 훨씬 어려운 길을 걸어가는 것입니다.

우상숭배와 과학주의

그리고 창조를 거부하면 자연에 대해 두 가지 오류를 범하게 됩니다. 하나는 우상숭배이고, 또 하나는 과학주의입니다.

우상숭배는 피조물을 신처럼 섬기는 것을 말합니다. 왜 우상을 섬길까요? 피조물 속에 '창조의 영광'이 들어 있기 때문입니다. "하나님이 보시기에 좋았다"는 말은 하나님이 만든 만물 자체가 아름답고, 그것 자체가 감당하는 분명한 역할이 있다는 것입니다. 그 영광을 부여하신 하나님을 보지 못하고 그럴듯한 능력이 있어 보이는 피조물을 섬기는 것, 그것이 우상숭배입니다.

외경 〈지혜서〉 13장은 이렇게 말씀합니다.

> 하나님은 위대한 솜씨로 만물을 만드셨다. 그러나 어리석은 사람들은 불이나 물이나 산이나 나무나 해와 달과 별을 보면서 그 아름다움에 도취되어 버렸다. 그것에 반한 것은 죄가 아니지만 …… 그들을 만드신 하나님을 거부하고, 그것을 신으로 숭배하기 시작했다. 그러나 피조물을 우상으로 섬긴 그 어리석음과 죄는 …… 피할 수가 없다.

인간이 보기에 아름답고 위대한 자연을 인간은 숭배합니다. 그러나 그 경배는 그것을 만드신 하나님이 받으셔야 합니다.

하나님은 왜 하나님만 섬기라고 하시나요? 인간을 모든 우상으로부터 자유하게 만들기 때문입니다. 산도, 들도, 바다도, 태양도 어떠한 자연 현상도 섬기지 않을 수 있는 온전한 자유가 하나님만 바로 섬길 때 주어지는 것입니다.

과학주의는 인간의 과학적 지식과 논리로 설명되거나 증명할 수 없는 것은 모두 부정합니다. 피조물인 인간이 판단의 기준이 되어서 자기가 이해할 수 없는 것을 부정하는 것이므로 이것도 잘못입니다. 하나님은 이 세상을 과학적 원리로 창조하셨습니다. 그래서 세상을 연구하면 할수록 그 속에서 법칙을 발견할 수 있고, 그것을 이용하면 이 세상에서 살아가는데 유익을 얻을 수 있습니다. 하나님은 "땅을 정복하고 다스리는데"(창 1:28) 사용하라고 과학을 선물로 주셨습니다. 그러므로 은혜 가운데 선용해야 합니다. 그런데 과학의 잣대로 하나님을 부정하고 거부하는 것은 과학의 월권입니다. 우리는 여기에 빠지지 않아야 합니다.

과학주의의 근거가 되는 진화론이란 무에서 현재에 이르는 무한한 시간의 자연적 과정이 있었다는 이론입니다. 이것이 성립하려면 과학적으로 증명할 수 없는 3번의 비약을 해야 합니다. 첫째, 무에서부터 유가 나와야 합니다. 아무것도 없는 것에서 무언가 물질이 생겨나야 합니다. 둘째, 무기체에서 유기체가 나와야 합니다. 생명이 없는 물질에서 생명체가 생겨나야 합니다. 셋째, 유기체에서 인격체로 변화해야 합니다.

이 3가지 비약을 진화론은 설명하지 못합니다. 더 쉽게 말하면 아무것도 없는데서 뭐가 튀어나왔고(돌멩이), 그 튀어나온 돌멩이가 나무로 바뀌어(유기체), 인간이 된 것입니다(인격체). 이 과정을 설명해야 진화론이 성립합니다. 그러나 진화론은 아직 그 대답을 내놓지 못하고 있습니다.

> 〈창세〉 1:11
> 하나님이 이르시되 땅은 풀과 씨 맺는 채소와 각기 종류대로 씨 가진 열매 맺는 나무를 내라 하시니 그대로 되어

성경에는 진화론을 정면 부정하는 말이 나옵니다.

Q 〈창세기〉 1장 11절 말씀을 적어 봅시다.

우리가 주목하는 것은 "각기 종류대로"라는 말입니다. 성경은 종류의 구별도 없이 이 물질에서 저 물질로 진화되었다는 것을 부정합니다. 원래부터 그 종류대로 만들어졌다는 것입니다. 더 중요한 것은 진화론이 성립하려면 3번의 비약이 필요하다고 했는데, 이 비약의 순간마다 성경은 창조라는 말을 특별히 사용합니다. 〈창세기〉 1장에 창조라는 말이 3번 나옵니다. 1, 21, 27절입니다. 1절은 '무에서 유'로의 창조입니다. 21절은 '의식 없는 것에서 의식 있는 생명체의 창조'를 말합니다. 27절은 '인격체인 인간의 창조'입니다. 3번에 걸쳐 창조를 의미하는 בָּרָא (바라, create)라는 용어를 사용합니다. 다른 곳에서는 창조라는 말 대신, '만들다'라는 עָשָׂה (아사, make)라는 용어를 사용합니다(7, 16, 25절). 비약이 필요한 3번의 순간에 성경은 창조라는 말을 씀으로써 비약을 인정하지 않습니다.

그렇다면 진화론은 전혀 터무니없는 것일까요? 아닙니다. 진화론도 일리가 있습니다. 진화는 오늘도 일어납니다. 요즘 아이들이 20년 전보다 체격도 크고, 체질도 다르다고 합니다. 한국인의 얼굴형은 100년 전과 아주 다른 모습으로 일종의 진화를 하고 있습니다. 즉 진화의 요소가 있는 것입니다. 다시 말하면 같은 종 내에서, 창조가 아니라 소위 만들어진 영역 안에서는 부분적 진화가 있다는 것을 인정해야 합니다. 그러나 돌멩이가 나무가 되고, 배추를 심었더니 쌀이 나오고, 원숭이가 사람이 되는 이런 일은 없는 것입니다. 왜냐하면 "그 종류대로" 하나님이 창조하셨기 때문입니다.

작은 부분에서 통하는 원리로 전체를 해석하려는 시도를 가리켜 전문용어로 '환치주의'(換置主義)라고 합니다. 어느 한 종에서의 진화와 발전은 있을 수 있지만, 그 원리 하에서 모든 것이 이렇게 만들어졌다고 주장하는 진화론은 무리한 과학적 환치주의가 되는 것입니다.

창조를 인정하기

창조된 세계를 인정하고 살아가는 것과 그렇지 않은 것의 관계를 물맷돌에 비유할 수 있습니다. 돌이 하나 있는데 줄에 매달아서 돌리면 여기에는 두 가지 힘이 존재합니다. 밖으로 나가려는 원심력과 안으로 들어오려는 구심력입니다. 이 두 힘의 균형 속에서 원이 그려집니다. 밖으로 나가려고 하는 힘을 가리켜 '해석의 힘'이라 하고, 안으로 잡아당기는 힘을 가리켜 '사실의 힘'이라고 합니다. 다시 말해서 사실이 기초이고, 그 사실을 기초로 해서 넓게 해석해 나가는 일은 아름다운 일입니다.

하나님이 주신 객관적 세계를 인정하고, 폭넓게 인생을 해석하고, 그 의미를 추구하면 큰 원을 그릴 수 있고 폭넓은 인생을 살 수 있습니다. 그러나 만약 이 끈이 끊어지면, 다시 말해서 창조 사실을 부정하게 되면, 돌멩이는 방향 없이 날아가 버리고 맙니다. 그러므로 사실을 인정하지 않는 해석을 위한 해석은 이미 해석이 아닌 상상과 허구와 가설의 세계로 들어가는 것입니다. 그런데 많은 사람이 사실이라는 끈을 놓치고, 자기의 신념과 해석에 몰두하고, 상상의 영역으로 가설을 세워 놓고 증명하려고 시도하고 있습니다. 창조론을 거부하면 보이는 세계를 설명할 길은 없습니다.

하나님이 천지를 창조했다는 말은 "모든 것이 신"이라는 범신론을 거부하고, 동시에 "저절로 진화하여 오늘에 이르렀다"는 유물론도 거부합니다. 하나님이 목적을 가지고 천지를 창조했다는 말 속에는 보이는 모든 것의 존재 원인과 가치와 목적이 드러납니다. 창조 신앙을 받아들이면 범신론과 유물론에서 벗어나게 되고, 보이는 세상의 원인과 목적과 가치를 설명할 수 있습니다. 인생에서 가장 중요한 대답을 갖고 살게 됩니다.

지성은 좋은 것입니다. 그러나 계시를 넘어서는 것은 아닙니다. 계시 안에서 제 가치를 갖는 것입니다. 참된 신앙은 결코 비과학이 아닙니다. 과학을 의미 있게 하는 초월적 실재입니다. 또한 참된 신앙은 미신과 우상숭배가 아닙니다. 참된 하나님을 섬기며 자유와 가치를 회복하는 길입니다.

> **선포합니다**
> † 나는 이 세상을 창조하신 하나님을 믿습니다.
> † 나는 하나님의 특별한 목적을 따라 이 세상에 왔습니다.
> † 나는 우상숭배와 과학주의를 내버리겠습니다.

12 직업과 소명

성경 〈에베소서〉 6:6~7   요절 〈고린도전서〉 10:31

지난 한주 하나님께서는

_____

_____

_____

하나님의 영광을 위하여

영국의 위대한 건축가 크리스토퍼 렌 경은 런던의 성바울교회 재설계를 위촉받았습니다. 어느 날 건설 현장을 방문했는데, 근로자들은 그를 알아보지 못했습니다. 렌은 현장을 이리 저리 다니며 몇몇 근로자에게 무엇을 하고 있는지 물었습니다. 한 근로자는 "나는 바위를 절단하는 중입니다" 대답했고, 두 번째 근로자는 "나는 일당 5실링 2펜스를 벌고 있습니다" 하고 대답했습니다. 그런데 세 번째 근로자는 이렇게 대답했습니다. "나는 하나님의 영광을 위해 크리스토퍼 렌을 돕고 있습니다."

직업이란 무엇인가요? 직업은 경제적 소득을 얻거나 사회적 가치를 이루기 위해 지속적으로 이뤄지는 모든 활동을 의미합니다. 영어로는 커리어(career)인데, 이것은 보수나 시간에 관계없이 한 인간이 평생 동안 하는 일의 총체를 가리킵니다. 좁은 의미로는 어큐페이션(occupation)이라고 하는데, 이것은 반드시 보수가 지불되는 일을 의미합니다. 잡(job)은 직업의 최소 단위를 말합니다. 사람은 평생 어떤 형태로든지 일하는데, 일반적으로 소득과 관련된 일을 직업이라고 부릅니다.

옛날부터 우리나라에서는 일하는 자세에 따라 3가지로 나눕니다. 먼저 '생계'는 돈을 버는 게 목적입니다. 그리고 '직업'은 사회적 역할을 수행하며 자아실현을 이루어가는 것이 목적입니다. 많은 사람은 여기서 보람과 긍지를 맛봅니다. 마지막으로 '천직'은 더 높은 의미를 부여하는데, 하늘이 나에게 주신 일이라고 생각하는 것입니다.

> **Q** "목구멍이 포도청이다"라는 말은 생계와 직업과 천직 중에 어디에 해당하는 말일까요?

'소명'이란 무엇인가요? 우리가 어떤 일을 할 때 그 밑바탕에는 그것을 하는 이유, 동인(動因)이 있습니다. 그 일을 하는 힘이 어디서 오는가를 생각할 때 가장 깊은 근거가 '소명'입니다. 소명이란 하나님이 우리를 그분께로 부르셨기에, 우리의 존재, 행위, 소유 전체로 그분의 부르심에 응답하여 그분을 섬기는 것입니다. 그러므로 소명은 인간 경험 중에서 가장 포괄적인 방향 전환이며 가장 심오한 동기를 유발하고, 삶의 궁극적인 이유가 됩니다.

소명에 대한 오해와 진실

'소명'에 대한 오해가 있는데, '구교적(舊敎的) 왜곡'입니다. 천주교가 실수한 내용은 소명을 성스럽게 보면서 세상의 일과는 상관없는 것으로 여긴 것입니다. 그들은 소명받은 사람들을 '완전한 그리스도인,' 소명받지 못한 사람들을 '용인된 그리스도인'이라고 불렀습니다. 그러니까 '성스러운/세속적인, 높은/낮은' 이라는 구분을 가지고 그리스도인의 삶을 분리한 것입니다.

'완전한 그리스도인'은 신부, 수녀 그리고 제사장과 같이 '소명을 받은' 사람들이고, '용인된 그리스도인'이란 군인, 농부, 상인과 같이 '평범한 일거리를 가지고 있는' 사람들입니다. 이런 오해는 그리스도인 사이에 영적인 계급을 낳았습니다. 이 영향은 오늘날에도 뿌리 깊게 남아 있습니다.

기독교의 오해도 있습니다. '신교적(新敎的) 왜곡'은 소명으로 인한 영적 계급화에 대한 반발로 나왔습니다. 개혁자들은 '소명'을 직업을 포괄하는 개념으로 파악했습니다. 그런데 직업과 일을 너무 강조하다 보니 '직업'이 '소명'이라는 말과 동의어가 되어버렸습니다. 돈을 벌기 위한 세속적인 직업이 신에게 영광을 돌리는 소명과 동일시된 것입니다.

시간이 흐르면서 소명 개념은 더욱 세속화되어 '성공의 복음'이 되었습니다. 다른 말로는 '부자의 복음' 또는 '형통의 신학'인데, 그 내용은 한 마디로 "세속적 성공은 하나님의 축복이다!"라는 말입니다. 부분적으로는 맞습니다. 그러나 가난하다면 저주를 받은 것인가요? 그렇지 않습니다. 고통과 질병도 하나님의 축복일 수 있지요. 그런데 성공의 복음에서는 그것을 거부합니다. 이것은 결국 '노동 윤리' 혹은 '성공 윤리'로 세속화되었습니다.

 세속적 성공 윤리에서 벗어나기 위해 소명을 일차적인 것과 이차적인 것으로 나누어 이해할 필요가 있습니다. 먼저 우리에게는 주님에 의한, 주님을 위한, 주님에 대한 소명이 있습니다. 이것을 일차적 소명, 근본적인 소명이라고 합니다. 이 부르심은 무엇(자녀들을 양육하는 일, 가르치는 일, 정치하는 일)으로의 부르심, 어디(법조계, 캠퍼스, 아프리카)로의 부르심에 앞선, 누구(하나님)에게로의 부르심입니다. 또한 이 근본적인 소명을 따르고자 할 때 우리가 각자의 삶의 현장에서 구체적으로 행하는 일이 있는데, 이것을 이차적 소명, 부수적인 소명이라고 합니다.

 이렇게 나누는 이유는 두 가지를 함께 붙들어야 한다는 것이고, 또 하나는 그 순서를 바꾸지 말아야 하기 때문입니다. 근본적인 것은 언제나 부수적인 것보다 선행되어야 하니까요. 그러므로 소명에 응답하는 삶을 이야기할 때 세속이 아닌 영적인 생활만을 강조하는 것도 잘못이고, 영적인 것을 희생시킨 채 세속적인 것만을 높이는 것도 잘못된 것입니다. 그러므로 직업과 소명은 비슷하지만 다른 뜻을 가집니다. 직업은 보수를 받기 위해 종사하는 일인데 반해, 소명은 대가의 여부와 상관없이 자신이 세상에 살면서 할 몫입니다.

> **〈요한복음〉 19:30**
> 예수께서 신 포도주를 받으신 후에 이르시되 다 이루었다 하시고 머리를 숙이니 영혼이 떠나가시니라

Q 〈요한복음〉 19장 30절 말씀을 적어 봅시다.

_____

예수님은 십자가에 달리셔서 마지막으로 '다 이루었다'고 말씀하셨습니다. 무엇을 이루었다는 말씀일까요?

소명을 이루기 위해 사용되는 직업

제 친구 중에 판사 아들이 있습니다. 사업을 잘하고 있는데, 언제나 실패 의식을 가지고 있습니다. 어릴 때부터 법관이 되라고 했는데 못 되었기 때문입니다. 그는 실패한 사람일까요? 아닙니다. 그런데 왜 실패한 사람처럼 살아갈까요? 직업에 대한 오해 때문입니다. 직업은 목표이지 목적이 아닙니다. 직업은 인생의 목적을 향해 나가는 수단일 뿐입니다. 그러므로 자녀를 키울 때 어떤 직업을 가진 사람이 되라고 직업을 한정하면 안 됩니다.

"인생의 목적은 항상 추상적이어야 한다"고 말합니다. 이것을 모르고 구체적인 직업에 집착하게 되면, 되어도 교만하게 되고 안 되면 한평생 실패 의식을 가지고 살아갑니다. 언제나 인생의 목적은 추상적인 것입니다. "너는 다른 사람들을 섬기는 삶을 살아라! 하나님의 영광을 위해 살아라!" 이렇게 높고 추상적인 인생 목적을 두고, 그것을 이루는 수단으로 정치가, 사업가, 성직자가 될 수 있는 것입니다. 개인의 능력과 적성을 따라서 다른 직업을 가질 수도 있습니다.

중요한 것은 직업의 소명화입니다. 직업과 소명은 다르지만 소명을 이루는 데 직업이 사용되어야 합니다.

이탈리아의 화가이며 조각가인 미켈란젤로가 14살이 되었을 때, 그 당시 유명한 조각가 베르토르도 디 조반니 밑에서 배우기 위해 그의 문하생으로 들어가게 되었습니다. 스승이 어린 미켈란젤로를 보니 비범한 재능을 가지고 있었습니다. 그래서 스승은 물었습니다.

"미켈란젤로야, 위대한 조각가가 되기 위해서 너는 무엇이 필요하다고 생각하느냐?"

"저에게 있는 재능을 부지런히 갈고 닦아야 한다고 생각합니다."

스승은 그 말을 듣고 이렇게 말했습니다.

"아니다, 재능만 가지고는 안 된다. 네 재능을 무엇을 위해 어디다 써야 하는가를 먼저 결정해야 한다."

얼마 후 스승은 제자를 데리고 당시 유명한 조각상 두 개를 보여 주었습니다. 하나는 술 집 입구에 있는 아름다운 조각상이었습니다. 그 조각상을 살펴보면서 스승은 말했습니다.

"자, 보아라. 얼마나 아름답게 조각을 했니?"

감탄하고 있는 제자를 데리고 스승은 커다란 성전 앞에 세워진 조각상 앞으로 갔습니다.

"자, 보아라. 얼마나 아름답게 조각을 했니? 두 사람 다 훌륭한 조각가란다. 그러나 두 개의 조각은 목적이 다르다. 하나는 술 마시는 사람들을 위해 육체의 향락을 자극하려고 만들어졌고, 또 하나는 하나님의 영광을 위해 만들어졌다. 미켈란젤로야, 너는 네 재능으로 무엇을 위하길 원하느냐?"

어린 미켈란젤로는 감동해서 이렇게 대답했습니다.

"선생님, 저는 제 재능을 하나님을 위해서, 하나님을 위해서, 하나님을 위해서 사용하겠습니다."

전에 어떤 백화점이 무너졌을 때, 어떤 다리가 무너졌을 때 많은 교우가 자원봉사를 하러 나갔습니다. 그것은 하나님의 일이었습니다. 참여한 사람들은 슬프지만 보람이 있다고 말했습니다. 그러나 사고 발생 후에 이렇게 돕는 것보다 더 중요한 것은 설계하는 사람들, 시공하는 사람들이 전문성을 가지고 소명감을 가지고 일하는 것입니다. 만약 그랬다면 그런 일이 일어나지 않았을 것입니다. 어떤 것이 더 중요한 하나님의 일입니까? 문제가 생긴 후에 봉사하러 가는 일도 소중하지만 더 중요한 것은 자기가 해야 할 일을 정확하게 하는 것, 그리고 그 일을 통하여 하나님을 영화롭게 하는 것입니다. 이것이 기독교적 직업의식입니다.

기독교적 직업의식은 내게 주신 은사를 가지고 그 일을 하면서, 내가 있는 곳에서 하나님의 나라를 확장해 나가는 것을 의미합니다. 음악을 한다면 정말 좋은 음악가가 되어 많은 사람에게 실력을 인정받고, 더 나아가서 하나님이 만드신 음악의 세계를 확장해 나가는 것이 그가 있는 곳에서 하나님의 사람으로 살아가는 것입니다. 정치가라면 하나님이 나를 그곳으로 부르셨음을 인정하고, 거기서 하나님의 뜻을 묻고 그 일을 감당해야 합니다.

성공이란?

요셉도 다니엘도 느헤미야도 하나님이 보내신 그곳에서 하나님의 뜻을 이루기 위해 몸부림쳤습니다. 그래서 그 자리에서 성공했을 뿐 아니라, 더 중요한 것은 그곳으로 보내신 하나님의 뜻을 이루었습니다. 전문용어로 말하자면 자기의 소원, 내가 이루고 싶은 야망(ambition)을 이루는 것이 아니라, 하나님이 내게 가지고 있는 소원(소명, 그것은 이제 나에게 vision이 된다)을 이루는 것을 말합니다.

하나님이 내게 주신 사명을 깨닫고, 그것을 잘 감당하는 사람이 성공한 사람입니다. 재산을 많이 모으거나 남들이 알아주는 지위에 오르는 것이 아니라 하나님의 소명을 이루는 것, 이것이 성공입니다. 어디서 무엇을 하든지 놓일 곳에 놓인 사람, 그래서 그 일에 만족하며 감사하며 그 일을 통해 봉사하며 그 일을 통해 성숙해지는 사람이 성공한 사람입니다. 그러므로 성공은 상류사회에 속한 몇 사람들만의 것이 아닙니다. 우리 모두가 각자 자기의 자리에서 성공할 수 있습니다.

> Q 성공이란 무엇인가요? 야망과 비전은 어떻게 다른가요?

소명을 이루려면 몇 가지 주의해야 할 것이 있습니다.

첫째, 나태함입니다. 오늘날 우리 사회는 과학이 발달하고 사회가 변하면서 많이 편리해졌습니다. 그러나 편리함 속에는 나태함이라는 함정이 들어 있습니다. 다음 일을 위한 휴식이나 여가는 중요하지만 자칫 휴식이나 여가가 나태함으로 변하지 않도록 주의해야 합니다. 게으르면 소명이 개발되지 않기 때문입니다.

둘째, 자만심입니다. 소명을 감당하기 위해 재능이라는 선물을 받았는데, 재능은 때로 우리를 자만하게 만듭니다. 그래서 어느새 "나는 특별한 재능을 가지고 있어. 나는 너보다 월등해"라는 유혹에 빠질 수가 있습니다. 그러나 생각해 보면 우리가 가진 것 중에 받지 않은 것은 없습니다(고전 4:7) 우리는 자만심 대신 받은 은사에 대해 감사해야 합니다.

셋째, 질투입니다. 질투는 모든 사람을 피곤하게 만듭니다.

〈고린도전서〉 4:7
누가 너를 남달리 구별하였느냐 네게 있는 것 중에 받지 아니한 것이 무엇이냐 네가 받았은즉 어찌하여 받지 아니한 것 같이 자랑하느냐

> 베드로가 돌이켜 예수께서 사랑하시는 그 제자가 따르는 것을 보니 그는 만찬석에서 예수의 품에 의지하여 주님 주님을 파는 자가 누구오니이까 묻던 자더라 이에 베드로가 그를 보고 예수께 여짜오되 주님 이 사람은 어떻게 되겠사옵나이까 예수께서 이르시되 내가 올 때까지 그를 머물게 하고자 할지라도 네게 무슨 상관이냐 너는 나를 따르라 하시더라(요 21:20~22)

요한을 보며 신경쓰는 베드로를 보고 예수님은 "너와 무슨 상관이냐?"고 말씀하십니다. 우리 각자는 하나님 앞에서 자기 인생을 살아가는 것입니다. 그런데 옆 사람을 보기 시작하면 내가 가야 할 길을 제대로 걸어갈 수 없습니다.

Q 소명을 이루는 데 방해물은 무엇인지 적어 봅시다.
_____
_____
_____

인생의 목적

현대 사회는 무한 경쟁 시대입니다. 이런 구조 속에서 소명 의식이 없으면 휘청거리기 쉽습니다. 우리의 소명이 사람을 향한 것이 아니라 오직 하나님을 향한 것임을 잊지 않아야만 자기 소명을 향해 걸어갈 수 있습니다. 내 인생의 진정한 평가자는 다른 누구도 아닌 나를 보내신 하나님이기 때문입니다.

〈마태복음〉 20:28
인자가 온 것은 섬김을 받으려 함이 아니라 도리어 섬기려 하고 자기 목숨을 많은 사람의 대속물로 주려 함이니라

인생의 목적은 섬기는 것입니다. 예수님도 섬기러 오셨습니다(마 20:28). 그 섬김을 위해 섬김의 도구인 재능을 주셨습니다. 우리는 이것을 가지고 일하며, 소득을 얻고 살아갑니다. 더 나아가 그 재능은 하나님과 세상을 섬기라는 소명에 사용됩니다. 일과 소명을 동일하게 보고, 다니던 직장에서 은퇴를 하면 자신의 소명이 끝난 것으로 생각하는데 이것은 잘못입니다. 소명은 우리의 생

애 끝까지 계속되어야 하는 과정입니다. 이것이 "하나님의 영광을 위해서"(고전 10:31)살아가는 삶입니다.

　섬기는 삶! 이것이 자신에게는 후회 없이 사는 비결입니다. 그렇게 살 때 예수님의 인생이 우리에게 선물이었듯이 내 인생도 다른 이에게 선물이 될 것입니다. 그리고 하나님에게 갔을 때 하나님이 "수고했다. 고생 많았지?" 하고 반갑게 맞아 주실 것입니다.

> 🕊 **선포합니다**
>
> † 나에게는 소명이 있습니다.
> † 나는 하나님이 주신 재능과 은사로 하나님의 영광을 위해 살겠습니다.
> † 후회없는 인생을 사모하며 하나님에게 충성하겠습니다.

13 돈과 재물

성경 〈디모데전서〉 6:6~12   요절 〈잠언〉 11:24

🕊 지난 한주 하나님께서는

_____
_____
_____

지금 가진 것보다 조금 더

어떤 목사님이 설교를 했습니다. "할 수 있는 대로 많이 버세요!" 그러자 청중들은 "아멘" 하고 화답했습니다. 목사님이 계속해서 "할 수 있는 대로 많이 저축하세요!" 하니 역시 "아멘"으로 화답했습니다. 마지막으로 "할 수 있는 대로 많이 주세요!" 하자 사람들은 말했습니다. "에이, 오늘 설교 버렸군!" 이것이 돈에 대한 사람들의 마음입니다.

옛날이나 지금이나 사람들은 돈을 좋아합니다. 돈에는 힘이 있기 때문입니다. 어느 정도로 힘이 있는가? 공산주의 창시자이며 유물론자인 칼 마르크스는 이렇게 말했습니다.

> 나의 힘은 내가 가진 돈의 힘만큼 크다. 돈의 속성은 돈을 가진 자의 속성이자 능력이 된다. 나는 못 생겼지만 돈으로 가장 아름다운 여자를 살 수 있다. 내가 파렴치하고 어리석어도 돈이 존경을 받기 때문에 돈을 가지면 존경받을 수 있다. 돈만 있으면 부정직한 사람이라도 결국 돈의 힘으로 정직하다고 인정받을 수 있다. 내가 어리석어도 돈이 만물을 움직이는 진짜 머리이니 돈을 가진 사람이 어찌 어리석을 수가 있단 말인가? 인간이 열망하는 모든 것을 돈으로 살 수 있으니, 돈만 있다면 나는 인간의 모든 능력을 소유한 자가 아닌가? 그러므로 돈은 나를 돈의 액수만큼 능력의 사람으로 만들어 주는 것이다.

돈의 힘이 크다보니 돈을 갈망합니다. "돈을 벌기 위해서 어떠한 희생을 감수할 수 있습니까? 당신이 만약 200만 달러를 벌 수 있다면(이것은 한 사람이 한평생 넉넉하게 살 수 있는 금액이다) 무슨 일을 하겠습니까?" 하고 제임스 패터슨은 설문조사를 했습니다. 응답자의 25%는 "온 가족을 다 버릴 수 있다", 25%는 "매춘부가 되어도 좋다", 7%는 "사람을 죽일 수도 있다"고 대답했습니다. 많은 사람이 돈을 갈망하고, 돈만 벌 수 있다면 뭐든지 하겠다고 생각하는 것입니다. 이만큼 돈에 집착하며 사는 것이 현실입니다. 정말 돈이 신이 된 듯한 세상입니다.

〈마태복음〉6:24
한 사람이 두 주인을 섬기지 못할 것이니 혹 이를 미워하고 저를 사랑하거나 혹 이를 중히 여기고 저를 경히 여김이라 너희가 하나님과 재물을 겸하여 섬기지 못느니라

Q 〈마태복음〉6장 24절 말씀을 적어 봅시다.

_____

_____

예수님은 분명히 말씀하십니다. 우리가 하나님과 재물을 겸하여 섬기지 못한다고 말입니다. 돈이란 무엇인가? 돈은 영어로 money입니다. money란 말은 monastery(수도원)에서 나왔습니다. 돈과 수도원(신전)이 무슨 관계가 있을까요? 신전에 올 때는 제물을 가져와야 합니다. 그러나 외국에서 온다든가 상황이 허락되지 않으면 짐승을 제물로 가져올 수가 없습니다. 그러므로 그에 상응하는 어떤 것을 가져와서 그것과 제물을 교환했습니다. 그때 신에게 바치는 정성을 수량으로 표현한 것이 돈입니다. 돈은 그 사람의 영적인 상태와 직결되었던 것입니다. 오늘날에도 돈은 하나님과 그 사람이 어떤 관계를 가지고 있는지 정확하게 보여 줍니다.

> 네 이웃의 집을 탐내지 말라 네 이웃의 아내나 그의 남종이나 그의 여종이나 그의 소나 그의 나귀나 무릇 네 이웃의 소유를 탐내지 말라(출 20:17)

여러분에게는 이런 탐내는 마음이 없나요? 지금은 과거 어느 때보다도 더 많이 소유하고 있습니다. 그런데도 불행하다고 말하는 사람이 가장 많은 시대입니다. 욕심이 어느 때보다 커졌기 때문입니다. 세계 최고의 부자였던 록펠러에게 기자가 물었습니다. "사람은 얼마나 가지면 만족할 수 있을까요?" "지금 가진 것보다 조금 더!" 그러므로 문제는 소유가 아닙니다. 탐내는 마음입니다.

탐욕의 사회 경제적 구조

왜 탐욕이 생길까요? 탐욕의 구조를 배워야 합니다.

먼저 탐욕은 사회적 원인으로 조장됩니다. 이것을 '탐욕의 사회 경제적 구조'라고 합니다. 우리가 살아가는 자본주의 사회는 세상의 다양한 가치를 하나의 가치, 곧 화폐 가치로 표현하는 것을 정당화하는 제도입니다. 다시 말하면 자본주의는 모든 것을 돈으로 평가하는 제도입니다. 근본적으로 탐욕을 정당화하는 제도라는 말입니다.

자본주의 중에서도 지금은 후기 자본주의 사회입니다. 초기 자본주의는 같은 자본주의지만 그래도 괜찮았습니다. 왜냐하면 초기 자본주의 시대는 대량 생산하는 것이 목적이었거든요. 경제를 발전시키기 위해 먼저는 도로, 철도, 항만, 각종 통신 시설 등 사회 기반 시설을 만들었습니다. 그것을 기초로 에너지와 관련된 중공업을 육성하고, 상품 제조를 위한 기계 설비와 공장의 생산 라인을 갖추려고 온 힘을 쏟아야만 했습니다. 그러다 보니 자본이 부족하고, 그래서 저축을 강조했습니다. 또한 노동자들에게는 산업 노동에 필요한 규범으로서 성실과 근면, 절제, 시간 엄수와 같은 노동 윤리를 가르쳤습니다. 그래서 자본주의면서도 근면과 성실, 절약과 검소 같은 미덕이 강조되었던 것입니다.

그러나 초기 자본주의에 의해 생산 체계가 완비되어 얼마든지 물건을 생산하게 되자 사정은 완전히 달라집니다. 이제는 생산된 물건을 소비해야만 자본주의 시스템을 유지할 수 있게 되었습니다. 시스템이 생산에서 소비로 옮겨지면서 이때부터는 소비를 촉진시키려는 방향으로 전환합니다. 이것이 바로 20세기 중후반에 시작된 후기 자본주의입니다. 그래서 삶의 질을 높인다는 명분 아래, 노동의 윤리 대신 소비와 여가의 윤리를 강조하기 시작합니다. 사회구조가 써야 팔리고, 팔려야 만들고, 만들어야 유지할 수 있기 때문에 후기 자본주의 사회에서는 절약이 아니라 소비가 미덕이 되었습니다.

> **Q** 후기 자본주의의 특징은 무엇인가요?

　소비를 증가시키려면 욕망을 부추겨야 합니다. 그것을 위해 만든 것이 광고와 유행, 그리고 신용카드입니다.
　광고의 기능은 상품에 대한 정확한 정보와 평가를 소비자에게 제공하는 것인데, 상품의 내용이나 질적 가치보다는 디자인이나 미적 감각을 만족시켜 사고 싶게 만드는 쪽으로 치우치고 있습니다. 미국의 경우 모든 교육 기관의 예산을 합한 것보다 광고비가 훨씬 많습니다. 그러니까 공식적인 채널을 통해 배우는 것보다 광고를 통해 가치관이 세뇌된다는 뜻입니다. 그래서 광고를 보면 지금까지 내가 만족했던 것들이 낡고 초라해져서 빨리 바꿔야겠다고 생각하게 됩니다. 쉽게 말하면 요즘 광고는 인간의 욕망을 조종하고, 새로운 욕망을 창출하는데 모든 힘을 쏟아 붓고 있습니다.
　또한 유행을 통해 새로운 수요를 창출합니다. 더 새롭고, 더 많은 상품을 소비하는 인간일수록 더 멋있고, 세련된 사람으로 보이게 만듭니다. 유행이 바뀌면 아직 사용 가치가 충분한데도 폐기합니다. 이렇게 되면서 소비와 탐욕은 현대인의 미덕이 되었고, 백화점은 어른들의 놀이터가 된 것입니다. 이 모든 것은 후기 자본주의 사회가 만들어낸 허상입니다.
　후기 자본주의 모토는 이것입니다. "욕망은 충족되어야 한다. 내가 살 수 있는 것이 내가 누구인지 증명한다. 그리고 나는 그것을 누릴 자격이 있다." 이것을 돕는 것이 신용카드입니다. 물론 처음의 목적은 현금 거래의 불편을 감소시키기 위한 것이지만, 소비를 촉진시키기 위한 결정적인 기능을 추가합니다. 먼저 쓰고 나중에 결제하라는 것입니다. 원하는 것을 지금 사고, 돈은 나중에 달라는 것입니다. 욕망을 부채질해 놓고, 돈이 생기기까지 기다릴 필요가 없게 만듭니다. 이것이 후기 자본주의의 공공연한 생존 방식입니다.

그 결과 개인적으로는 빚이 늘어납니다. 카드만 사용하지 않아도 지출을 20% 줄일 수 있습니다. 환경적으로는 자원의 낭비가 엄청납니다. 이런 식의 발전은 가능하지 않습니다. 해답은 탐욕을 절제해야 합니다. 그런데 너무나 많은 사람이 소비의 노예가 되어 있습니다.

탐욕의 심리적 구조

둘째, 탐욕은 인간의 미성숙에 근거합니다. 이것을 '탐욕의 심리적 구조'라고 합니다. 프로이트는 탐욕이 정신병적인 것이라고 했습니다. 인간의 발달 단계에서 항문애적 단계에 머물게 되면 탐욕의 사람이 된다는 것입니다. 이런 성격을 가진 사람은 심리적 에너지가 소유에 집중되기 때문에 무조건 아끼고, 모으고, 지키고, 늘리는 일에 모든 에너지를 쏟아 붓습니다. 그런 사람에 대해서 이렇게 묘사합니다.

> 그는 자신을 요새처럼 생각해서 아무것도 새어나가서는 안 되고, 절대로 필요한 것 이상으로 써서는 안 된다고 생각한다. 그는 움켜쥐고 모으는 데서 가장 큰 즐거움을 경험한다. 소유한다는 것 자체가 그에게는 모든 즐거움보다도 달콤한 것이다.

소유를 통해 자신을 드러내려 하므로 이미 주체는 자기가 아니라, 그가 가진 소유입니다. 그런데 소유한 것은 안전하지 않지요. 언제든지 없어질 수 있습니다. 그래서 소유에 의존할수록 더 소유에 집착하게 됩니다. 또한 더 소유할수록 자기 존재가 더 확실해지기 때문에 필연적으로 탐욕스러워집니다. 그러므로 사람은 좀 더 많이 소유하는 것에 최고의 가치를 두는 것입니다. 그러므로 에리히 프롬은 말했습니다. "소유 양식에서 존재 양식으로 나가야 심리적 경제적 파국으로부터 벗어날 수 있다."

Q 소유한 것으로 나를 드러내려 했던 적이 있는지 적어 봅시다.
_____
_____

탐욕의 존재론적 구조

셋째, 탐욕은 하나님을 떠난 인간의 실존적인 모습입니다! 이것이 '탐욕의 존재론적 구조'입니다. 탐욕의 구조를 볼까요? 인간은 존재 자체인 신을 떠나 존재를 상실하였기에 불안합니다. 그 불안을 메우기 위하여 뭔가를 붙잡아야 합니다. 존재 자체인 신 대신에 붙잡는 대상, 신의 대체물(우상)에 대한 사랑이 탐욕입니다.

쉽게 말하면 인간은 하나님과의 관계 속에서 행복하도록 만들어졌습니다. 그 속에 사랑받는 나로서의 가치와 존재 의미가 드러납니다. 그런데 하나님을 떠났어요. 그 관계가 파괴되었습니다. 이제는 그 빈 마음을 명품 브랜드, 최고

급 차, 보석으로 치장함으로써 자기의 가치와 존재 의미를 확인하려는 것입니다. 그러니까 욕망을 채우는 과정에서 방향을 잘못 잡은 것입니다. 존재 자체와의 관계에서가 아니라 존재물을 소유함으로써 해결하려는 것입니다.

어떻게 해야 탐욕에서 벗어날 수 있을까요? 더 많이 가지면? 인격을 더 수양하면? 아닙니다. 존재 자체를 떠났기 때문에 생긴 공간을 메우려는 마음이 탐욕이기 때문에, 진정한 해결책은 하나님에게로 돌아가는 것입니다. 이것이 구원이고, 거듭남입니다. 존재를 회복하는 것만이 진정으로 탐욕에서 해방되는 길입니다.

닫힌 재정과 열린 재정

그러니까 하나님에게로 돌아가 내 존재를 회복하고, 하나님이 주신 것을 감사함으로 받을 때, 거기서 자족함이 나옵니다. 그래서 탐욕의 반대는 자족입니다. 자족이란 자기 자신에게 만족한다는 것이 아니라, 하나님이 자기에게 주신 것에 만족한다는 뜻입니다. 없는 것을 보는 것이 아니라 있는 것을 보는 것이고, 나에게 주신 것을 감사하고 나에게 없는 것을 탐하지 않는 것입니다. 그러니까 하나님 안에서만 진정한 자족이 있는 것입니다.

《디모데전서》 6:6
그러나 자족하는 마음이 있으면 경건은 큰 이익이 되느니라

Q 《디모데전서》 6장 6절 말씀을 적어 봅시다.

_____

경제의 기초 원리는 먼저 '닫힌 재정'과 '열린 재정'을 구분하는 것입니다. 닫힌 재정이란 내가 생활하기 위해서 꼭 필요한 비용을 말합니다. 소위 절대 필요입니다. 닫힌 재정의 내용은 3가지인데 첫째는 헌금이고 둘째는 경상비입니다. 경상비란 살아가는데 꼭 필요한 것입니다. 집세, 식비, 공공요금, 등록금 등을 말합니다. 마지막은 임시비입니다. 당장 없어도 살지만 그래도 갖고 싶은 것을 사고 할 수 있는 일을 하기 위한 비용입니다. 여기에는 약간의 적금과 문화비, 의류비 등이 포함됩니다. 내 삶의 닫힌 재정이 얼마인가는 사람마다 다릅니다. 내가 검소한 삶을 살아가는 데에 있어서 꼭 필요한 돈의 액수를 닫힌 재정이라고 합니다.

열린 재정은 내게 꼭 필요한 닫힌 재정 이외의 전부를 가리킵니다. 왜 이것을 열린 재정이라고 할까요? 항상 열어 놓고 흘려보내야 하는 돈이기 때문입니다. 하나님이 언제나 쓰실 수 있도록, 남을 돕기 위하여 흘려보낼 수 있는 재정이 열린 재정입니다. 우리 삶이 풍요해질수록 이 비율이 늘어나는 것이 정상입니다. 대부분의 사람들은 닫힌 재정의 한계를 모릅니다. 얼마 이상은 나에게 필요하지 않다는 개념이 없습니다. 욕심이 너무 큽니다. 그러니까 열린 재정이 없지요. 많이 벌면 내 차가 커지고, 내 집이 넓어지고, 자기를 위하여 모으고 쌓고, 하나님의 나라의 확장과는 상관없이 자기 나라를 확장해 나갑니다.

Q 나의 닫힌 재정과 열린 재정을 계산해 정리해 봅시다.

_____

_____

나의 수입이 닫힌 재정 이하라면 어떻게 해야 하나요? 여기서 기도의 문제가 등장합니다. 하나님은 자녀들의 필요를 채워 주십니다. 그러므로 믿고 기도해야 합니다. 응답은 3가지로 나타납니다. 첫째는 요구한 액수를 채워 줍니다. 그런가하면 만족함의 은혜를 부어 주기도 합니다. 부족하지 않다고 생각하고 넉넉하게 살 수 있는 은혜로운 심령을 허락하시는 것이지요. 마지막으로는 사건 자체를 없애 버립니다. 아이의 수술비가 들어가야 하는 경우 병을 낫게도 합니다.

그러므로 닫힌 재정 이하는 구해서 채워야 하고, 그것을 넘을 때는 흘려보내야 합니다. 존 웨슬리는 사역의 초기와 말기에 수입이 20배 이상 차이가 났습니다. 그런데 그의 닫힌 재정은 초기 수입의 3, 4배에 불과하고, 나머지는 열린 재정으로 사용했습니다. 모아서 부자가 되는 것보다 나누면서 부자가 되는 것이 하나님의 원리입니다.

〈잠언〉 11:24
흩어 구제하여도 더욱 부하게 되는 일이 있나니 과도히 아껴도 가난하게 될 뿐이니라

Q 〈잠언〉 11장 24절 말씀을 적어 봅시다.

소망을 둘 곳

네가 이 세대에서 부한 자들을 명하여 마음을 높이지 말고 정함이 없는 재물에 소망을 두지 말고 오직 우리에게 모든 것을 후히 주사 누리게 하시는 하나님께 두며 선을 행하고 선한 사업을 많이 하고 나누어 주기를 좋아하며 너그러운 자가 되게 하라 이것이 장래에 자기를 위하

여 좋은 터를 쌓아 참된 생명을 취하는 것이니라(딤전 6:17~19)

〈디모데전서〉 6:10
돈을 사랑함이 일만 악의 뿌리가 되나니 이것을 탐내는 자들은 미혹을 받아 믿음에서 떠나 많은 근심으로써 자기를 찔렀도다

우리는 돈의 한계를 알아야 합니다(시 49편). 돈은 좋은 것이지만 돈을 사랑하지 않아야 하고(딤전 6:10), 돈 때문에 교만해서는 안 됩니다. 재물이 아닌 하나님에게 소망을 두어야 합니다. 또한 너그러이 베풀어야 합니다. 그럴 때 참된 생명을 얻을 수 있습니다.

선포합니다

† 나는 돈이 주인이 아님을 인정합니다.
† 나는 "내가 살 수 있는 것이 내가 누구인지를 증명한다"는 논리를 거부하겠습니다.
† 나는 '사고 팔기'가 아니라, '주고 베풀기'로 살겠습니다.

14 일과 사랑, 그리고 신앙

성경 〈창세기〉 29:15~27 요절 〈시편〉128:2

지난 한 주 하나님께서는

_____
_____
_____

프랑스의 화가 밀레가 그린 '만종'이라는 그림을 아시나요? 저녁노을이 진 들판에서 부부가 함께 일하다가 농기구를 내려놓고 기도하는 모습, 그 뒤로 교회의 모습이 보이는 그림말입니다. 평론가들은 이 그림에 삶의 3가지 기본 가치가 잘 나타나 있다고 합니다.

첫째는 하루 종일 땀 흘려 일하는 모습에서 '일과 노동의 소중함'이 나타납니다. 둘째는, 부부가 함께 일하는 모습에서 '사랑과 가정의 소중함'이 나타납니다. 셋째는 교회의 저녁 종소리에 맞추어 하던 일을 멈추고 손 모아 기도하는 모습에서 '신앙의 소중함'이 나타납니다. 사람이 행복하려면 많은 것이 있어야 할 것 같지만 기본은 3가지입니다. 열심히 일하고, 뜨겁게 사랑하는 것, 그리고 경건한 신앙생활입니다. 이 3가지는 변치 않는 인간의 행복 비결입니다.

> **Q** 행복의 조건에는 어떤 것이 있다고 생각하나요? 적어 봅시다.
> _____

야곱은 아버지를 속이고 축복을 받아내지만 형 에서의 분노를 피해 집을 떠나야 했습니다. 광야에 도착한 그는 피곤하고, 외롭고, 막막한 가운데 잠이 들었는데, 꿈에 하늘까지 닿은 사닥다리를 보았습니다.

하늘에서 내려오는 사닥다리

사닥다리는 위와 아래를 연결하는 도구입니다. 더 정확하게 말하면 사닥다리는 밑에서 위로 올라가려는 인간의 수단입니다. 인생이란 사닥다리를 타는 것과 같습니다. 수많은 사람이 사닥다리를 세우고, 좀 더 위로 올라가려고 몸부림칩니다. 좀 더 얻고, 좀 더 높아지고, 좀 더 배우고……. 이렇게 모든 사람이 나름대로의 사닥다리를 세우고 올라가려 합니다. 그러나 사닥다리에는 큰 약점이 있는데, 위에서 붙잡아 주지 않으면 결코 서 있을 수 없습니다. 내가 아무리 올라가겠다고 해도, 위에서 그것을 붙잡아 주지 않으면 무너지는 것이 사닥다리입니다.

야곱은 사닥다리를 세우고 올라가려고 몸부림쳤던 사람입니다. 뭔가 내 힘으로 이룰 수 있다고 생각했습니다. 그러나 지쳐 쓰러진 밤에 그가 본 사닥다리는 새로운 의미의 사닥다리였습니다. 자기가 올라가는 것이 아니라, 하늘에서 내려오는 사닥다리입니다. 여기서 그의 인생관이 변합니다. 내가 올라가는 것이 아니라 하나님이 내려오신다는 것을, 위에서 붙잡아 주시지 않으면 서 있을 수 없다는 것을 깨닫습니다. 복이란 내가 쟁취하는 것이 아니라 하나님의 은총이며, 인생이란 내 노력의 결과가 아니라 하나님의 선물이라는 것을 말입니다!

Q 야곱은 하늘에서 내려온 사닥다리를 보면서 무엇을 깨달았나요?

> 라반이 이르되 너는 참으로 내 혈육이로다 하였더라 야곱이 한 달을 그와 함께 거주하더니 라반이 야곱에게 이르되 네가 비록 내 생질이나 어찌 그저 내 일을 하겠느냐 네 품삯을 어떻게 할지 내게 말하라(창 29:14~15)

그는 외삼촌의 집에서 한 달을 머뭅니다. 그 당시 동방의 관습에 의하면 손님을 일시키는 법은 절대로 없습니다. 라반에게 야곱은 조카입니다. 더구나 결혼을 위해서 온 귀한 손님입니다. 그러나 야곱은 한 달 동안 머물면서 자원해서 일했습니다. 삼촌이 보니 시키지도 않았는데 일을 아주 성실하게 잘하고 재주도 있습니다. 마음에 감동이 되어 야곱에게 제안합니다. "보수를 주고 싶은데 얼마를 받고 싶은지 말해 보라"는 것이었습니다. 직장인이 이런 소리를 들었다면 얼마나 좋겠습니까? 일시키는 사람이 감동해서 "얼마를 받고 싶은가?" 제안한 것입니다. 그러나 세상에 공짜는 없습니다. 이런 제안을 받기 전에 야곱의 수고가 먼저 있었습니다. 수고한 것에는 반드시 대가가 돌아오게 되어 있습니다. 내가 먼저 "얼마를 주시겠습니까?" 하는 것은 일하는 자의 태도가 아닙니다.

즐겁게 일하는 청년, 야곱

성공한 사람들을 조사해 보면 공통점이 나옵니다. 돈의 액수와 상관없이 그들이 열심히 일했다는 것입니다. 그 수고와 노력과 성실을 누군가가 보았고, 감동했고, 그래서 도와주고 밀어주어서 오늘이 있게 된 것입니다. 과거에도 그랬고, 앞으로도 이 원리는 변함이 없을 것입니다. 우리가 일하는 모습을 위에서는 하나님이 보시고, 땅에서도 누군가가 바라봅니다. 그것을 귀하게 여기고, 칭찬하고, 도와주는 사람이 생겨납니다.

우리들은 '일 안하고 먹고 노는 것'을 복이라고 생각합니다. 가능하면 조금 일하고 많이 받으려고 합니다. "미쳤어? 내가 왜 더해? 나는 받는 만큼만 일할거야!" 이런 사람이 똑똑한 것 같아도 이런 자세로는 절대 성공할 수 없습니다.

〈시편〉 128:2
네가 네 손이 수고한 대로 먹을 것이라 네가 복되고 형통하리로다

> Q 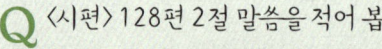 〈시편〉 128편 2절 말씀을 적어 봅시다.
>
> _____

자식을 똑똑하고 강하게 키우고 싶다면 일을 시켜야 합니다. 그래야 똑똑해지고, 세상이 만만치 않다는 것을 알게 되고, 돈도 낭비하지 않고, 시간이 아까

운 것도 알고, 부모가 고마운 것을 알고 정신을 차립니다. 힘든 일 하는 것을 안쓰럽게 생각하면 안 됩니다. 얼마나 어려운지 벌어 보지 않은 사람은 모릅니다. 자식 귀하다고 일 안 시키면 안 됩니다. 야곱이야말로 귀한 집 자식, 재벌가 막내아들입니다. 그런데 남의 집에서 머슴살이를 합니다. 하나님이 시키시는 것입니다. 자녀들이 힘들고 보수도 적은 일을 할 때, "얘, 그렇게 힘든 일을 왜 하니? 돈도 얼마 안 준다면서! 차라리 그 돈 내가 줄 테니까 집에서 쉬어라" 하지 마세요. 그것은 자식을 망하게 하는 것입니다. 어떤 일이든지 일하도록 만들어야 합니다. 야곱은 자원하여 즐겁게 일하는 청년이었습니다. 그것이 그의 인생에 중요한 계기가 됩니다.

> 야곱이 라헬을 더 사랑하므로 대답하되 내가 외삼촌의 작은 딸 라헬을 위하여 외삼촌에게 칠 년을 섬기리이다 라반이 이르되 그를 네게 주는 것이 타인에게 주는 것보다 나으니 나와 함께 있으라 야곱이 라헬을 위하여 칠 년 동안 라반을 섬겼으나 그를 사랑하는 까닭에 칠 년을 며칠 같이 여겼더라 (창 29:18~20)

야곱은 첫눈에 라헬에게 반해 결혼하고 싶었습니다. 그래서 삼촌이 "일하는 보수를 얼마 줄까?" 했을 때 라헬을 위해 7년 동안 봉사하겠다고 대답합니다. 그 당시 관례는 남자가 아무리 가난하고 가진 것이 없어도 3년 동안 여자를 위해 봉사하면 되었다고 합니다. 그런데 야곱은 7년을 제안합니다. 그만큼 사랑했고, 그만큼 충분한 대가를 지불하고 데려오려 했던 것입니다. 7년은 라헬을 향한 야곱의 사랑의 크기라고 할 수 있습니다.

한 여자를 위한 7년 동안의 머슴살이! 아마 요새 남자라면 어림도 없을 겁니다. 요즘은 그냥 데려올 뿐 아니라, 한 밑천 가져오기를 기대하고 요구합니다. 그래서 문제가 됩니다. 잘 기른 딸을 그냥 데려오는 것도 감사한 일인데, 혼수 때문에 불평합니다. "너 하나로 족하다. 무엇을 더 바라겠느냐?" 이렇게 나와야 멋진 부모입니다. 그래야 존경도 받지요. 결혼할 때 해 온 것이 없다고 한평생 구박하는 것은 민망한 일입니다. 이런 마음을 버려야 합니다.

여기서 사랑의 속성이 나옵니다. 사랑은 주는 것입니다. "저 사람이 내게 얼마나 이용가치가 있는지, 나를 위해서 무엇을 했는지" 따지는 것은 사랑이 아닙니다. "내가 저 사람에게 무엇을 줄 수 있는가?" 생각하고 몰입하는 것이 사랑입니다. 온몸과 마음을 다해 사랑할 때 행복한 것입니다. 야곱이 불행했을 것 같습니까? "7년 머슴살이, 아이고 힘들어!" 그랬을까요?

Q 야곱이 행복했다는 것을 어디서 알 수 있나요?

내 아내(남편)의 가치가 얼마쯤 될 것 같습니까? "저 사람 뭐 하는 것도 없고, 별로 도움도 안 돼요. 가져가세요, 거저 드릴 테니!" 그런 마음입니까? 아니면 "당신을 위해서라면 내가 7년 동안 머슴살이라도 한다!" 이런 마음인가요? 앞으로 오래 산다는데 건강하고 돈만 있으면 될까요? 부부 화목이 없는 장수는 저주입니다.

제가 볼 땐 여러분 가정에 아주 급한 기도 제목이 있습니다. "야곱이 라헬에게 가졌던 그 뜨거운 사랑, 나에게도 다시 불붙게 하소서! 내가 아내를/남편을 처음 사랑했을 때 느꼈던 그 감격과 사랑을 다시 회복하게 해 주소서!" 하고 기도해야 합니다. 부디 하나님이 서로에 대한 마음을 불같이 회복해 주시기를 바랍니다.

라헬이 아닌 레아!

어느새 약속된 7년이 지나고, 야곱은 라헬과 결혼하게 됩니다. 이스라엘 사람들은 밤에 결혼식을 합니다. 그리고 행복한 첫날밤을 보냅니다. 그런데 다음 날 아침에 일어나 보니 이게 웬일입니까? 자기가 옆에 라헬이 아닌 라헬의 언니 레아가 누워 있는 것입니다! 아니, 7년 동안이나 사귀었는데 왜 밤새도록 자기 사람을 구분하지 못했을까요?

캄캄한 밤에 결혼고 촛불도 흐릿합니다. 면사포를 쓴 신부는 화장을 진하게 하고 얼굴을 들지 않습니다. 그리고 야곱은 포도주도 마셨습니다. 이것보다 더 중요한 이유가 있습니다. 레아가 야곱을 사랑한 것입니다. 레아가 야곱을 사랑하지 않았으면 이 사건은 결코 성립할 수 없습니다. "야곱, 저는 라헬이 아니고 레아에요." 이 말 한마디면 끝나는 것입니다. 그러나 레아는 밤새도록 그 말 한마디 하지 않았습니다. 왜냐하면 레아는 여동생과 야곱이 불같이 연애하는 것을 바라보면서 혼자 야곱을 짝사랑했습니다. 이것을 아버지가 알았습니다. 라반이 볼 때 야곱이 일을 참 잘한단 말입니다. 탐나는 일꾼이라 놓치고 싶지 않아요. 그런데 야곱은 둘째 딸 라헬과 결혼하면 바로 떠날 것 같습니다. "어떻게 하면 야곱을 더 붙잡아놓을 수 있을까?" 생각하는데 큰딸이 야곱을 죽도록 사모합니다. 그래서 일을 만듭니다. 그 당시의 관습을 이용합니다. "얘, 레아야 네가 대신 들어가라." 레아는 아버지 말대로 합니다. 어떻게 해서라도 야곱의 아내가 되고 싶었으니까요! '이 밤만 지나면 야곱이 나를 아내로 맞아주겠지. 야곱은 나를 버리지 않겠지.' 이 간절한 사랑의 기대를 가지고 한밤을 보냅니다. 아무 말 없이. 그러니 속을 수밖에요. 이렇게 해서 역사는 이루어졌습니다.

그러나 더 중요한 원인이 있습니다. 더 깊고 높은 이유, 그것은 바로 하나님의 뜻입니다. 이 사건 속에 하나님의 메시지가 있고, 야곱을 향한 분명한 의도가 들어 있습니다. 결혼식에서 신부가 바뀌는 일이 작은 일입니까? 엄청난 일입니다.

> 야곱이 아침에 보니 레아라 라반에게 이르되 외삼촌이 어찌하여 내게 이같이 행하셨나이까 내가 라헬을 위하여 외삼촌을 섬기지 아니하였나이까 외삼촌이 나를 속이심은 어찌됨이니이까(창 29:25)

신부가 바뀐 것을 확인한 야곱은 어떻게 자기를 속일 수 있느냐며 외삼촌에게 따졌습니다.

> **Q** 이런 야곱의 반응을 보면서 생각나는 우리나라 속담을 적어 봅시다.
> _____
> _____

야곱은 아버지를 속였습니다. 속였던 그가 이제 속는 자가 됩니다. 물론 하나님은 야곱에게 축복하고 보호하고 인도하시겠다고 말씀했습니다. 그런데 회개하지 않은 죄가 자동으로 없어지지는 않습니다. 반드시 그 결과를 거둡니다. 사랑이 없어서가 아닙니다. 사랑하지만 죄의 대가를 경험하게 하고, 그것을 고쳐, 거룩한 백성으로 만들어가는 것이 하나님의 양육 방법입니다.

아내가 바뀐 이 사건을 통해서 하나님은 야곱에게 사인(sign)을 주십니다. 그러나 이 사인을 다른 사람은 모릅니다. 하나님과 야곱만이 아는, 야곱만이 해석할 수 있는 사인입니다. 그러므로 그가 하나님 앞에서 일대일로 해결해야 합니다. 그러나 야곱은 이런 사인을 받으면서도 기도하지 않았습니다. 오직 분노와 배신감으로 날뛰었습니다. 만일 야곱이 "하나님, 도대체 이것이 어떻게 된 일입니까? 이렇게 아름답고 거룩한 결혼식에서 신부가 바뀌다니요?" 하고 겸손하게 물었더라면, 하나님이 대답하셨을 것입니다. 아버지를 속인 결과라고, 너를 회개하게 만들어 새로운 은혜를 주기 위한 것이라고 말입니다.

그리고 야곱은 회개의 열매를 맺었겠지요. 회개의 열매란 그 사건을 수용하는 것입니다. 레아를 하나님이 주신 아내로 기쁘게 받는 것입니다. "하나님이 이 여자를 내게 아내로 주셨나보다." 이렇게 레아를 받고 끝냈더라면 야곱의 인생은 완전히 달라졌을 것입니다. 이것이 하나님의 프로그램이었던 것입니다. 그러나 야곱은 그렇게 하지 않았습니다.

일, 사랑, 그리고 신앙

레아는 미모가 약간 떨어지지만 참 좋은 여자입니다. 신앙이 얼마나 깊은지 모릅니다. 자기 자식에게 이름을 붙이는걸 보면 하나같이 뜨거운 신앙고백이 나옵니다. 그리고 순종하고 인내하는 여자이며, 무엇보다도 남자를 편하게 하는 여자입니다. 반면에 라헬은 장미꽃 같은 여자입니다. 겉은 예쁘지만 가시가 있어요. 제일 문제가 되는 것은 믿음이 없습니다. 라헬은 우상을 숭배했습니다. 아버지의 드라빔도 훔칩니다(창 31:34). 야곱의 가문이 나중에 환난을 당하게 된 것도 라헬 때문입니다. 그리고 남편에게 앙탈이 심했습니다. 남편에게 "나로 하여금 아이를 낳게 하라. 아니

〈창세기〉 31:34
라헬이 그 드라빔을 가져 낙타 안장 아래에 넣고 그 위에 앉은지라 라반이 그 장막에서 찾다가 찾아내지 못하매

면 내가 죽겠노라"(창 30:1)고 막무가내였습니다.

> 그가 그들에게 명하여 이르되 내가 내 조상들에게로 돌아가리니 나를 헷 사람 에브론의 밭에 있는 굴에 우리 선조와 함께 장사하라 이 굴은 가나안 땅 마므레 앞 막벨라 밭에 있는 것이라 아브라함이 헷 사람 에브론에게서 밭과 함께 사서 그의 매장지를 삼았으므로 아브라함과 그의 아내 사라가 거기 장사되었고 이삭과 그의 아내 리브가도 거기 장사되었으며 나도 레아를 그곳에 장사하였노라(창 49:29~31)

이 성경 말씀은 야곱의 유언입니다. 야곱은 "나를 레아 곁에 묻어다오" 한 것입니다. 그제서야 알았습니다. "하나님이 그때 나에게 레아를 주셨을 때 아니라고 날뛰었는데, 살아 보니 레아가 내게 주신 가장 좋은 여자였어." 이것이 야곱의 고백입니다. 여러분, 지금 그 사람하고 그냥 사세요. 바꿔 봤자 별 사람이 없습니다.

야곱은 하나님에게 묻지 않고, 회개하지 않았습니다. 기어코 라헬을 얻겠다고 7년간 머슴살이를 또 합니다. 살아가면서 뭔가를 소원하고 기대하고, 그것을 얻기 위해 노력할 때가 있습니다. 그것은 좋은 것입니다. 그러나 기대와는 전혀 다른 결과가 왔을 때, 잘 판단해야 합니다. 분노하고 억울하게만 생각할 것이 아닙니다. "이것이 무슨 의미인가? 이 속에 어떤 하나님의 뜻이 있는가?"를 묻고, 기도하고, 결정해야 합니다. 그 상황 속에 하나님의 뜻이 있을 수 있기 때문입니다. "아냐, 아니라고, 그럴 수가 없어. 나는 끝까지 해 보겠어!" 이렇게 고집부리면 자기 인생만 힘들어집니다. 현실을 응답으로, 하나님의 은혜로 받아들이는 것입니다. 회개 없는 고집, 신앙이 없는 집념, 이것은 힘든 인생을 사는 지름길입니다.

> **Q** "심는 것은 자유이고, 거두는 것은 심판이다"는 무슨 뜻일까요?

일에 대해서! 일하지 않는 것이 이익이 아닙니다. 자원하는 마음으로, 기뻐하는 마음으로 일해야 합니다. 그렇게 할 때 능력이 생겨나고, 미래가 열리는 것입니다.

사랑에 대해서! 이제는 그만 계산을 멈추어야 합니다. "네가 나에게 해 준 게 뭐냐?" 이렇게 따지지 말고 "당신을 위해서라면 어떠한 희생도 치를 각오가 되어 있습니다" 하는 마음, 그런 고백을 새롭게 해야 할 것입니다.

신앙에 대해서! 때때로 내 앞에 원하지 않는 일이 전개될 때, 불평만하지 말고 현실을 은혜로 수용해야 합니다. 그러면 현실에 대해 불평하지 않게 되고, 그럴 때 은혜의 세계가 열리는 것입니다.

🕊 선포합니다

† 나는 내가 있는 곳에서 자원하는 마음으로 기쁘게 일하겠습니다.
† 나는 계산을 멈추고, 사랑으로 살아가겠습니다.
† 나는 원하지 않는 일이 전개될 때 원망 불평 낙심하지 않고, 현실을 은혜로 알고 수용하겠습니다.

생명과 죽음

성경 〈빌립보서〉 1:20~21   요절 〈히브리서〉 9:27

지난 한주 하나님께서는

_____

_____

_____

죽음을 생각해야 하는 이유

어떤 아가씨가 한 청년과 연애를 했는데, 청년이 아주 가난해서 주변의 반대가 심했다. 그러나 이 여자는 '내가 보란 듯이 행복하게 살리라!' 결심하고 결혼식을 올렸다. 3개월 여 꿈 같은 결혼 생활을 보내던 중 어느 날 갑자기 남편이 교통사고로 죽었다. 이 여자는 믿을 수가 없다. "아니 내 남편이 죽다니!" 상심이 큰 여자는 남편의 장례식 때 "내 남편은 죽지 않았어요!" 크게 소리 질렀고, 결국 눈이 멀었다. 주변 사람이 보니 남편 잃고, 눈도 먼 이 여자가 너무도 불쌍해서 도와줄 방법을 생각하다가 지혜로운 분을 만나 상담하도록 주선했다. 약속된 날, 이 지혜로운 사람은 그 여자를 만나자마자 말을 걸었다. "아까 내가 길에서 당신 남편을 만났는데, 고민이 많은 것 같더라." 이 말을 듣자 여자는 통곡하면서 말했다. "제 남편은 죽었어요! 어떻게 죽은 사람을 길에서 만날 수 있단 말입니까?" 그 순간 여자는 눈을 뜨게 되었다.

– 라즈니쉬의 이야기

그리스의 철학자 에피쿠로스는 말했습니다.

죽음은 우리에게 …… 아무것도 아니다. 왜냐하면 우리가 존재하는 한 죽음은 우리와 함께 있지 않고, 죽음이 왔을 때 우리는 존재하지 않기 때문이다.

그러나 에피쿠로스가 말한 삶과 죽음의 엄격한 분리는 우리가 바라는 죽음 없는 삶을 주는 것이 아니라, 죽음에 대한 의식 없는 삶을 줄 뿐입니다. 그러므로 에피쿠로스의 생각은 옳지 않습니다. 죽음 없는 삶은 이 세상에서의 삶이 아니기 때문입니다. 죽음은 분명한 삶의 사건, 그것도 최대의 사건입니다. 왜 우리는 죽음에 대하여 생각해야 하나요?

첫째, 죽음은 세상에서 가장 보편적인 원리이기 때문입니다. 죽음에는 예외가 없습니다. 아무리 의학이 발달해도 병원 뒤에는 영안실이 있습니다. 올 때는 순서라도 있지만 갈 때는 순서도 없습니다. 그래서 하이데거는 "우리는 태어나면서부터 죽을 만큼 충분히 늙었다"고 말했습니다. 죽음이 이렇게 확실한데도 사람들은 죽음에 대하여 생각하지 않으려 하고, 누가 죽었다면 이상하게 생각합니다. 그러나 죽음은 언제나 우리와 함께 있습니다. "어떻게 잘 죽어야 하나?" 이것은 살아 있는 우리 모두의 가장 커다란 과제입니다. 그러므로 죽음에 대하여 생각해야 합니다.

둘째, 죽음을 생각할 때 지금 주어진 삶의 가치를 더욱 분명하게 느끼고 후회 없이 살 수 있기 때문입니다. 한 줌의 재로 바뀌어버린 사랑하는 사람의 모습을 보면서, 인생이라는 것이 무엇인지 한계를 알게 되고, "나도 이 자리에 서게 될 것이라"는 것을 확인하면서, 겸손히 남은 시간을 계산하게 합니다. 그래서 시인 롱펠로는 "쓸데없는 고민에서 벗어나려면 술 한 잔 하고 춤추러가는 대신······ 조용히 무덤을 산책해 보라"고 말했던 것입니다. 그러면 무엇이 중요하고 무엇이 그렇지 않은지를 알게 될 것입니다. 죽음을 생각하는 것은 가장 중요한 인생 공부입니다. 내가 죽는다는 사실을 의식하면 매사가 아주 다르게 보이고, 모든 가치가 제자리를 찾게 됩니다.

> 초상집에 가는 것이 잔칫집에 가는 것보다 나으니 모든 사람의 끝이 이와 같이 됨이라 산 자는 이것을 그의 마음에 둘지어다(전 7:2)

셋째, 죽음은 단순히 육체적 생명의 끝을 말하는 것이 아니라 더 근본적인 문제를 포함하고 있기 때문입니다. 죽음에 뒤따르는 물음들이 있습니다. "죽음으로써 모든 것은 끝나는가? 그 뒤에 또 다른 무엇이 있는가? 그것은 나의 삶에 어떤 의미이며, 나는 그것을 어떻게 받아들여야 하는가? 그리고 어떻게 맞이해야 하는가?" 여기에 대해 어떤 방식으로든 응답해야 한다는 의미에서 죽음에 대한 질문은 종교적입니다.

죽음과 인생의 짧음에 대한 인식은 초월을 향한 문을 열어 줍니다. 그래서 우리를 시간과 공간을 초월하는 존재의 근원과 맞닿은 성숙을 향해 나갈 수 있게 하고, 새로운 의미의 영적인 존재가 되게 합니다. 죽음을 의식하고 그 사실에 맞닥뜨리지 않는 한, 이런 '초월'은 결코 일어날 수 없습니다. 죽음 앞에 섬으로써 인간의 궁극적인 갈망인 영원한 생명과 구원에 한 걸음 더 다가갈 수 있게 되는 것입니다. 우리는 죽음을 생각함으로써 인생을 전체적으로 바라보게 될 뿐 아니라, 현재의 가치를 알아 더 의미 있게 살 수 있고, 더 높은 생에 대한 인식과 소망을 가지게 됩니다.

> **Q** 죽음에 대해 생각해야 하는 이유 세 가지를 정리해 봅시다.
> _____
> _____

죽음에 대한 여러 가지 생각

죽음이란 무엇일까요? 죽음이라는 용어를 사람마다 전혀 다른 의미로 사용합니다. 자연과학적 입장에서 죽음이란 "인격과 개체성의 완전한 소멸"입니다. 인간은 물질로 구성되었으므로 인간을 구성한 물질이 사망 후에 해체되면 인간 자체도 소멸하는 것으로 봅니다. 《인본주의자 선언 II》에서는 이렇게 주장합니다.

> 우리가 알고 있는 바로는 전인격이란 사회적, 문화적 상황 안에서 활동하는 생물학적 유기체의 작용이다. 육체의 죽음 후에도 생명이 계속된다는 것에 대한 신뢰할 만한 증거는 없다. 죽음은 존재의 끝이다.

자연과학적 입장에서 인간은 유구한 진화 과정의 일익을 담당하는 생물학적 존재입니다. 개인은 유구히 지속되는 인류라는 종(種)의 일부를 차지하고 있으며, 이런 뜻에서 개인의 죽음은 이 거대하고 지속적인 인류에 공헌하는 것으로 받아들일 수 있습니다. 죽음은 한 세대가 다음 세대에게 이미 생겨난 변화들을 시험할 수 있는 공간을 만들어 주기 위해 꼭 필요한 과정입니다. 죽음의 과정을 통해서가 아니면 더 나은 생명에 이르는 것은 불가능합니다. 그러므로 여기서 구원의 방법은 '개체에 대한 종의 승리'입니다.

무신론적인 사람들도 영생과 불멸에 대해 말하지만 신앙인들이 가지고 있는 개념과는 다릅니다. 필립스는 "영원한 삶이란 이 세상의 삶이 끝난 다음에 오는 것이 아니라, 이 세상에서 인간의 삶이 가질 수 있는 선의 실재(the reality of good)"라고 했습니다. 죽어서 영원한 곳으로 돌아간다는 것은 바로 '자신에게 죽는 것'(the dying to the self), 자신의 유한성과 피할 수 없는 죽음의 실재를 그대로 받아들이는 것입니다. 그러므로 영원을 향한다는 것은 지금까지 가지고 있던 '자신에 대한 관심'(the concern with self)을 '자신을 포기하는 것에 대한 관심'(the concern with self-renunciation)으로 전환시키는 것입니다. 진정한 불멸은 불멸에 대한 희망을 포기하고 삶의 유한성을 솔직히 인정하는 것, 자신에게 죽는 과정을 통하여 자신을 무효화시키고 타인을 사랑하는 것입니다. 이것이 자연과학적 구원 개념입니다.

> **Q** 자연과학이 말하는 죽음은 무엇이며 '영원을 향한다'는 것은 어떤 의미입니까?
> _____
> _____

동양 종교인 유교와 도교의 죽음 이해는 또 다릅니다. 인간이 태어나고 죽는 것은 천지에 가득한 기(氣)가 모이거나 흩어진 결과로 자연의 끊임없는 변화의 현상일 뿐입니다. 탄생이 있으면 반드시 죽음이 있고, 죽음이 있으면 반드시 탄생이 있게 되므로 둘을 따로 떼어놓고 보아서는 안 된다는 것입니다. 장자는 말했습니다.

> 삶은 죽음의 계승이고 죽음은 삶의 시작이다. 그 규칙을 알 수 있는 자 누구인가? …… 기의 모임이 탄생이고 기의 흩어짐이 죽음이다. 죽음과 삶은 본래 순환하는 것이니, 내가 또 무엇을 걱정하겠는가?

인간이 죽으면 자연으로 돌아갑니다. 인간은 세상의 주인이 아닙니다. 또한 세상을 다스리는 어떤 초월자도 존재하지 않습니다. 위대한 실체인 자연이 있을 뿐입니다. 인간은 다만 그 속에서, 그 원리에 따라 살아갈 뿐이며, 그곳으로 돌아가는 것입니다. 그래서 자연과의 합일, 자연과의 동화를 최고의 이상으로 여겼습니다.

여기서 구원의 방법은 제사입니다. 제사는 주기적으로 후손들에게 기억됨으로써 영원히 존재하고 싶은 인간의 보편적 욕구를 충족시키는 구원의 방법입니다. 이것을 '간접 영생법'이라고 합니다. 자기 영혼이 사후에도 계속 존재하는 것이 아니라 자기는 소멸되지만 분신인 후손을 남겨 놓아 그를 통해 영생한다는 의미에서 간접적입니다. 효(孝)라고 하면 사람들은 자식이 부모에게 복종하는 미덕으로 이해하는데 이것은 오해입니다. 효는 죽음과 연관된 '종교적인 효'입니다. 왜냐하면 효를 통해서 인간은 생명을 이어갈 수 있기 때문입니다. 자기는 죽지만 자손이 대를 이음으로써 내 육체가 영원할 수 있다는 사실을 자각하는 것이 유교이며, 그것을 반복하는 제사를 통해 구원을 받습니다.

> Q 유교의 '효' 개념에는 어떤 의미가 내포되어 있나요?

　힌두교에서는 개체인 아트만(我)이 종말을 고하고, 전체인 브라만(凡)으로 흡수되는 것이 죽음입니다. 불교에서 인간은 5요소(五蘊)로 이루어진 존재인데, 오온이 해체되는 것이 죽음입니다. 개별적 인격성(고유한 개인으로서의 너와 나, 혹은 그 사람)은 존재하지 않습니다. 본질에서는 모두 영원한 존재들이니까요. 그러므로 궁극적으로 인간은 죽을 수 없다는 것입니다.

　육신의 죽음이란 현실(maya: 허상)에 현혹되어 자기가 했던 행위(karma: 業)의 결과에 따라(因果應報) 삶과 죽음을 떠도는 윤회를 통해 불사(不死)로 가는 해탈의 기회입니다. 이것은 현상적인 내(ego)가 초시간적 절대적인 나(Self)로 다시 태어나는 것이며, 시공의 제약을 넘어 새로운 존재의 지평으로 가는 것을 의미합니다.

　그렇다면 죽은 뒤에 이르게 되는 열반의 상태는 어떤 것일까요?

> 무한한 공간과 무한한 의식과 무의 영역 그 어디에도, 또한 의식도 아니고 무의식도 아닌 영역에도 속하지 않은 그런 상태가 존재한다. 이 세상도 없고 저 세상도 없고, 그 둘 다 없고, 달과 태양도 없는 그런 곳에 존재하는 상태가 있다. …… 떨어짐도 없고 일어남도 없다. 그 상태는 고정된 무엇이 아니다. 그렇다고 계속해서 움직이는 것도 아니다. 그것은 어떤 것에도 기초하지 않는다. 그것은 존재하는 것이 아니며, 존재하지 않는 것도 아니다.

　뉴에이지에서 중요한 것은 환생 개념입니다. 힌두교와 불교에서는 윤회를 통해 여러 가지 존재로 태어날 수 있지만, 뉴에이지에서는 반드시 더 나은 인간으로 다시 태어난다고 믿습니다. 힌두교나 불교에서는 다시 태어나는 것은 고통이므로 업에서 벗어나 해탈해야 하지만, 뉴에이지에서는 환생은 깨달음으로 나아가는 과정이고 기회이기 때문에 좋은 것이며, 환생이 반복될수록 더 영적으로 진화됩니다. 그래서 환생은 개인의 점진적인 성취 과정이며, 이 과정은 인간이 완전하게 될 때까지 끊임없이 계속된다는 것입니다. 그러므로 환생은 무한한 진보를 위한 기회이며, 이런 의미에서 죽음이란 신성(神性)을 향한 끝없는 성장입니다. 결국 구원자는 없으므로 신이란 자기 자신이며, 자기가 신이 될 때까지 끝없이 환생을 거듭하며 성장한다는 것입니다.

죽음은 하나님의 소환장

유신론(유대교, 이슬람교, 기독교)에서 죽음은 하나님의 부르심입니다. 바르트는 "하나님의 소환장"이라고 했습니다. 태어난 사람은 하나님이 허락한 동안 살다가 부름을 받고, 그의 한평생의 행위에 대해 심판을 받습니다. 죽음은 끝이 아닙니다. 죽음보다 더 중요한 것은 그 후에 심판이 있다는 사실입니다. 그러므로 하나님을 만날 준비를 해야 합니다(암 4:12).

"사망이 쏘는 것은 죄"(고전 15:56)입니다. 죽음은 죄의 결과이기 때문입니다. 죄 문제가 해결되지 않으면 죽음은 무섭게 쏘는 화살과 같이 느껴진다는 말입니다. 문제는 죄입니다. 어떻게 죄의 문제를 해결할 수 있나요?

유대교와 이슬람교에서는 행위를 통해 구원받습니다. 유대교는 율법을 지킴으로 의를 얻는다고 믿습니다. 이슬람교는 이슬람의 5가지 기둥을 고백하고 행함을 통해 구원을 받는다고 믿습니다. 그것은 샤하다(shahadah: 신앙고백),

살랏(salat: 메카를 향한 하루 5회의 공식 기도), 사움(saum: 라마단 기간에 지키는 단식), 자카트(zakat: 자선), 하지(hajj: 성지순례)입니다.

그러나 기독교는 예수 그리스도를 믿음으로 구원을 얻는다고 고백합니다. 예수 그리스도의 십자가는 나를 위한 속죄의 제사이며, 그 십자가를 믿을 때 나는 예수님과 함께 죽고 예수님의 부활이 나의 부활임을 믿는 것입니다. 이것이 구원입니다.

이렇게 살아야 합니다!

어떻게 죽음을 준비해야 할까요? 먼저 우리는 죽음을 생각해야 합니다. 동시에 (우리를 위해 십자가에 죽으시고 부활하신) 주님을 생각해야 합니다. 이것이 죽음을 이기는 비결입니다.

생명이란 '살라(生)는 명령(命)'입니다. 몰트만은 이것을 선물인 동시에 임무라고 했습니다. 하나님이 허락하신 기간(시 139: 16)이 끝나면 우리는 생명을 주신 그분 앞에서 심판을 받을 것입니다. 그러므로 생명을 최고의 선물로 알고 살아가야 합니다.

역설적이지만 후회 없이 살기 위해서는 잘살려고 하기보다는 잘 죽기를 원해야 합니다. 살기를 바라면 제대로 살지 못합니다. 살기 위해 구차해지기 때문입니다. 그러나 사는 것이 아니라 죽는 것이 목적이 된 삶이라면, 그것도 주님을 위해 죽기로 마음먹고 살면 제대로 살 수 있습니다(빌 1:20~21). 이것이 부활 신앙입니다.

형제들아 내가 그리스도 예수 우리 주 안에서 가진 바 너희에 대한 나의 자랑을 두고 단언하노니 나는 날마다 죽노라 (고전 15:31)

Q 나는 날마다 죽는다는 바울의 고백은 무슨 뜻인가요?

"어디서 와서, 무엇을 하다가, 어디로 가는가?" 이것을 살아가는 동안 질문해야 하며, 여기에 대한 대답을 회피하지 않아야 합니다. 우리는 태어난 이상 떠나야 합니다. 문제는 어디로 가느냐? 입니다. "어찌하여 울고 있느냐"(요 20:15). 무덤 앞에서 울고 있는 여인을 향해 부활하신 예수님이 하신 말씀입니다. 인생의 의미와 죽음 앞에서 인간은 울 수밖에 없습니다. 그러나 부활하신 예수님이 있습니다. 예수님 안에 내 생명이 있습니다(골 3:3). 부활하신 그분 안에서는 죽음이 끝이 아닙니다. 그러므로 예수님은 죽음의 해결책입니다. 예수님의 죽음을 통해 죽음을 볼 때, 그때 우리는 두려움과 절망을 넘어서 소망 중에 죽음을 바라볼 수 있는 것입니다.

〈골로새서〉 3:3
이는 너희가 죽었고 너희 생명이 그리스도와 함께 하나님 안에 감추어졌음이라

선포합니다
† 나는 인생이 하나님의 선물임을 믿습니다.
† 나는 예수님 안에서 죽음 문제가 해결되었음을 압니다.
† 나는 소망의 눈으로 죽음을 바라보겠습니다.

4단원의 주제는 '삶'입니다.

믿음은 하나의 생명체입니다. 생명이 있는 것이 자라지 못하는 것은 병들었거나 죽었기 때문입니다. 건강한 생명체는 성장합니다. 성도들의 영적 성장에는 두 가지 방법이 있는데 위로부터의 방법은 목표를 정해 거기 이르기 위해 노력하는 것이고, 아래로부터의 방법은 자신의 연약함을 있는 그대로 가지고 하나님에게 나가는 것입니다. 이를 통해 우리의 영성은 성장합니다. 이 과정에서 말씀 공부와 봉사, 체험과 헌신, 논리적 훈련과 영성 사이의 균형을 이루어야 합니다. 살아계신 하나님을 개인적으로 만나는 신비 체험은 너무나 행복한 일입니다.

그리스도인의 삶이란 의지적 노력으로는 어려운 것이 아니라 불가능하기에, 오직 예수 그리스도 안에 거함으로 구원도, 성장도 가능합니다. 그러므로 지속적으로 그리스도 안에 거하십시오. 그리고 헌신하십시오.

4단원

삶

16 | 영적 성장의 길
17 | 균형 잡기
18 | 신앙의 신비
19 | 그리스도 안에 거하기
20 | 헌신

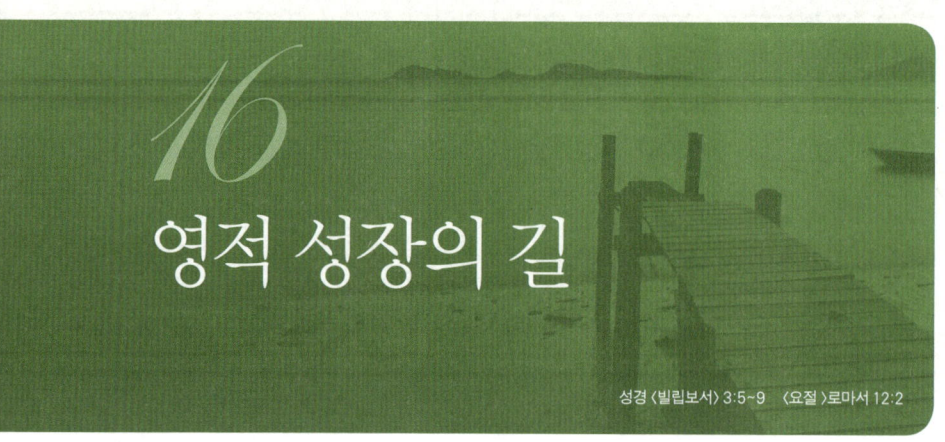

16 영적 성장의 길

성경 〈빌립보서〉 3:5~9　〈요절〉로마서 12:2

지난 한주 하나님께서는

_____

_____

너를 위하여 새긴 우상을 만들지 말고 또 위로 하늘에 있는 것이나 아래로 땅에 있는 것이나 땅 아래 물속에 있는 것의 어떤 형상도 만들지 말며(출 20:4)

왜곡된 신념 체계

우상을 만들어 섬기지 말라는 것은 십계명의 두 번째 명령입니다. 사울은 자신이 계명을 잘 지키는 신실한 하나님의 백성이라고 생각하고 있었는데 다메섹 도상에서 예수님을 만난 다음 보니까 자신의 행동은 우월주의적 세계관에서 나온 우상이며 하나님과는 아무런 관계가 없는 신념 체계인 것을 깨달았습니다. 성경에 계시된 하나님을 섬긴 것이 아니라, 자신이 만든 하나님의 허상, 우상을 섬기고 있었기 때문입니다. 자신의 삶이 잘못되었음을 깨달은 사울은 영적 체계를 새롭게 구축(리셋)하기 시작합니다.

> 나는 팔일 만에 할례를 받고 이스라엘 족속이요 베냐민 지파요 히브리인 중의 히브리인이요 율법으로는 바리새인이요 …… 그러나 무엇이든지 내게 유익하던 것을 내가 그리스도를 위하여 다 해로 여길뿐더러 또한 모든 것을 해로 여김은 내 주 그리스도 예수를 아는 지식이 가장 고상하기 때문이라 내가 그를 위하여 모든 것을 잃어버리고 배설물로 여김은 그리스도를 얻고 그 안에서 발견되려 함이니 내가 가진 의는 율법에서 난 것이 아니요 오직 그리스도를 믿음으로 말미암은 것이니 곧 믿음으로 하나님께로부터 난 의라(빌 3:5~9)

Q 위의 성경 말씀을 읽고 답해 봅시다.

1. 바울은 무엇이 잘못되었다고 생각했나요?
_____

2. 바울은 자신의 의가 어디에서 나온다고 생각하며 행동했나요?
_____

3. 과거 자신의 신념 체계를 어떻게 여기게 되었나요? (8절)
_____

하나님을 만난 다음 사울은 자신의 세계관과 율법 위에 세워진 신념 체계를 배설물로 여기고 그리스도 안에서 새로운 인생을 설계했습니다. 사울이었던 이름을 바울로 바꾸고 바른 신앙을 받아들이면서 야망을 따라 살던 과거에서 돌아서서 명실상부하게 하나님의 영광을 위하여 살았던 것입니다.

> 그런즉 너희가 먹든지 마시든지 무엇을 하든지 다 하나님의 영광을 위하여 하라
>
> (고전 10:31)

바울은 자기만족, 남을 해치는 무기로 전락한 자기 신념을 내려놓고, 하나님에게 기쁨이 되는 삶을 살고자 결단했습니다.

영적 성장의 길

이러한 영적 성장의 과정은 위로부터의 접근도 있고, 아래로부터의 접근도 있는데 바울은 두 가지 방식을 모두 채택했습니다. 위로부터의 방법으로 영적 성장을 이루는 것은 목표를 세우고 정진하는 방식입니다.

> 형제들아 나는 아직 내가 잡은 줄로 여기지 아니하고 오직 한 일 즉 뒤에 있는 것은 잊어버리고 앞에 있는 것을 잡으려고 푯대를 향하여 그리스도 예수 안에서 하나님이 위에서 부르신 부름의 상을 위하여 달려가노라 (빌 3:13~14)

바울은 우선 뒤에 있는 것은 잊어버리기로 했습니다. 과거에 발목이 잡혀서는 어떤 영적 성장도 불가능하다는 것을 알았기 때문입니다. 기독교 신앙은 시점을 과거에 두지 않습니다. 모세가 그랬고, 요셉도 그랬습니다. 믿음의 사람들은 시점을 미래에 두고 살았습니다. 바울 역시 과거에 했던 실수를 잊어버리기로 작정했습니다. 깊은 바다 속에 우리의 과거를 던져버리면서 '낚시금지' 팻말을 써 놓으신 하나님의 마음을 읽고 새로운 목표를 설정했습니다. 그 과정에서 겸손, 진실함은 자연스러운 내면적 목표가 되었고, 더 많은 지역에 복음을 전하려는 외적인 목표도 생겨났습니다. 이런 사도 바울의 여정을 따라 우리의 영적

성장의 길을 정리해 봅시다.

겸손

먼저 여러 가지 내면적 목표가 있었지만 '겸손'과 '진실함'이라는 두 주제를 정리해 보겠습니다.

> 바울이 밀레도에서 사람을 에베소로 보내어 교회 장로들을 청하니 오매 그들에게 말하되 아시아에 들어온 첫날부터 지금까지 내가 항상 여러분 가운데서 어떻게 행하였는지를 여러분도 아는 바니 곧 모든 겸손과 눈물이며 유대인의 간계로 말미암아 당한 시험을 참고 주를 섬긴 것과 유익한 것은 무엇이든지 공중 앞에서나 각 집에서나 거리낌이 없이 여러분에게 전하여 가르치고 유대인과 헬라인들에게 하나님께 대한 회개와 우리 주 예수 그리스도께 대한 믿음을 증언한 것이라(행 20:17~21)

〈사도행전〉 20장의 말씀을 통해 겸손은 바울이 추구했던 신앙적 목표임을 알 수 있습니다. 흔히 겸손은 대인 관계에서 가져야 할 성품이라 생각하지만 겸손은 "윤리적 태도가 아니라, 자신의 힘으로는 구원에 이를 수 없는 인간이 하나님을 향하여 갖는 마음의 자세"입니다(안셀름 그린). 구원 문제에 관하여 자신의 무능을 인정하는 것이 겸손입니다. 뿐만 아니라, 하나님의 역사를 이루어가는 데 있어서도 자신은 작은 자이며, 티끌에 불과함을 인식하는 것이 겸손입니다. 그런 인식은 바울 뿐 아니라, 사도 베드로에게도 있었습니다.

> 말씀을 마치시고 시몬에게 이르시되 깊은 데로 가서 그물을 내려 고기를 잡으라 시몬이 대답

하여 이르되 선생님 우리들이 밤이 새도록 수고하였으되 잡은 것이 없지마는 말씀에 의지하여 내가 그물을 내리리이다 하고 그렇게 하니 고기를 잡은 것이 심히 많아 그물이 찢어지는지라 이에 다른 배에 있는 동무들에게 손짓하여 와서 도와 달라 하니 그들이 와서 두 배에 채우매 잠기게 되었더라 시몬 베드로가 이를 보고 예수의 무릎 아래에 엎드려 이르되 주여 나를 떠나소서 나는 죄인이로소이다 하니(눅 5:4~8)

Q 위의 성경 말씀을 읽고 답해 봅시다.

1. 깊은 곳에 그물을 내리라는 예수님의 말씀에 시몬은 무어라 대답했나요?
   _____

2. 만선을 한 시몬이 예수님에게 한 행동과 말은 무엇인가요?
   _____

예수님은 시몬의 배를 빌려 말씀을 전하시고, 그에게 뱃삯을 줄 요량으로 그물을 한 번 더 내리라고 했습니다. 그물을 씻어 저녁어장 준비를 다 마친 베드로는 마지못해 그물을 내렸다가 만선을 합니다. 뜻밖의 일이었습니다. 이 놀라운 사건을 경험하면서 시몬은 예수님의 무릎 아래 엎드려 "주여 나를 떠나소서. 나는 죄인이로소이다"라고 말합니다. 언뜻 보기에는 이 말이 무슨 이야긴가 싶습니다. 사실 어부들의 꿈은 만선을 해 보는 것입니다. 그래서 모든 선박에는 만선했을 때 꽂을 깃발이 있습니다. 시몬 역시 오랜 세월 동안 이 목표를 이루고 싶었을 것입니다. 그럼에도 이룰 수 없었던 소원이었습니다. 어제 밤에도 그 소원으로부터 외면당한 채 아침을 맞았습니다. 그런데 예수님의 말씀에 순종하여 그물을 내렸다가 평생의 소원을 이루게 되었습니다. 자신은 죽어라 노력해도 되지 않던 것이 예수님에 의해 '단번에' 이루어진 것을 보면서 자신이 작은 자라는 것, 자신은 죄인이라는 것을 뼈저리게 느꼈습니다. 그 순간 시몬은 예수님 앞에 무릎을 꿇고 자신이 죄인이라 고백했습니다. 겸손에 이른 순간입니다.

예수 믿고 나서 우리는 우리의 힘으로는 이룰 수 없었던 구원의 경지에 이르게 됩니다. 그것은 바울의 경험, 베드로의 경험과 같은 것입니다. 소원은 했으나 우리가 이룰 수 없던 것이 예수 그리스도에 의해 '단번에' 이루어졌습니다(히 9:28). 이제 남은 한평생은 그 은혜에 감격하여 살아야 마땅합니다. 그러나 놀랍게도 신앙생활을 시작한 지 얼마 지나지 않아 사람들은 자신의 힘으로 구원, 그 높은 곳에 이른 것처럼 자기 의에 빠집니다. 자기 의견의 옳음과 우월함을 내세우고, 다른 사람의 심판자가 됩니다. 이런 교만에서 벗어나려면 자기 무능을 인정하는 지속적인 자기 부정이 필요합니다. "나는 티끌이며 흙덩이에 불과합니다"라는 자기 부정에서 시작된 구원이 마침내 겸손, 그 높은 경지에 이르러야 합니다. 겸손에서 시작하여 겸손에 이르는 것입니다. 나는 '죄인입니다'라는 첫 출발이 입술의 고백이라면 영적 성장에서 성취되는 겸손은 성숙한 신앙인의 삶에서 우러나오는 마음의 고백이라 하겠습니다.

> 〈히브리서〉 9:28
> 이와 같이 그리스도도 많은 사람의 죄를 담당하시려고 단번에 드리신 바 되셨고 구원에 이르게 하기 위하여 죄와 상관 없이 자기를 바라는 자들에게 두 번째 나타나시리라

시스티나성당에 갔다가 최후의 심판 벽화를 보게 되었습니다. 엽서에서는 눈에 띄지 않던 오른쪽 하단에 나무가 있고, 거기 물수건이 떨어지다 걸린 것 같은 형색의 한 늙은이가 걸려 있었습니다. 곁에 있던 가이드에게 화가가 누구를 넣은 것이냐 물었더니 미켈란젤로 자신이라 했습니다. 그렇게라도 구원 얻을 수 있다면 영광일 것이라며 자신을 그려 넣었답니다. 한없는 겸손이 느껴지는 순간이었습니다.

진실함

진실함 역시 성도들이 추구해야 할 영적 목표 가운데 하나입니다. 예수님은 천국 입성의 조건으로 어린아이와 같아야 한다고 했는데 그것은 우리가 순수하고, 진실하게 살아야 한다는 말씀입니다. 하나님 앞에 거짓이 없는 사람, 세상에서 꾸밈없이 자연스럽고 진실한 사람이 되는 것이 영적 성장의 목표입니다 (딤전 1:5). 바울은 디모데에게 보낸 편지에서 "네 눈물을 생각하여 너 보기를 원함은 내 기쁨이 가득하게 하려 함이니 이는 네 속에 거짓이 없는 믿음이 있음을 생각함이라"(딤후 1: 4~5a)고 했습니다. 바울은 디모데의 거짓 없는 믿음을 사랑했습니다. 예수님도 진실한 사람을 좋아하셨습니다.

〈디모데전서〉 1:5
이 교훈의 목적은 청결한 마음과 선한 양심과 거짓이 없는 믿음에서 나오는 사랑이거늘

예수께서 나다나엘이 자기에게 오는 것을 보시고 그를 가리켜 이르시되 보라 이는 참으로 이스라엘 사람이라 그 속에 간사한 것이 없도다 나다나엘이 이르되 어떻게 나를 아시나이까 예수께서 대답하여 이르시되 빌립이 너를 부르기 전에 네가 무화과나무 아래에 있을 때에 보았노라 나다나엘이 대답하되 랍비여 당신은 하나님의 아들이시요 당신은 이스라엘의 임금이로소이다 예수께서 대답하여 이르시되 내가 너를 무화과나무 아래에서 보았다 하므로 믿느냐 이보다 더 큰 일을 보리라 또 이르시되 진실로 진실로 너희에게 이르노니 하늘이 열리고 하나님의 사자들이 인자 위에 오르락 내리락 하는 것을 보리라 하시니라(요 1:47~51)

> **Q** 위의 성경 말씀을 읽고 답해 봅시다.
>
> 1. 예수님은 나다나엘에게 무엇이 없다고 칭찬했나요?
> _____

> Q 위의 성경 말씀을 읽고 답해 봅시다.
> 2. 나다나엘은 무화과나무 아래에서 무엇을 했을까요?

나다나엘을 소개받은 예수님은 그에게 간사함이 없다고 칭찬했습니다. 처음 보는 자리인데 자신을 아는 것처럼 말하는 예수님에게 나다나엘은 "어떻게 저를 아세요?"라고 되물었습니다. 곱지 않은 말투였습니다. 예수님은 "네가 무화과나무 아래에 있을 때 보았다"라고 대답하셨습니다. 유대인들은 무화과나무 아래에서 종종 기도를 드린다고 합니다. 그렇다면 예수님은 나다나엘이 무화과나무 아래에서 기도한 것을 언급한 것이고, 우리는 나다나엘의 기도가 진실하게 살려는 소원을 담았던 것이 아닌가 하는 상상을 해 보게 됩니다. 예수님은 나다나엘의 거짓 없는 삶을 사랑했습니다. 이 사건은 나다나엘이 예수님의 제자가 되는 시작점이 되었습니다.

내가 두 가지 일을 주께 구하였사오니 내가 죽기 전에 내게 거절하지 마시옵소서 곧 헛된 것과 거짓말을 내게서 멀리 하옵시며 나를 가난하게도 마옵시고 부하게도 마옵시고 오직 필요한 양식으로 나를 먹이시옵소서 혹 내가 배불러서 하나님을 모른다 여호와가 누구냐 할까 하오며 혹 내가 가난하여 도둑질하고 내 하나님의 이름을 욕되게 할까 두려워함이니이다

(잠 30:7~9)

> Q 위의 성경 말씀을 읽고 답해 봅시다.
> 1. 솔로몬이 구한 두 가지는 무엇이었나요?

> **Q** 위의 성경 말씀을 읽고 답해 봅시다.
>
> 2. 왜 헛된 것과 거짓말을 멀리 해 달라고 기도했을까요?
>
> _____

성경은 곳곳에서 거짓말하는 자는 하나님 앞에 서지 못한다고 말하고 있습니다. 예수 그리스도의 보혈로 하나님의 자녀가 된 사람들에게 진실함이 삶의 중요한 목표가 되는 이유가 여기 있습니다.

> 거짓을 행하는 자는 내 집 안에 거주하지 못하며 거짓말하는 자는 내 목전에 서지 못하리로다 (시 101:7)

> 그러나 두려워하는 자들과 믿지 아니하는 자들과 흉악한 자들과 살인자들과 음행하는 자들과 점술가들과 우상숭배자들과 거짓말하는 모든 자들은 불과 유황으로 타는 못에 던져지리니 이것이 둘째 사망이라 (계 21:8)

선교

바울은 겸손과 진실함이라는 내적 목표뿐 아니라, 더 많은 지역에서 복음을 전하려는 외적 목표도 세우고 있었습니다. 왜냐하면 하나님이 우리가 소원을 갖고 행하는 것(빌 2:13)을 좋아하시기 때문입니다. 바울은 유럽뿐 아니라, 소아시아 지역, 스페인, 나아가 당시 세계의 중심지였던 로마에 가서 복음을 전하고자 했습니다. 바울은

〈빌립보서〉 2:13
너희 안에서 행하시는 이는 하나님이시니 자기의 기쁘신 뜻을 위하여 너희에게 소원을 두고 행하게 하시나니

하나님의 나라를 확장시키려는 확고한 목표를 가지고 있었습니다.

> 형제들아 내가 여러 번 너희에게 가고자 한 것을 너희가 모르기를 원하지 아니하노니 이는 너희 중에서도 다른 이방인 중에서와 같이 열매를 맺게 하려 함이로되 지금까지 길이 막혔도다
> (롬 1:13)

아래로부터의 영성

그런데 이러한 위로부터의 영성을 추구하고 있던 바울에게 자신의 힘으로는 어쩔 수 없는 한계가 있었습니다. 좌절, 의욕 상실, 분노, 죄, 질병 등 자신을 괴롭히는 다양한 연약함으로 말미암아 힘겨운 나날을 보내야 했습니다. 여기 또 하나의 영적 성장의 길이 있는데 그것을 아래로부터의 영성이라 합니다.

> 여러 계시를 받은 것이 지극히 크므로 너무 자만하지 않게 하시려고 내 육체에 가시 곧 사탄의 사자를 주셨으니 이는 나를 쳐서 너무 자만하지 않게 하려 하심이라 이것이 내게서 떠나가게 하기 위하여 내가 세 번 주께 간구하였더니 나에게 이르시기를 내 은혜가 네게 족하도다 이는 내 능력이 약한 데서 온전하여짐이라 하신지라 그러므로 도리어 크게 기뻐함으로 나의 여러 약한 것들에 대하여 자랑하리니 이는 그리스도의 능력이 내게 머물게 하려 함이라 그러므로 내가 그리스도를 위하여 약한 것들과 능욕과 궁핍과 박해와 곤고를 기뻐하노니 이는 내가 약한 그 때에 강함이라 (고후 12:7~10)

> **Q** 위의 성경 말씀을 읽고 답해 봅시다.
>
> 1. 바울은 자신을 괴롭히는 육체의 가시를 없애기 위해 몇 번이나 기도했나요?
>   _____
>
> 2. 어떤 응답을 받았나요?
>   _____

바울은 자신의 질병으로 인해 많은 어려움을 겪었습니다. 단지 몸이 아픈 것으로 끝나는 게 아니라, 그의 사도 됨까지 의심받게 만들었으므로 심각한 고민 끝에 여러 번 작정하고 기도했습니다. 그러나 그가 받은 응답은 이것이었습니다. "내 은혜가 네게 족하도다. 이는 내 능력이 약한 데서 온전하여짐이라." 이 응답을 기점으로 바울은 자신의 '약한 것들'을 기뻐하기로 했습니다. 왜냐하면 자신의 약한 것을 통해 하나님의 능력이 온전해진다는 것을 알았기 때문이었습니다.

사도 바울에게 있었던 연약함은 우리에게도 있습니다. 질병, 내면의 상처와 분노, 실패와 좌절의 경험 등 우리에게도 많은 연약함이 있습니다. 이런 연약함을 있는 그대로 가지고 하나님에게 나아가 통곡하며 위로를 받을 때 상처는 진주가 됩니다.

영적 성장은 위로부터와 아래로부터라는 두 가지 방법으로 진행됩니다. 마치 옷감이 씨줄과 날줄로 짜지는 것처럼 개인의 영성도 두 가지 형태로 훈련됩니다. 이런 훈련을 통해 우리는 사랑의 사람이 됩니다.

예수께서 이르시되 네 마음을 다하고 목숨을 다하고 뜻을 다하여 주 너의 하나님을 사랑하라 하셨으니 이것이 크고 첫째 되는 계명이요 둘째도 그와 같으니 네 이웃을 네 자신 같이 사랑하라 하셨으니 이 두 계명이 온 율법과 선지자의 강령이니라(마 22:37~40)

하나님을 사랑하고, 이웃을 사랑하는 삶, 그것이 영적 성장의 최종적 방향입니다. 관심을 끄는 말씀은 '네 이웃을 네 자신 같이 사랑하라'는 표현입니다. 이웃 사랑이 자기 사랑의 연장선상에 있다는 말씀입니다. 우리를 사랑하여 십자가에 아들을 내어놓으신 은혜를 기억하여 우리 자신을 사랑하고, 그 사랑이 이웃으로 향하는 삶이 되어야 한다는 말씀입니다. 우리의 영적 성장의 결과는 사랑의 삶으로 나타나야 합니다.

> **선포합니다**
> † 나는 영적인 목표를 구체적으로 세우고 거기에 이르도록 노력하겠습니다.
> † 나의 연약함을 통해 하나님의 은혜를 경험하게 될 것을 믿습니다.
> † 나를 사랑의 사람이 되게 하실 하나님을 찬양합니다.

17 균형 잡기

성경 〈여호수아서〉 1:6~9　요절 〈빌립보서〉 5:4

지난 한 주 하나님께서는

_____

_____

말씀 공부와 봉사, 체험과 헌신, 논리와 영성 사이에서

균형 감각을 갖고 사는 것은 신앙생활에서도 매우 중요합니다. 신앙생활에서 균형 감각은 말씀 공부와 봉사, 체험과 헌신, 논리적 훈련과 영성 사이에도 필수적입니다. 성경 공부는 열심히 하는데 봉사하지 않으면 그의 배운 것과 삶의 실천 사이에는 괴리가 생기게 마련이고, 영적 성장은 기형이 됩니다. 반대로 봉사만 열심히 하고 지적 성장을 도모하지 않으면 탈진할 위험이 높습니다. 말씀을 묵상하여 적용하는 일 없이 성경 공부만 해서는 균형 잡힌 신앙생활이 어렵습니다.

또 영적 체험이 많은 것은 좋지만 헌신이 없으면 교회 공동체에 아무런 유익이 없습니다. 체험이 많다고 자랑하는데 아무런 헌신이 없으니 주변 사람이 시험에 들 위험이 높습니다. 반대로 영적 체험 없이 열심히 봉사하는 것도 문제가 있어서 헌신이 견고하지 못할 가능성이 있습니다. 그러므로 영적 체험과 헌신 사이에 균형을 이루어야 합니다.

교회는 신학적 변증과 영성 사이를 시계추처럼 오고 가면서 발전해 왔습니다. 논리를 중시하는 신학과 체험을 중시하는 영성이 서로 앞서거니 뒤서거니 하면서 기독교 역사를 형성해 왔습니다. 둘 사이에도 균형이 필요했던 것입니다. 만약 영성 없는 신학으로만 달려가면 교회는 감성이 메말라 버릴 것이고, 영성만을 향해 달려가면 논리적인 체계를 잃어버려서 교회는 효과적인 변증에 실패할 것입니다. 신학적 체계 없이 경험만으로 신앙생활을 하는 것은 위태로운 일입니다.

> 그러나 내 어머니의 태로부터 나를 택정하시고 그의 은혜로 나를 부르신 이가 그의 아들을 이방에 전하기 위하여 그를 내 속에 나타내시기를 기뻐하셨을 때에 내가 곧 혈육과 의논하지 아니하고 또 나보다 먼저 사도 된 자들을 만나려고 예루살렘으로 가지 아니하고 아라비아로 갔다가 다시 다메섹으로 돌아갔노라(갈 1:15~17)

Q 위의 성경 말씀을 읽고 답해 봅시다.

1. 바울은 다메섹으로 가는 길에서 예수님을 만난 다음 어디로 갔나요?

_____

> **Q** 위의 성경 말씀을 읽고 답해 봅시다.
>
> 2. 그곳에서 보낸 3년 동안 무엇을 했을까요?
>
> _____

    스데반 집사를 죽이는 데 앞장섰던 사울은 다메섹으로 가는 길에 예수님을 만났고 곧바로 아나니아의 집으로 인도되어 기도를 받은 후 다시 보게 되었습니다. 이 경험은 사울을 복음 전도자로 변신하게 만들었습니다. 박해자였던 사울이 복음 전도자 바울이 된 것입니다. 이런 영적 변화는 그를 뜨겁게 했고, 나가서 복음을 전하지 않고는 견딜 수 없게 만들었습니다. 과거의 악행에서 벗어난 사울은 그가 만난 예수님을 전하기 시작했습니다. 그러나 유감스럽게도 그의 변화를 환영하는 사람이 없었습니다. 그리스도인들은 그의 변화를 의심스러워했고, 유대인들은 배교자라 여겼기 때문입니다. 그를 더욱 힘들게 만든 것은 자신의 경험이 신학적으로 정리되지 않았기 때문에 복음을 설득력 있게 전하지 못하는 것이었습니다. 하는 수 없이 사울은 아라비아 사막으로 가서 3년 동안 자신의 경험을 신학적으로 정리하는 기간을 보냈습니다. 바울의 이런 인생 역정이 우리에게 말하는 것은 무엇일까요? 우리도 영적 체험과 논리적 체계 사이에 균형이 필요하다는 것입니다.

좌로나 우로나 치우치지 마라

강하고 담대하라 너는 내가 그들의 조상에게 맹세하여 그들에게 주리라 한 땅을 이 백성에게 차지하게 하리라 오직 강하고 극히 담대하여 나의 종 모세가 네게 명령한 그 율법을 다 지켜 행하고 우로나 좌로나 치우치지 말라 그리하면 어디로 가든지 형통하리니 이 율법책을 네 입에서 떠나지 말게 하며 주야로 그것을 묵상하여 그 안에 기록된 대로 다 지켜 행하라 그리하면 네 길이 평탄하게 될 것이며 네가 형통하리라 내가 네게 명령한 것이 아니냐 강하고 담대하라 두려워하지 말며 놀라지 말라 네가 어디로 가든지 네 하나님 여호와가 너와 함께 하느니라 하시니라(수 1:6~9)

Q 위의 성경 말씀을 읽고 답해 봅시다.

1. 어떻게 하면 형통하게 될 것이라 했나요?

2. '우로나 좌로나 치우치지 말라'는 말씀은 어떤 교훈을 담고 있다고 생각하나요?

하나님은 여호수아에게 두려워하지 말 것과 우로나 좌로 치우치지 말 것을 강력하게 권고했습니다. 모세 이후 새로운 지도자로 등극한 여호수아에게 주신 하나님의 말씀은 오늘 우리에게도 강력한 메시지가 됩니다. 신앙생활은 치우치지 않아야 합니다. 양쪽을 모두 아우르는 관용이 있어야 합니다. 좌도, 우도 품을 수 있는 너그러움이 있을 때 건강한 신앙생활을 할 수 있습니다. 정치적으로나 문화적으로나 신앙적인 면에서 한쪽으로 치우쳐 버린 목회자들, 성도들로 인해 교회의 미래가 걱정스러운 시대가 되었습니다. 그리스도인은 하늘에 속한 사람들이지 땅에 속한 사람이 아닙니다. 그럼에도 중심을 잡지 못하고 한 쪽으로 치우친 이들로 인해 근심이 많아지고 있는 것이 현실입니다. 균형을 잡아야 합니다. 좌로나 우로나 치우치지 말아야 합니다.

> **Q** 〈빌립보서〉 4장 5절 말씀을 적어 봅시다.

〈빌립보서〉 4:5
너희 관용을 모든 사람에게 알게 하라 주께서 가까우시니라

관용이란 단어는 포용력이라고 번역되기도 합니다. 양쪽의 의견을 다 수용하는 마음가짐을 일컫는 용어인데, 성경은 모든 사람에게 관용하라고 말씀합니다. 어느 한쪽으로 치우치지 말고 두 쪽의 의견을 다 들으라는 권면입니다. 두 쪽을 모두 포용하는 것은 쉽지 않는 일이지만 성도들은 할 수 있으면 그런 삶을 살아야 합니다.

부부 상담을 할 때 한쪽의 이야기만 듣는 것으로는 불완전합니다. 양쪽의 이야기를 다 들어 봐야 비로소 알 수 있습니다. 이런 일은 성도 사이의 관계에서도, 부모 자녀 사이에서도 빈번하게 일어납니다. 성도 A의 이야기를 들어 보면 성도 B는 나쁜 사람인 것처럼 들립니다. 그런데 B의 이야기를 들어 보면 그분에게만 잘못이 있는 것이 아니고, 상당한 원인이 A에게 있을 때가 있습니다. 학생 말만 들으면 교사가 나쁜 사람인 것 같습니다. 그런데 두 쪽 이야기를 다 들어 보면 잘못이 한쪽에만 있는 것이 아님을 알게 됩니다. 모든 관계에서 균형 감각을 잃지 말아야 합니다.

시골교회 어떤 목사님에게 예쁜 딸이 하나 있었습니다. 목사님은 늦게 얻은 이 딸을 금이야 옥이야 귀히 여겼습니다. 학교에 다녀오면 어떤 일이 있었는지 자세히 물었고, 딸의 재미있는 학창 시절 얘기를 듣는 것만으로도 행복했습니다. 그러던 어느 날 새로운 남자 아이가 짝이 되었는데 딸을 매우 힘들게 하고 괴롭힌다는 이야기를 듣게 되었습니다. 화가 난 목사님은 설교 시간에 그 학생이 얼마나 못된 녀석인지, 어떻게 자기 딸을 괴롭히는지 구체적으로 비난했습니다. 곧 동네에 소문이 퍼졌고, 남학생의 아버지가 교회로 찾아와 목사님은 봉변을 당

할 뻔했습니다. 사실을 확인해 보니 목사님의 딸이 그 남학생을 좋아해서 모두 꾸며낸 이야기였습니다. 목사님만 자기 딸이 여우(?)라는 것을 몰랐던 것입니다.

학교에 다니는 자녀가 집에 와서 "엄마, 담임 선생님은 불공평해. 내 말은 무시하고 다른 아이들 말만 믿어. 정말 화가 나서 죽겠어"라고 말하면 어떻게 반응해야 할까요? 곧바로 선생님에게 전화를 걸어 "왜 우리 아이를 무시하느냐"며 따지는 학부모들이 있습니다. 아이에게 치우쳐 있기 때문입니다. 중심을 바로 잡고 "선생님이 네 말을 무시하는 것 같아서 화가 난 거로구나" 하고 아이의 말에 공감해 주면 진짜 이야기를 들을 수 있습니다. 이렇게 몇 번의 대화가 오고 가면 실제로는 선생님이 무시한 것인지 아니면 아이가 그렇게 느낀 것인지 알게 됩니다. 원인이 정확하게 파악되면 그다음에 조치를 취해도 늦지 않습니다. 그런데 성급한 학부모들은 아이 말을 듣자마자 곧바로 전화를 걸어 따지려고 합니다. 아무 문제없이 지나갈 일인데 어처구니없는 일을 만듭니다.

사실과 느낌의 균형 잡기

다윗이 압살롬의 쿠데타를 피해 급히 도망가던 때 민망한 사건을 만났습니다. 시므이라는 사람이 따라오면서 다윗을 계속 비난한 것입니다. 감정적으로 처리해도 이해받을 만한 상황이었는데 다윗은 매우 침착하게 대처했습니다.

> 시므이가 저주하는 가운데 이와 같이 말하니라 피를 흘린 자여 사악한 자여 가거라 가거라 사울의 족속의 모든 피를 여호와께서 네게로 돌리셨도다 그를 이어서 네가 왕이 되었으나 여호

와께서 나라를 네 아들 압살롬의 손에 넘기셨도다 보라 너는 피를 흘린 자이므로 화를 자초하였느니라 하는지라 스루야의 아들 아비새가 왕께 여짜오되 이 죽은 개가 어찌 내 주 왕을 저주하리이까 청하건대 내가 건너가서 그의 머리를 베게 하소서 하니 왕이 이르되 스루야의 아들아 내가 너희와 무슨 상관이 있느냐 그가 저주하는 것은 여호와께서 그에게 다윗을 저주하라 하심이니 네가 어찌 그리하였느냐 할 자가 누구겠느냐 하고 또 다윗이 아비새와 모든 신하들에게 이르되 내 몸에서 난 아들도 내 생명을 해하려 하거든 하물며 이 베냐민 사람이랴 여호와께서 그에게 명령하신 것이니 그가 저주하게 버려두라 혹시 여호와께서 나의 원통함을 감찰하시리니 오늘 그 저주 때문에 여호와께서 선으로 내게 갚아 주시리라 하고

(삼하 16:7~12)

Q 위의 성경 말씀을 읽고 답해 봅시다.

1. 시므이는 어떤 말로 다윗을 공격했나요?
   _____

2. 시므이의 말에 다윗은 어떤 반응을 보였나요?
   _____

시므이의 말을 들을 때 다윗은 치우치지 않았습니다. 화가 나서 하는 말로 이해하고, 곁에선 장군들이 죽여 버리겠다는 것을 말렸습니다. 다윗은 아들 압살롬의 쿠데타와 시므이의 비난으로 인해 마음이 상했지만 균형 감각을 잃지 않았습니다. 다윗의 정서적 안정감과 인격의 성숙을 느끼게 하는 대목입니다.

화가 나서 말하는 사람이 있을 때 해결책을 마련하는 것보다 사실과 느낌 사이에서 균형을 잡고 응대하는 것이 필요합니다. 말하는 사람이 감정적으로 힘들다고 하는 것이면 공감하여 들어주는 것으로 충분하고, 사실을 말하여 해결

떠남과 멈춰 서기

낡은 것을 버리고 새것을 받아들이는 것, 익숙했던 것을 떠나보내고 새로운 것을 받아들이는 것은 제도의 발전이나 개인의 성장에 있어서 매우 중요한 일입니다. 하나님은 아브라함을 부르시면서 떠날 것을 요구하셨습니다.

> 여호와께서 아브람에게 이르시되 너는 너의 고향과 친척과 아버지의 집을 떠나 내가 네게 보여 줄 땅으로 가라 내가 너로 큰 민족을 이루고 네게 복을 주어 네 이름을 창대하게 하리니 너는 복이 될지라 너를 축복하는 자에게는 내가 복을 내리고 너를 저주하는 자에게는 내가 저주하리니 땅의 모든 족속이 너로 말미암아 복을 얻을 것이라 하신지라 이에 아브람이 여호와의 말씀을 따라갔고 롯도 그와 함께 갔으며 아브람이 하란을 떠날 때에 칠십오 세였더라
> (창 12:1~4)

아브라함의 나이 75세였던 때 하나님은 그에게 고향과 친척과 아버지의 집을 떠나라 했습니다. 쉽지 않은 결정이었으리라 짐작되는데 아브라함은 그 말씀을 따라 '떠났습니다.' 아브라함을 믿음의 조상 반열에 올려놓은 사건입니다. 아브라함은 적지 않은 나이였음에도 과감하게 '익숙한 것과 결별'했습니다. 새로운 미래를 향해 익숙했던 것을 떠나보냈습니다. 떠남과 멈춰 섬 사이에서 균형을 이룰 때 하나님이 주시는 새로운 은혜를 경험하게 됩니다.

변하면 안 되는 것과 변해도 되는 것

변해도 되는 것과 변해서는 안 되는 것의 균형 역시 디지털과 아날로그의 공존처럼 우리의 삶에 소중한 것이라 여겨집니다. 이런 고민은 복음이 이방으로 전

책이 필요하면 함께 지혜를 모아 좋은 방안을 찾으면 됩니다.

> 그 때에 제자가 더 많아졌는데 헬라파 유대인들이 자기의 과부들이 매일의 구제에 빠지므로 히브리파 사람을 원망하니 열두 사도가 모든 제자를 불러 이르되 우리가 하나님의 말씀을 제쳐 놓고 접대를 일삼는 것이 마땅하지 아니하니 형제들아 너희 가운데서 성령과 지혜가 충만하여 칭찬 받는 사람 일곱을 택하라 우리가 이 일을 그들에게 맡기고 우리는 오로지 기도하는 일과 말씀 사역에 힘쓰리라 하니(행 6:1~4)

Q 위의 성경 말씀을 읽고 답해 봅시다.

1. 어떤 일로 교회 안에 원망이 일어났나요?
   _____

2. 사도들이 제시한 해결 방안은 무엇인가요?
   _____

초대교회는 모여 예배하고 헌금한 돈을 어려운 사람들을 구제하는 일에 썼습니다. 사도들이 재정 출납을 직접 관장하면서 어려운 이들을 돌봤는데 유감스럽게도 헬라파 과부들이 구제에 빠지는 일이 발생했습니다. 이스라엘 본토가 아닌 외국에서 살다가 배우자와 사별하면서 돌아와 경제적으로 어려움을 겪고 있는 과부들이 있었는데 교회가 그들의 형편을 제대로 파악하지 못하여 발생한 사건이었습니다. 이에 사도들은 문제가 무엇인지 자세히 들은 다음 집사 제도를 만들어 수습했습니다. 마음이 상한 분들의 이야기에 공감하면서 해결 방안을 만들어 낸 덕분에 성도들은 위로를 받았고, 교회는 제도적으로 더욱 단단해지는 계기가 되었습니다.

해지기 시작하던 때 반드시 정리해야 할 주제로 대두되어 제1차 종교 회의가 예루살렘에서 개최되었습니다. 그 회의 결과가 〈사도행전〉 15장에 소개되어 있는데 19~21절 말씀입니다.

> 그러므로 내 의견에는 이방인 중에서 하나님에게로 돌아오는 자들을 괴롭게 하지 말고 다만 우상의 더러운 것과 음행과 목매어 죽인 것과 피를 멀리하라고 편지하는 것이 옳으니 이는 예로부터 각 성에서 모세를 전하는 자가 있어 안식일마다 회당에서 그 글을 읽음이라 하더라.

1차 종교 회의는 기독교를 유대교에서 벗어나게 하는 중요한 결정을 했습니다. 율법을 지켜야 의롭게 된다고 생각했던 유대인들의 관습에서 벗어나 꼭 지켜야 할 것 3가지를 빼고 모든 것에서 자유롭게 만들었습니다. 그리고 변해서는 안 되는 오직 한 가지를 강조했습니다.

> 그러나 우리는 그들이 우리와 동일하게 주 예수의 은혜로 구원 받는 줄을 믿노라 하니라
> (행 15:11)

복음과 문화

구원은 예수 그리스도 안에 있으며 이 진리는 영원하지만 나머지 관습에 관한 것은 바뀌어도 괜찮다고 인정한 것입니다. 기독교에는 결코 양보해서는 안 되는 영원한 진리가 있습니다. 그러나 양보해도 되는 것들도 있습니다. 구원에 관한 것이 아니라면 나머지는 양보해도 됩니다. 저는 어렸을 적에 "파마하면 지옥 간다"고 말하는 목사님의 가르침을 들으며 성장했습니다. 지금 생각하면 그

분은 영원한 진리와 바뀌어도 괜찮은 문화 사이에서 혼돈을 겪으셨던 것 같습니다. 영원한 진리와 문화적 행태 사이에서 갈피를 잡지 못할 때 농담처럼 하는 말이 있습니다. "사소한 것에 목숨 걸지 마라." 그렇습니다. 변해야 하는 것에 목숨을 걸지 말아야 합니다. 영원한 진리는 잘 간직하고 그것을 전하는 형식의 변화는 언제든지 환영하고 받아들여야 합니다. 그러한 융통성과 열린 마음이 우리를 성장하게 합니다.

신앙생활에서 균형 잡기는 매우 소중한 덕목입니다. 말씀 공부와 봉사, 체험과 헌신, 논리적 작업과 영성, 좌로나 우로나 치우치지 않기, 낡은 것을 버리고 새로운 것을 받아들이기, 변해도 되는 문화와 변해서는 안 되는 진리를 지키기 등은 매우 중요한 등가적 요소들입니다. 둘 사이의 균형을 이루어 성숙한 그리스도인으로 살아갑시다.

> **선포합니다**
>
> † 나는 균형 잡힌 신앙인이 되겠습니다.
> † 나는 좌로나 우로 치우치지 않겠습니다.
> † 나는 복음과 문화를 구별하며 살겠습니다.

18 신앙의 신비

성경 〈여호수아서〉 3:14~17   요절 〈고린도전서〉 4:1

지난 한주 하나님께서는

_____

_____

_____

> 사람이 마땅히 우리를 그리스도의 일꾼이요 하나님의 비밀을 맡은 자로 여길지어다
> (고전 4:1)

바울은 자신과 아볼로가 그리스도의 일꾼이라 말하면서 '비밀을 맡은 자'라고 소개하고 있습니다. 여기서 사용된 '비밀'이라는 단어는 헬라어 '무스테리온'인데 신비라는 말로도 바꿀 수 있습니다. 그렇다면 그리스도인들은 신비를 맡은 사람들이 됩니다. 이 신비는 먼저 복음 안에 들어 있습니다. 그 신비는 복음이 전해지고, 그것을 받아들이는 과정 가운데 드러날 뿐 아니라, 신앙생활을 하는 내내 경험하게 됩니다.

신학자 오스머는 신앙을 신비로 정의하면서 이 말에는 "숨겨져 있다, 침묵하고 있다"는 뜻이 담겨 있다고 했습니다. 하나님에게는 우리가 알 수 없는 숨겨진 부분이 있고, 침묵하는 영역이 있어서 완전히 파악할 수 없는 타자성이 있다는 말입니다. 이러한 특성 때문에 과학적 검증이나 객관성은 처음부터 불가능합니다.

신앙은 신비

하나님과의 만남, 파송되는 순간, 그리고 사역을 감당하는 과정 가운데 하나님의 신비를 경험하게 됩니다. 이러한 체험은 성도들에게 새로운 결단을 하게도 하고, 용기를 내서 사역을 감당하게도 합니다. 모세가 하나님의 부름을 받고 애굽에 파송될 때 있었던 일입니다.

> 모세가 그의 장인 미디안 제사장 이드로의 양 떼를 치더니 그 떼를 광야 서쪽으로 인도하여 하나님의 산 호렙에 이르매 여호와의 사자가 떨기나무 가운데로부터 나오는 불꽃 안에서 그에게 나타나시니라 그가 보니 떨기나무에 불이 붙었으나 그 떨기나무가 사라지지 아니하는지라 이에 모세가 이르되 내가 돌이켜 가서 이 큰 광경을 보리라 떨기나무가 어찌하여 타지 아니하는고 하니 그 때에 여호와께서 그가 보려고 돌이켜 오는 것을 보신지라 하나님이 떨기나무 가운데서 그를 불러 이르시되 모세야 모세야 하시매 그가 이르되 내가 여기 있나이다. 하나님이 이르시되 이리로 가까이 오지 말라 네가 선 곳은 거룩한 땅이니 네 발에서 신을 벗으라 (출 3:1~5)

미디안 광야에 있던 떨기나무에 불이 붙는 것은 흔히 있던 일이라 합니다. 더운 날씨에 자연 발화가 일어나곤 했으므로 모세는 나무에 불이 붙었나보다 여겼는데 불이 꺼지지 않고 계속 타올랐습니다. 이상히 여긴 모세가 나무 가까이에 이르자 소리가 들렸습니다. "가까이 오지 말라 네가 선 곳은 거룩한 땅이니 네 발에서 신을 벗으라." 이 신비로운 경험 가운데 모세는 하나님을 만났고 애굽으로 파송됩니다. 그러나 모세는 하나님이 보냈다는 구체적인 증거를 달라고 요구합니다.

> 모세가 대답하여 이르되 그러나 그들이 나를 믿지 아니하며 내 말을 듣지 아니하고 이르기를 여호와께서 네게 나타나지 아니하셨다 하리이다 여호와께서 그에게 이르시되 네 손에 있는 것이 무엇이냐 그가 이르되 지팡이니이다 여호와께서 이르시되 그것을 땅에 던지라 하시매 곧 땅에 던지니 그것이 뱀이 된지라 모세가 뱀 앞에서 피하매 여호와께서 모세에게 이르시되 네 손을 내밀어 그 꼬리를 잡으라 그가 손을 내밀어 그것을 잡으니 그의 손에서 지팡이가 된지라 이는 그들에게 그들의 조상의 하나님 곧 아브라함의 하나님, 이삭의 하나님, 야곱의 하나님 여호와가 네게 나타난 줄을 믿게 하려 함이라 하시고 여호와께서 또 그에게 이르시되 네 손을 품에 넣으라 하시매 그가 손을 품에 넣었다가 내어보니 그의 손에 나병이 생겨 눈 같이 된지라 이르시되 네 손을 다시 품에 넣으라 하시매 그가 다시 손을 품에 넣었다가 내어보니 그의 손이 본래의 살로 되돌아왔더라 (출 4:1~7)

Q 위의 성경 말씀을 읽고 답해 봅시다.

1. 땅에 던진 지팡이와 품에 넣은 손이 어떻게 변했나요?

2. 이 두 가지 표적은 모세에게 어떤 느낌을 갖게 했을까요?

모세는 들고 있던 지팡이가 뱀으로 변하고, 품에 넣은 손에 피부병이 생겼

18. 신앙의 신비

다가 본래의 상태로 돌아오는 사건을 통해 하나님에 대한 경외감을 갖게 되고, 자신의 역할에 대한 자신감도 얻게 되었습니다. 하나님이 시키신 일을 하기 위해 확신이 필요할 때가 있습니다. 이때 하나님에게 확신을 가질 만한 어떤 사인(sign)을 요구할 수 있습니다. 한 번의 계시만으로 부족함을 느낀다면 중복 확인을 요청할 수도 있습니다. 기드온이 그랬습니다(삿 6:36~40). 기드온은 양털 한 뭉치를 타작마당에 두고 이슬이 양털에만 있고, 주변 땅은 말라 있으면 하나님의 부르심으로 받아들이겠다고 말씀드립니다. 다음날 아침 일어나 보니 요청한 대로 되어 있었습니다. 이제 알았습니다 하고 일어서야 할 순간이었으나 기드온은 일어서지 않고 다시 말씀드립니다. 이번에는 양털만 마르고 그 주변 땅에 이슬이 있으면 정말로 믿겠다고 말입니다. 다음날 아침 일어나 보니 요청한 대로 되어 있었습니다. 그제서야 기드온은 미디안의 공격을 수습하러 나갑니다.

중복 확인의 경우 개인이 두 번 확증받을 수도 있고, 다른 성도의 중보 기도를 통해서도 확인할 수 있습니다. 하나님이 원하시는 일인지 아닌지, 기뻐하시는 일인지 알기 어렵거나 결정하기 힘든 일이 있을 때 다른 성도에게 기도를 부탁드려서 확인을 받아 보는 것도 좋은 방법입니다.

신비 체험과 헌신

성도들 가운데 '체험'을 갈망하는 분들이 있습니다. 그러한 소원은 나쁘지 않아 보입니다. 그런데 뭔가 잘못되었다는 느낌을 받을 때가 있습니다. 신앙생활의 목적이 체험 자체에 있는 것이 아니기 때문입니다. 신앙생활의 목적은 사명을 수행하는 것이며, 그 과정에서 신비한 하나님의 역사를 체험하게 됩니다. 그런데 사명은 감당하지 않으면서 '체험'만 원한다는 것은 마술을 부려 달라는 것과 다르지 않습니다. 신비 체험이란 하나님의 일을 하는 과정에서 나타나는 자연스러운 현상이지 체험 자체를 목적으로 하지 않기 때문입니다. 신비 체험이 있으면 하나님의 부르심에 순종하겠다고 하는데 사실은 순종하면 하나님의 신비로운 역사를 체험하게 됩니다. 헌신하는 사람들에게 신비 체험은 자연스러운 영적 체험입니다.

> 백성이 요단을 건너려고 자기들의 장막을 떠날 때에 제사장들은 언약궤를 메고 백성 앞에서 나아가니라 요단이 곡식 거두는 시기에는 항상 언덕에 넘치더라 궤를 멘 자들이 요단에 이르며 궤를 멘 제사장들의 발이 물 가에 잠기자 곧 위에서부터 흘러내리던 물이 그쳐서 사르단에 가까운 매우 멀리 있는 아담 성읍 변두리에 일어나 한 곳에 쌓이고 아라바의 바다 염해로 향하여 흘러가는 물은 온전히 끊어지매 백성이 여리고 앞으로 바로 건널 새 여호와의 언약궤를 멘 제사장들은 요단 가운데 마른 땅에 굳게 섰고 그 모든 백성이 요단을 건너기를 마칠 때까지 모든 이스라엘은 그 마른 땅으로 건너갔더라(수 3:14~17)

Q 위의 성경 말씀을 읽고 답해 봅시다.

1. 제사장들이 언약궤를 메고 백성 앞에 나가 요단 강을 건널 때 강의 상태는 어땠나요?

   _____

2. 제사장들의 발이 물가에 잠기자 어떤 일이 일어났나요?

   _____

가나안 점령에 나선 이스라엘 백성은 강물이 창일한 요단 강 앞에 섰습니다.

"요단이 곡식 거두는 시기에는 항상 언덕에 넘치더라"고 한 것을 볼 때 법궤를 멘 제사장들이 그 창일한 물속으로 걸어 들어가기가 망설여졌으리라 짐작됩니다. 그럼에도 그 속으로 걸어 들어가자 강물은 벽이 되어 곁으로 물러서고 강바닥은 마른 땅이 되어 길을 만든 신비한 사건이 일어났습니다. 순종함으로 새로운 은혜를 경험한 것입니다.

예수님이 가나라는 동네 결혼식에 갔다가 포도주가 떨어진 상황을 수습해 달라는 어머니의 부탁을 받았습니다. 거절하기 어려워 예수님은 하인들에게 손 씻는 데 사용하는 물통을 비우게 하고 다시 그 통에 물을 떠다 붓게 했습니다. 그리고 그 물을 손님들에게 갖다 주라 하였습니다. 금방 넣었던 물이 포도주로 변해 있었습니다. 시킨 대로 순종했던 하인들은 물이 변하여 포도주가 된 기적의 증인이 되었고, 제자들은 예수님의 신적 능력을 신뢰하게 되었습니다. 기적은 순종하는 사람들을 통해 나타납니다.

활기찬 신앙생활의 비결

기독교를 체험의 종교라 합니다. 교회는 학원이 아니어서 살아 계신 하나님을 체험해야 활기차게 신앙생활을 할 수 있습니다. 성도들의 신앙이 지적인 데만 머물러 있지 않고 살아계신 하나님을 경험하여 '생령'이 될 때 기쁨 충만한 신앙생활을 할 수 있게 됩니다. 그런 체험 없이 교회 다니는 성도들을 보면 안타까운 마음이 듭니다.

어떤 여신도의 신앙생활을 바라보면서 답답함을 느껴 그녀가 영적 체험을 하게 해 달라고 간절히 기도한 적이 있었습니다. 교회를 나와야 함께 기도도 하고, 공동체 안에서 신비로운 경험을 나눌 수도 있겠는데 주일예배 외에는 얼굴을 내밀지 않아 답답한 마음으로 기도했습니다. 그로부터 한 2년이 지난 다음 놀라운 이야기를 그에게서 들었습니다. 어느 날 새벽에 잠이 오지 않아서 소파에 앉았는데 기도하고 싶은 마음을 들더랍니다. 앉아서 편안한 자세로 기도하기가 민망해서 마루에 무릎을 꿇고 기도하는데 입에서 방언이 터져 나왔습니다. 그 일이 계기가 되어 집에서 기도하며 영적 지평을 넓혀가고 있다고 고백하는 것을 듣고 얼마나 기쁘고 감사했는지 모릅니다. 하나님은 살아 계십니다! 살아 계신 하나님이 우리의 삶 속에 구체적으로 체험되어야 합니다.

순종하면 이해하게 되는 날이 온다

하나님의 일은 이해하기 어려울 때가 있습니다. 이해하기가 어렵기에, 모든 것을 이해할 수 없기에 믿음이 필요하고, 순종이 필요합니다. 순종하면 왜 그런 일이 필요했는지 세월이 흐른 후에 알게 됩니다.

> 저녁 먹는 중 예수는 아버지께서 모든 것을 자기 손에 맡기신 것과 또 자기가 하나님께로부터 오셨다가 하나님께로 돌아가실 것을 아시고 저녁 잡수시던 자리에서 일어나 겉옷을 벗고 수건을 가져다가 허리에 두르시고 이에 대야에 물을 떠서 제자들의 발을 씻으시고 그 두르신 수건으로 닦기를 시작하여 시몬 베드로에게 이르시니 베드로가 이르되 주여 주께서 내 발을 씻으시나이까 예수께서 대답하여 이르시되 내가 하는 것을 네가 지금은 알지 못하나 이 후에는 알리라 (요 13:3~7)

> **Q** 위의 성경 말씀을 읽고 답해 봅시다.
>
> 1. 예수님이 저녁 먹는 중에 하신 일은 무엇인가요?
>   _____
>
> 2. 베드로가 송구스러워하는 말에 예수님은 어떻게 대답하셨나요?
>   _____

저녁 잡수시던 자리에서 일어나신 예수님이 수건을 허리에 두르시고 제자들의 발을 씻기 시작했습니다. 송구스러운 마음에 베드로는 안 된다고 했습니다. 제자가 선생님의 발을 씻겨 드려야지 선생님이 제자의 발을 씻는다는 것은 말이 되지 않는다고 생각했습니다. 그런데 예수님은 "내가 하는 것을 네가 지금은 알지 못하나 이후에는 알리라"고 말씀하면서 베드로의 발을 씻겨 주었습니다. 그 당시에는 그 사건의 의미를 알지 못했던 베드로가 세월이 흐른 다음 이렇게 이야기했습니다.

> 젊은 자들아 이와 같이 장로들에게 순종하고 다 서로 겸손으로 허리를 동이라 하나님은 교만한 자를 대적하시되 겸손한 자들에게는 은혜를 주시느니라 (벧전 5:5)

깨달음의 신비

베드로가 쓴 편지의 "서로 겸손으로 허리를 동이라"는 구절에서 우리는 예수님의 흔적을 느낍니다. 세월이 많이 흐른 후에야 수건을 허리에 동이시고 제자들의 발을 씻기셨던 예수님의 겸손을 베드로는 비로소 깨달았던 것입니다. 깨달음도 신비입니다.

> 우리가 지금은 거울로 보는 것 같이 희미하나 그 때에는 얼굴과 얼굴을 대하여 볼 것이요 지금은 내가 부분적으로 아나 그 때에는 주께서 나를 아신 것 같이 내가 온전히 알리라
> (고전 13:12)

지금은 부분적으로 알고, 단편적으로 이해하지만 전체적으로 이해하는 날이 옵니다. '그때'까지 믿고 가는 믿음이 필요합니다. 어떤 부분은 아직 몰라도 됩니다. 알 필요가 없는 것도 있습니다. 믿고 가면 이해되는 날이 옵니다. 그날이 오기까지 우리는 믿고 가야 합니다.

> 그들이 모였을 때에 예수께 여쭈어 이르되 주께서 이스라엘 나라를 회복하심이 이 때니이까 하니 이르시되 때와 시기는 아버지께서 자기의 권한에 두셨으니 너희가 알 바 아니요 오직 성령이 너희에게 임하시면 너희가 권능을 받고 예루살렘과 온 유대와 사마리아와 땅 끝까지 이르러 내 증인이 되리라 하시니라 (행 1:6~8)

Q 위의 성경 말씀을 읽고 답해 봅시다.

1. 제자들은 예수님에게 무엇을 여쭤 보았나요?
   _____

2. 예수님은 대답은 무엇인가요?
   _____

제자들이 이스라엘의 회복에 대해 묻자 예수님은 그 일에 대하여는 "너희가 알 바 아니요"라고 잘라 말했습니다. 제자들이 그것을 지금 당장 알 필요가 없다고 말씀하시면서, 대신 성령에 관한 이야기를 알려 주셨습니다. 이스라엘의 회복에 관하여는 베일 속에 감춰 두시고, 성령의 강림과 그 결과에 대해서는 커튼을 열어 젖혀 보여 주셨습니다. 우리의 관심은 어디에 있어야 할까요? 성령께서 가시는 방향에, 하나님의 마음이 있는 곳에 있어야 합니다.

때를 따라 도우시는 은혜

신비에 대한 영적 체험은 신앙생활을 하는 내내 필요해 보입니다. 과거에 있었던 한 번의 경험만으로는 부족합니다. 마치 강을 건너기 위해 징검다리가 필요하듯 아버지 집으로 돌아갈 때까지 많은 징검다리가 필요합니다. 어떤 목사님은 자신의 영적인 삶을 돌이켜볼 때 최소한 3~4개월에 한 번씩은 하나님의 신비로운 흔적을 만져볼 수 있어야 했다고 고백했습니다. 그 징검다리를 지속적으로 경험하고야 신앙생활을 활기차게 할 수 있었다고 했습니다. 일리 있는 말씀입니다. 때를 따라 도우시는 하나님의 손길을 느낄 때 우리의 신앙생활이 행복해집니다.

> 그러므로 우리는 긍휼하심을 받고 때를 따라 돕는 은혜를 얻기 위하여 은혜의 보좌 앞에 담대히 나아갈 것이니라(히 4:6)

때를 따라 주시는 은혜를 경험해야 합니다. 임신했을 때 필요한 은혜가 있고, 출산할 때 필요한 은혜가 따로 있습니다. 자녀들이 학교에 다닐 때 필요한 은혜가 있고, 군대 갔을 때 필요한 은혜가 따로 있습니다. 취업했을 때 필요한 은혜가 있고, 결혼했을 때 필요한 은혜도 따로 있습니다. 그 은혜를 얻기 위하여 보좌 앞으로 담대히 나가십시오.

젊었을 때 이후로는 신앙생활을 하지 않던 남동생이 40대 중반이 되어서 제자훈련(DTS)을 받고 거듭나게 되었습니다. 감사한 것은 기도하다가 방언을 받았는데 문제는 방언의 언어가 맘에 들지 않았습니다. 자문을 구했더니 방언을 바꿔 달라고 말씀드려 보라고 하더랍니다. 용기를 내서 방언을 바꿔 달라고 했더니 바꿔 주시더랍니다. 그런데 그것도 맘에 들지 않아서 또 바꿔 달라고 했더니 또 바꿔 주시더랍니다. 그 경험을 한 동생의 고백입니다. "나 같은 죄인이 무엇이라고 하나님이 내 기도를 들어 주셨습니다."

하나님은 우리의 기도를 들어주십니다. 독생자를 주신 하나님이 무엇을 아끼시겠습니까? 이 신비로운 영적 세계로 여러분을 초대합니다!

> **선포합니다**
> † 나는 신앙생활에 수많은 신비가 있음을 믿습니다.
> † 나는 체험보다 사명에 헌신하겠습니다.
> † 나는 신비로운 영적 세계를 향해 믿음의 창문을 열겠습니다.

19 그리스도 안에 거하기

성경 〈요한복음〉 15:4~6   요절 〈고린도전서〉 15:22

지난 한주 하나님께서는

_____

_____

_____

사도 바울의 신학적 주제 가운데 하나는 '엔 크리스토'입니다. '그리스도 안에'라는 개념인데 이는 바울신학에서 매우 중요할 뿐 아니라, 이 개념을 잘 이해하면 복음의 핵심에 이를 수 있습니다. 새로운 피조물 됨도 그리스도 안에서 가능한 일이고, 신실한 하나님의 자녀 됨도 그리스도 안에 있을 때 가능합니다.

> 너희가 다 믿음으로 말미암아 그리스도 예수 안에서 하나님의 아들이 되었으니 (갈 3:26)

우리는 그리스도 안에서 하나님의 아들(딸)이 됩니다. 제 아이들이 어렸을 때 동물의 옷을 입고 아이들과 놀아본 적이 있습니다. 곰 옷을 입으니까 아이들이 즐거워하기는커녕 놀라서 울었습니다. 나를 곰으로 인지하는 것 같았습니다. 호랑이 옷을 입어도 아이들은 자지러질 듯 울었습니다. 나를 호랑이로 받아들이는 것 같았습니다. 그 경험은 '나'라는 존재가 중요한 것이 아니라, 내가 어떤 존재 안에 들어가느냐가 중요하다는 것을 깨닫게 해 주었습니다. 사자 안에 들어가면 나는 사자처럼 여겨지고, 탱크 안에 들어가면 나는 탱크로 비쳐질 것이 분명했습니다. 내가 그리스도 안에 있으면 하나님은 우리를 그리스도인으로 보아 주십니다. 그리스도 안에서 우리는 하나님의 자녀가 되는 것입니다.

그리스도 안에

그리스도 안에 있는 사람들에게 무슨 일이 일어납니까? 〈고린도전서〉 15장 22절에 "아담 안에서 모든 사람이 죽은 것 같이 그리스도 안에서 모든 사람이 삶을 얻으리라"고 했습니다. 아담 안에 있던 사람들은 모두 죽게 되었지만, 그리스도 안에 있는 사람들은 새로운 생명을 얻습니다. 새 생명의 탄생은 기쁨이요, 감사요, 새로운 기대입니다.

> 영접하는 자 곧 그 이름을 믿는 자들에게는 하나님의 자녀가 되는 권세를 주셨으니 (요 1:12)

예수님을 구주로 영접하는 사람들에게는 하나님의 자녀가 되는 권세를 준다고 했는데 여기서 사용된 '테크나'(자녀)는 '갓 태어난 아기'를 뜻한다고 합니다. 몇 살에 예수를 믿었든지 영접하는 순간 하나님의 갓난아이로 태어나서 성장해 갑니다. 갓 태어난 아이가 영양분을 공급받고, 돌봄을 받으며 성장해 가듯 성도들도 그리스도 안에서 영양분을 공급받으며 하나님의 아들과 딸로 성장해 갑니다.

> 내 안에 거하라 나도 너희 안에 거하리라 가지가 포도나무에 붙어 있지 아니하면 스스로 열매를 맺을 수 없음 같이 너희도 내 안에 있지 아니하면 그러하리라 나는 포도나무요 너희는 가지라 그가 내 안에, 내가 그 안에 거하면 사람이 열매를 많이 맺나니 나를 떠나서는 너희가 아무 것도 할 수 없음이라 사람이 내 안에 거하지 아니하면 가지처럼 밖에 버려져 마르나니 사람들이 그것을 모아다가 불에 던져 사르느니라 (요 15:4~6)

Q 위의 성경 말씀을 읽고 답해 봅시다.

1. 가지가 열매를 맺으려면 어떻게 해야 하나요?
_____

2. 성도들은 누구 안에 거해야 하나요?
_____

예수님과 성도들의 관계가 포도나무로 비유되었습니다. 예수님은 포도나무요 성도들은 가지입니다. 가지는 원줄기로부터 영양분을 공급받으며 열매를 맺습니다. 성도들 역시 예수 그리스도로부터 자양분을 공급받으며 열매 맺는 삶을 삽니다. 신앙생활이란 자신의 의지로 하나님이 원하는 삶을 살아가는 것이 아니라, 그리스도 안에 거함으로 열매 맺는 삶을 사는 것입니다. 이런 진리를 깨닫게 하는 시 한 편을 소개하겠습니다.

내가 나의 사랑으로 나를 사랑했을 때 참 많이 노력해야 했습니다.
너 나은 내가 되기 위하여
내가 나의 사랑으로 남편을 사랑했을 때 참 많이 울어야 했습니다.
남편을 나의 사람으로 만들기 위해서
내가 나의 사랑으로 아이들을 사랑했을 때 참 많이 화내야 했습니다.
아이들을 잘 키워야 한다는 욕심 때문에
내가 나의 사랑으로 이웃을 사랑했을 때 참 많이 참아야 했습니다.
그들을 사랑해야 한다는 윤리 때문에
이제는 하나님의 사랑으로 사랑합니다. 더 큰 사랑으로 사랑을 하니 사랑하는 일이 쉬워졌습니다. 사랑하는 일이 기쁨이 됩니다. 사랑하는 일이 감사가 됩니다.
― 민혜숙, 〈하나님의 사랑으로 사랑합니다〉

인간의 노력으로는 불가능한 영적인 삶

영적인 삶은 인간의 의지적 노력으로 하는 것이 아닙니다. 이것은 신앙의 신비 가운데 하나입니다. 내 의지로 노력할 때는 울어야 하고, 참아야 하는데 그러다가 어떤 때는 폭발해 버립니다. 좋은 그리스도인이라는 말을 듣기 위해 항상 노력해야 하는 삶은 우리를 힘겹게 하고 때로 우울함에 시달리게도 합니다. 영적인 삶은 인간 자신의 노력으로는 어려운 것이 아니라, 불가능합니다.

> 내가 이르노니 너희는 성령을 따라 행하라 그리하면 육체의 욕심을 이루지 아니하리라 육체의 소욕은 성령을 거스르고 성령은 육체를 거스르나니 이 둘이 서로 대적함으로 너희가 원하는 것을 하지 못하게 하려 함이니라(갈 5:16~17)

> Q 위의 성경 말씀을 읽고 답해 봅시다.
>
> 1. 육체의 욕심을 이루지 않을 비결은 무엇인가요?
>
> 2. 육체의 소욕과 성령이 충돌하면 어떤 결과를 낳게 되나요?

육체의 소욕과 성령이 충돌하면 우리의 육신은 맥없이 무너집니다. 육체의 욕망이나 죄를 향한 생각이 발동하여 내면세계에서 꿈틀거리기 시작하면 그것을 잠재우기란 불가능에 가깝기 때문입니다.

〈창세기〉 4장에 가인과 아벨의 이야기가 나옵니다. 하나님이 아벨과 그의 제물은 받으시고 가인과 그의 제물은 받지 않으셔서 가인의 안색이 변했습니다. 가인에게 동생을 죽이겠다는 충동이 생긴 것을 아신 하나님이 그렇게 하지 말 것을 권고했습니다(창 4:7). 하지만 가인은 동생을 살해하려는 충동을 다스리지 못했습니다. 선에 대한 인간의 의지는 이렇게 나약합니다. 진정한 그리스도인의 삶을 살기 원한다면 성령을 따라 살아야 합니다. 육체의 소욕이 생길 때 그것을 따라가면서 하나님에게 도와달라고 하는 것은 무의미한 일입니다. 오직 성령 안에 있을 때 육체의 소욕을 다스릴 수 있습니다.

〈창세기〉 4:7
네가 선을 행하면 어찌 낯을 들지 못하겠느냐 선을 행하지 아니하면 죄가 문에 엎드려 있느니라 죄가 너를 원하나 너는 죄를 다스릴지니라

그리스도와 함께 죽었다는 것은

어려서부터 외웠으나 그 의미를 완전히 이해하는 것과 그 말씀대로 사는 것이 어려웠던 성경말씀이 있습니다. 〈갈라디아서〉 2장 20절입니다.

> 내가 그리스도와 함께 십자가에 못 박혔나니 그런즉 이제는 내가 사는 것이 아니요 오직 내 안에 그리스도께서 사시는 것이라 이제 내가 육체 가운데 사는 것은 나를 사랑하사 나를 위하여 자기 자신을 버리신 하나님의 아들을 믿는 믿음 안에서 사는 것이라(갈 2:20)

내가 그리스도와 함께 십자가에 못 박혀 죽었다고 했습니다. 현재의 내 삶은 내 안에 계신 그리스도께서 사시는 것으로 그리스도를 믿는 믿음 안에서 사는 것이라고도 했습니다. 이런 내용은 선뜻 이해되지 않았습니다. 그리스도의 십자가 죽음이 나를 위한 것이라는 사실은 믿어졌지만, 현재의 내 삶이 그리스도께서 사신 것이라는 대목은 쉽게 납득되지 않았습니다. 나는 태어나서 지금까지 환경에 반응하면서 살아왔고, 그 과정에서 형성된 자아, 사회적 규범이 만들어 준 자아에 의해 살고 있기 때문에 내 안에서 그리스도께서 사신다는 것은 이해하기 어려웠습니다. 말씀의 의미가 이해되지 않으니까 실천은 더욱 어려웠습니다.

그러다가 '그리스도와 함께 죽었다'는 말씀을 새롭게 묵상할 기회를 얻었는데 어떤 목사님의 설교 말씀을 들으면서 좋은 통찰을 얻게 되었습니다.

> 무덤 앞에 가서 망자를 칭찬하면 어떨까요? 망자의 무덤이 빙그레 웃을까요? 그런 일은 없습니다. 죽은 사람은 아무런 반응이 없습니다. 반대의 경우라면 어떨까요? 망자에 대해 비난하고 욕하면 죽은 사람이 벌떡 일어나서 항변하며 반박할까요? 그런 일도 없습니다. 그것이 죽었다는 것입니다.

이 설교를 들으면서 죽었다는 것은 내 기분까지도 그리스도 십자가 아래 포기하는 것이라는 진리를 깨닫게 되었습니다. 여러분은 그리스도와 함께 죽었습니까? "나는 죽고, 그리스도께서 살고 있는 삶"은 내 경험과 지식, 심지어 내 기분까지도 십자가 아래 내려놓은 생활입니다.

그리스도를 믿는 믿음 안에 산다는 것은 무슨 뜻일까요? 독생자를 주시기까지 우리를 사랑하신 하나님의 사랑을 믿으며 사는 것입니다.

> 자기 아들을 아끼지 아니하시고 우리 모든 사람을 위하여 내주신 이가 어찌 그 아들과 함께 모든 것을 우리에게 주시지 아니하겠느냐 (롬 8:32)

그것은 자기 자신을 아낌없이 주셨던 아들 예수 그리스도를 믿는 믿음이기도 합니다. 이 믿음이 있으면 세상을 담대히 살아갈 수 있습니다. 두려움 없이 살아갈 수 있습니다. 동시에 나도 예수님처럼 다른 사람을 위해 나를 내주며 살아갈 수 있게 됩니다. 그런 삶에는 미움도, 분함도, 섭섭함도 없습니다. 이런 찬양이 있습니다.

> 보소서 주님 나의 마음을
> 선한 것 하나 없습니다. 그러나 내 모든 것 주께 드립니다.
> 사랑으로 안으시고 날 새롭게 하소서.
> 주님 마음 내게 주소서 내 아버지
> 주님 마음 내게 주소서 나를 향하신 주님의 뜻이
> 이루어지도록 주님 마음 내게 주소서.

그리스도께서 사시는 삶

우리에게는 선한 것이 없습니다. 그러므로 주님 마음이 내게 들어와 나를 지배해야 합니다. 그러기 위해서는 내가 그리스도 안에 있어야 하고, 내 마음이 주님의 마음으로 변해야 합니다. 우리는 흔히 이렇게 기도합니다. "하나님! 사랑할 힘을 주세요!" 그러나 힘을 얻어 '내가' 사랑하는 것과 "제 힘으로는 사랑할 수가 없습니다. 하나님이 내 안에서 역사하여 사랑하게 하소서"라는 고백 사이에는 굉장한 차이가 있습니다. 신앙생활은 내 힘으로 하는 것이 아닙니다. 내 힘으로 누군가를 사랑하는 것도 아닙니다. 내 힘으로는 아무것도 할 수 없음을 인정하고 예수님 안에 서는 것, 그것이 그리스도인의 삶입니다.

> 볼지어다 내가 내 아버지께서 약속하신 것을 너희에게 보내리니 너희는 위로부터 능력으로 입혀질 때까지 이 성에 머물라 하시니라 (눅 24:49)

제자들은 예수님과 함께 밥도 먹고, 잠도 자고, 이야기도 했습니다. 제자들은 항상 그분 주변에 있었습니다. 그러나 제자들은 능력 있는 그리스도인의 삶을 살지는 못했습니다. 신실한 그리스도인의 삶을 살기는커녕, 자신의 야망을 위해 예수님을 팔아먹기도 했고 모른다며 부인하기도 했습니다. 예수님이 부활했다는 소식을 듣고 무덤에 찾아가 직접 보기는 했으나, 다시 갈릴리로 돌아가 버렸습니다. 성도의 삶을 살아갈 아무런 능력이 없었던 것입니다. 그러던 제자들이 위로부터 내려오는 능력을 덧입게 되자 완전히 다른 사람으로 변했습니다. 그런 비결은 어디에 있었을까요? 성령을 충만히 받은 데 있었습니다. 성령을 충만히 받은 초대교회 성도들은 과거와는 완전히 다른 삶을 살았습니다.

그러므로 너희가 그리스도와 함께 다시 살리심을 받았으면 위의 것을 찾으라 거기는 그리스도께서 하나님 우편에 앉아 계시느니라 위의 것을 생각하고 땅의 것을 생각하지 말라 이는 너희가 죽었고 너희 생명이 그리스도와 함께 하나님 안에 감추어졌음이라 우리 생명이신 그리스도께서 나타나실 그 때에 너희도 그와 함께 영광 중에 나타나리라(골 3:1~4)

성령을 충만히 받은 성도들은 위엣 것을 찾으며 살았습니다. 더 이상 땅의 것을 생각하며 살지 않았습니다. 영광중에 다시 오실 예수님을 사모하며 담대히 살았던 것입니다.

그들이 사도의 가르침을 받아 서로 교제하고 떡을 떼며 오로지 기도하기를 힘쓰니라 사람마다 두려워하는데 사도들로 말미암아 기사와 표적이 많이 나타나니 믿는 사람이 다 함께 있어 모든 물건을 서로 통용하고 또 재산과 소유를 팔아 각 사람의 필요를 따라 나눠 주며 날마다 마음을 같이하여 성전에 모이기를 힘쓰고 집에서 떡을 떼며 기쁨과 순전한 마음으로 음식을 먹고 하나님을 찬미하며 또 온 백성에게 칭송을 받으니 주께서 구원 받는 사람을 날마다 더하게 하시니라(행 2:42~47)

Q 위의 성경 말씀을 읽고 답해 봅시다.

1. 초대교회 성도들은 어떤 삶을 살았나요?
   _____
   _____

2. 그 결과 어떤 일이 일어났는가? 47절 말씀을 참고하여 답해 봅시다.
   _____
   _____

성령을 충만히 받은 성도는 사도의 가르침을 받았고 성령 충만하여 성도끼리 서로 교제했습니다. 그리고 기도하기를 힘썼습니다. 그 결과 믿는 사람의 수가 늘어나고 사람에게 칭찬받았습니다. 이런 역동적인 삶은 성도 개인의 역량에서 나오는 것이 아닙니다.

물고기는 바다에 있을 때 활기찬 생명력을 유지합니다. 그러나 물 밖에 내던져지면 곧바로 죽습니다. 삼치나 갈치 같은 성질 급한 녀석은 금방 죽고, 문어나 광어 같이 온순한 녀석들은 천천히 죽지만 물 밖에 있는 생선은 모두 죽게 마련입니다. 그리스도인은 한 마리 생선에 비유됩니다. 그리스도 안에 있는 물고기들은 언제까지나 활기차게 살아갈 것입니다. 능력 있는 그리스도인의 삶을 살기 원하십니까? 그리스도 안에 거하십시오.

> **선포합니다**
> † 나는 '그리스도 안'에 살겠습니다!
> † 나의 의지로는 풍성한 그리스도인의 삶을 살 수 없습니다.
> † '나는 죽고, 그리스도께서 사시는 삶'을 살겠습니다.

20 헌신

성경 〈이사야서〉 6:6~8   요절 〈시편〉 40:6~7

🕊 지난 한주 하나님께서는

_____
_____
_____

내가 여기 있나이다, 나를 보내소서

이사야는 사촌 형 웃시야 왕이 죽던 해에 성전에 가서 '나는 입술이 부정한 사람'이라며 회개했습니다. 소설가적 상상력을 동원해 봅니다. 궁정 목회자로 일했던 이사야가 제사장 역할까지 수행하려다가 나병에 걸려 죽는 웃시야 왕을 보면서(대하 26:15~19) 자신은 입술이 부정한 사람이라고 회개했습니다. 이것은 그가 궁정 목회자로 일하는 동안 하나님의 말씀을 대언한 것이 아니라, 왕이 듣기 좋아하는 말만 해서 그런 것이 아닌가 싶습니다. 그런데 이사야가 자신의 과거를 진심으로 회개하자 하나님은 그를 용서해 주셨습니다.

> 그 때에 그 스랍 중의 하나가 부젓가락으로 제단에서 집은 바 핀 숯을 손에 가지고 내게로 날아와서 그것을 내 입술에 대며 이르되 보라 이것이 네 입에 닿았으니 네 악이 제하여졌고 네 죄가 사하여졌느니라 하더라 내가 또 주의 목소리를 들으니 주께서 이르시되 내가 누구를 보내며 누가 우리를 위하여 갈꼬 하시니 그 때에 내가 이르되 내가 여기 있나이다 나를 보내소서 하였더니 (사 6:6~8)

Q 위의 성경 말씀을 읽고 답해 봅시다.

1. 스랍이 제단 숯을 이사야의 입에 대면서 무슨 말을 했나요?
   _____
   _____

2. 내가 누구를 보낼까 막막해하는 하나님에게 이사야는 무어라 말했나요?
   _____
   _____

하나님의 용서를 받은 이사야에게 누구를 보낼까 막막해하는 하나님의 음성이 들려왔습니다. 이사야는 망설임 없이 자신이 가겠다고 손을 들었습니다. 하나님은 이사야의 헌신을 받아주셨고, 이제 이사야는 사람의 기분에 맞춰 말하던 과거, 남의 눈치를 보며 일하던 과거와 결별했습니다.

헌신의 욕구

약 340년 동안 가톨릭에는 카스트라토(castrato)가 있었습니다. 요즘은 여성의 목소리로 노래하는 남자가수를 일컫지만 원래는 성인이 된 이후에도 목소리가 미성으로 남아 있도록 거세당한 남자가수를 일컫는 용어였습니다. 소년들의 아름다운 목소리가 변성기를 지나면서 굵직한 중저음으로 변하니까 미성, 아름다운 소리를 하나님에게 드리고자 했던 교황청이 1562년 소년합창단원들을 거세하기 시작했습니다. 1903년 비오 10세에 의해 금지되기까지 수많은 성인 남성이 어쩔 수 없이 거세된 채 노래하는 삶을 살아야 했습니다. 타의에 의해 어쩔 수 없이 그렇게 된 인생이었습니다. 그들에게서 전적인 헌신을 기대하기는 어려웠을 것입니다.

심리학자 에리히 프롬은 모든 사람에게 헌신의 욕구가 있다고 했습니다. 헌신이란 단어의 사전적 정의는 "어떤 일이나 남을 위해서 자신의 몸과 마음을 다 바치는 행위"로 그와 같은 삶을 살 때 인간은 행복하다고 합니다. 그런데 이것이 남에 의해 강제될 때, 결코 헌신이라 할 수 없을 것입니다. 또 겉으로 드러난 행위와 마음이 따로 가는 이중적인 것이나 진정성이 결여된 껍데기만으로는 헌신이라 말하기도 어려울 것입니다.

온전한 헌신

여호와 나의 하나님이여 주께서 행하신 기적이 많고 우리를 향하신 주의 생각도 많아 누구도 주와 견줄 수가 없나이다 내가 널리 알려 말하고자 하나 너무 많아 그 수를 셀 수도 없나이다

> 주께서 내 귀를 통하여 내게 들려주시기를 제사와 예물을 기뻐하지 아니하시며 번제와 속죄제를 요구하지 아니하신다 하신지라 그 때에 내가 말하기를 내가 왔나이다 나를 가리켜 기록한 것이 두루마리 책에 있나이다(시 40:5~7)

시편 기자는 여러 가지 기적 같은 사건을 통해 받은 은혜가 많아서 감사하는 마음으로 제사도 드리고 제물도 드렸습니다. 그러나 자신을 드리지는 않았습니다. 반복되는 알맹이 없는 종교 행위를 통해 하나님이 원하시는 것은 제사나 예물이 아니라, 자기 자신이라는 것을 깨닫습니다. 하나님의 기다리심이 뼈저리게 느껴지자 시편 기자는 마침내 하나님에게 나아가 이렇게 고백했습니다. "내가 왔나이다."

〈사사기〉에 나오는 삼손과 들릴라 이야기를 아실 것입니다. 들릴라는 돈을 받고 삼손의 비밀을 알아내 힘이 없어진 삼손을 블레셋 사람에게 건넸습니다(삿 16:5, 18). 삼손은 하나님에게 바쳐진 사람이었는데 온전히 헌신하지 않음으로 인해 껍데기만 남게 되었습니다. 삼손의 출생 비밀이 소개되어 있는 〈사사기〉 13장 4~5절을 읽어 봅시다.

> 그러므로 너는 삼가 포도주와 독주를 마시지 말며 어떤 부정한 것도 먹지 말지니라. 보라 네가 임신하여 아들을 낳으리니 그의 머리 위에 삭도를 대지 말라 이 아이는 태에서 나옴으로부터 하나님에게 바쳐진 나실인이 됨이라 그가 블레셋 사람의 손에서 이스라엘을 구원하기 시작하리라 하시니

이스라엘 백성이 블레셋의 침공으로 고통받고 있을 때 하나님은 그들을 구하기 위해 삼손을 주시면서 나실인으로 기르라 했습니다. 그는 태어나면서부터 하나님에게 바쳐진 사람이었습니다. 나실인은 술을 멀리하고, 시체를 가까이 하지 말고, 머리를 깎지 않아야 했습니다. 그런데 삼손은 이방 여인 들릴라

의 품에 안겨 머리카락이 잘렸고 하나님의 영이 그를 떠났습니다. 머리카락 좀 자른다고 무슨 일이 일어날까 생각했지만 온전히 바쳐지지 않은 삼손에게서 더 이상의 능력은 기대하기 어렵게 되었습니다. 능력은 온전히 바쳐질 때 발휘된다는 메시지를 담고 있는 사건입니다.

신앙은 우리를 모두 드리는 것

> 어떤 사람이 친구에게 고민을 털어놓았습니다. "나는 제 시간에 집에도 들어가고 월급도 몽땅 아내에게 주는데 왜 집사람은 만족하지 못하는지 알 길이 없어." 그러자 친구가 대답합니다. "너는 제시간에 귀가도 하고, 월급도 몽땅 아내에게 주지만 너 자신을 아내에게 주지 않지."

온전한 헌신 없이는 상대와 함께 있어도 동행하는 것이 아닙니다. 몸은 함께 있지만 생각은 딴 곳에 있기 때문입니다. 그런 상태에서는 하나 됨에서 시작된 능력 발휘가 불가능합니다.

> 주께서 내 귀를 통하여 내게 들려 주시기를 제사와 예물을 기뻐하지 아니하시며 번제와 속죄제를 요구하지 아니하신다 하신지라 그 때에 내가 말하기를 내가 왔나이다 나를 가리켜 기록한 것이 두루마리 책에 있나이다(시 40:6~7)

하나님과의 동행을 원한다면 우리의 삶 전체를 하나님에게 드려야 합니다. 전부가 자신의 것이고 일부만, 그것도 상황에 따라 일부를 하나님에게 드리는 행태는 진정한 그리스도인의 삶이라 하기 어렵습니다. 하나님은 일부가 아니라, 삶 전체를 요구하십니다.

그 일 후에 하나님이 아브라함을 시험하시려고 그를 부르시되 아브라함아 하시니 그가 이르되 내가 여기 있나이다 여호와께서 이르시되 네 아들 네 사랑하는 독자 이삭을 데리고 모리아 땅으로 가서 내가 네게 일러 준 한 산 거기서 그를 번제로 드리라 …… 손을 내밀어 칼을 잡고 그 아들을 잡으려 하니 여호와의 사자가 하늘에서부터 그를 불러 이르시되 아브라함아 아브라함아 하시는지라 아브라함이 이르되 내가 여기 있나이다 하매 사자가 이르시되 그 아이에게 네 손을 대지 말라 그에게 아무 일도 하지 말라 네가 네 아들 네 독자까지도 내게 아끼지 아니하였으니 내가 이제야 네가 하나님을 경외하는 줄을 아노라(창 22:1~2, 10~12)

Q 위의 성경 말씀을 읽고 답해 봅시다.

1. 하나님은 100세에 얻은 아들 이삭을 어떻게 하라고 했나요?
   _____

2. 이삭을 제물로 바치려 할 때 하늘에서 어떤 음성이 들려왔나요?
   _____

아브라함에게 아들 이삭은 삶의 전부였습니다. 그런 아들을 모리아 산에서 번제로 드리라는 음성을 듣고 아브라함은 당황했을 것입니다. 그럼에도 아브라함은 순종했습니다. 하나님은 그의 믿음을, 하나님 경외하는 것을 알겠다고 하시며 아브라함을 축복하셨습니다.

구원받은 감격에서 시작되는 헌신

신앙은 헌신입니다. 하나님에게 우리의 몸과 마음을 다 바치는 일입니다. 미래가 확실하게 보장되어서 헌신하는 것도 아니고, 헌신의 결과로 영광을 얻게 될 것이 분명해서 그런 것도 아닙니다. 받은 사랑이 크고 감사해서 나를 하나님에게 드리는 것입니다. 이런 헌신이 있을 때 우리의 신앙생활은 온전해집니다.

우리 하나님이여 이제 우리가 주께 감사하오며 주의 영화로운 이름을 찬양하나이다 나와 내 백성이 무엇이기에 이처럼 즐거운 마음으로 드릴 힘이 있었나이까 모든 것이 주께로 말미암았사오니 우리가 주의 손에서 받은 것으로 주께 드렸을 뿐이니이다 우리는 우리 조상들과 같이 주님 앞에서 이방 나그네와 거류민들이라 세상에 있는 날이 그림자 같아서 희망이 없나이다 (대상 29:13~16)

다윗에게는 그림자 같이 희망 없이 지내던 자신을 구원해 주신 하나님에 대한 감사가 있었습니다. 그 감사, 그 감격에서 헌신이 흘러나왔습니다. 헌금도, 성전 건축도, 충성도 받은 은혜에 대한 감사에서 시작되었습니다. 헌신은 구원받은 감격에서 시작되어야 합니다. 그렇지 않은 헌신은 사람들의 인기나 환경에 따라 변덕을 부립니다. 구원받은 감격에서 시작되지 않은 헌신은 그 빛깔도 아름답지 않고, 수명도 길지 못합니다.

하나님이여 내 속에 정한 마음을 창조하시고 내 안에 정직한 영을 새롭게 하소서 나를 주 앞에서 쫓아내지 마시며 주의 성령을 내게서 거두지 마소서 주의 구원의 즐거움을 내게 회복시켜 주시고 자원하는 심령을 주사 나를 붙드소서 그리하면 내가 범죄자에게 주의 도를 가르치리니 죄인들이 주께 돌아오리이다 (시 51:10~13)

> **Q** 위의 성경 말씀을 읽고 답해 봅시다.
>
> 1. 다윗은 무엇을 회복시켜 달라고 했나요?
>
> _____

> Q 위의 성경 말씀을 읽고 답해 봅시다.
>
> 2. 주의 도를 가르치는 힘은 어디서 나오나요?
>
> _____

다윗은 자원하는 헌신이 어디에서 오는지 고민했던 것 같습니다. 그리고 자신의 내면을 들여다볼 때 헌신이 구원받은 즐거움에서 온다는 것을 깨달았습니다. 구원받았다는 감격이 있을 때 자원하는 마음이 생기고, 자원하는 마음으로 일할 때 선한 결과를 얻을 수 있음을 알았습니다. 그래서 그는 하나님에게 구원받은 감격을 회복시켜 달라고 기도했습니다.

은사에 맞는 헌신

하나님에게 자신을 헌신한 성도들이 구체적인 봉사를 시작할 때 주의할 것이 있습니다. 자신의 은사에 맞는 헌신을 해야 한다는 것입니다. 열심히 하지만 은사가 맞지 않으면 그 헌신은 좋은 열매를 거두기가 어렵습니다. 아무리 가르쳐도 아이들이 딴전을 피우고, 모이는 학생들의 수가 줄어간다면 교사로 봉사하는 것은 곤란합니다. 찬양하고 싶은 열정은 많으나 악보도 보지 못하고, 음정도 잡지 못한다면 찬양대원으로 봉사하는 것은 그만두어야 합니다. 은사에 맞게 헌신할 때 좋은 결과를 낼 수 있습니다. 우리의 헌신이 교회에 유익하느냐 하는 문제도 중요합니다.

> 유대인에게나 헬라인에게나 하나님의 교회에나 거치는 자가 되지 말고 나와 같이 모든 일에 모든 사람을 기쁘게 하여 자신의 유익을 구하지 아니하고 많은 사람의 유익을 구하여 그들로 구원을 받게 하라(고전 10:32~33)

교회의 유익

자기의 유익을 구하지 않고 교회의 유익, 남의 유익을 구하라는 말씀입니다. 주일이면 낮 예배 후에 함께 식사를 하는 교회가 있었습니다. 한 남자 집사가 부엌에서 배식을 하겠다고 자원했습니다. 수백 명의 밥을 퍼 주는 일이 만만치 않던 차에 여신도들은 감사하다고 환영했습니다. 그런데 그 남성이 부엌에서 봉사를 시작하자 곧바로 문제가 생기기 시작했습니다. 여신도들은 남 집사에게 다른 봉사를 하는 것이 좋겠다고 권면했습니다. 하지만 자신의 눈에 흙이 들어가기 전까지 계속하겠다고 버텼습니다. 교회의 유익은 안중에도 없었습니다. 오직 자신이 이렇게 봉사하고 있다는 것을 내세우는 데만 관심이 있었습니다. 마침내 아무도 부엌에서 봉사하겠다는 사람이 없어지고 말았습니다. 나의 헌신이 걸림돌이 되지 않아야 합니다.

교회 사역의 핵심은 내가 모든 일을 다 하는 데 있지 않고, 다른 사람들이 할 수 있도록 일꾼을 세우는 데 있습니다. 헌신은 개인의 만족을 위한 것이 아니라, 교회의 유익을 위한 것이어야 합니다.

헌신할 때 경중완급을 가려 우선순위를 정하는 것도 지혜로운 일입니다. 교회의 사역은 일이 아니라, 관계가 우선되어야 합니다. 일을 하기 위해 관계를 망쳐 버리면 사역은 점차 하기 어려워집니다. 일보다 사람이 우선입니다.

헌신에 다른 동기가 숨어 있으면 곤란합니다. 사람들에게 인정받기 위한 봉사나 헌신, 그리고 베풂과 나눔을 통해 그 사람을 나의 영향력 안에 두려고 하는 것도 신앙적인 일이 아닙니다.

〈사도행전〉 5장에는 아나니아와 삽비라 부부의 이야기가 나옵니다. 초대교회에서 바나바는 존경받는 인물이었는데 그가 밭을 팔아 사도들에게 내놓았습니다. 그런데 아나니아 부부가 그것을 흉내 냈습니다. 밭을 팔아 사도들 앞에 가져온 것입니다. 그런데 전부를 가져온 것은 아니었습니다. 일부는 감춰두고 전부라고 속여서 가져왔습니다. 마음에 사탄이 가득하여 성령을 속이려 했던 부부는 같은 날 죽고 말았습니다. 우리의 헌신이 하나님을 향해 있으면 천국에서 해 같이 빛나는 일이 될 것입니다.

> **선포합니다**
> † 나는 그동안 헌신하며 살지 못했음을 회개합니다.
> † 나는 하나님의 선한 역사를 위해 나의 삶을 전부 드리겠습니다.
> † 나는 은사에 맞는 헌신으로 교회의 유익을 끼치겠습니다.

5장의 주제는 '역사'입니다.

내가 속한 곳에서 "어떤 관계를 맺어 가야 하는가?"에 대해 살펴보려고 합니다.

우리는 시간적 존재입니다. 그리고 그 시간은 역사 안에서 평가되어야 합니다. 시간과 역사의 문제는 우리에게 더 넓은 시야를 제공합니다. 교회와 국가는 "이 세상과 하나님의 나라에 함께 속한 성도의 위치를 알려 주며, 동시에 어디에, 어떻게 충성해야 하는지"를 알려 줍니다. 그리스도인으로서 우리는 다른 종교를 가진 사람들과 더불어 살아갑니다. 그들의 사고 체계와 주장을 알아야 그들을 이해할 수 있고, 나를 변증할 수 있고, 흔들리지 않을 수 있습니다. 결국 인간은 각자가 선택한 세계관을 가지고 살아가는 존재이기에, "각자의 세계관에서 파생되는 이해와 갈등을 어떻게 헤쳐 나가야 하는가?" 하는 주제는 절실합니다.

5단원

역사

21 | 시간과 역사
22 | 교회와 국가
23 | 기독교와 무신론
24 | 기독교와 범신론
25 | 세계관

21 시간과 역사

성경 〈에베소서〉 5:16~17 요절 〈시편〉 90:12

🕊 지난 한주 하나님께서는

_____

_____

_____

바쁘다는 거짓말

세상에서 가장 많은 사람이 가장 많이 하는 거짓말, 그러면서도 아주 교활하기 때문에 자기가 거짓말하는 줄도 모르는 그런 거짓말은 무엇일까요? 미국 캘리포니아 대학의 심리학자 브라이언 킹 박사는 거짓말을 연구하다가 이 모든 조건을 완벽하게 만족시키는 기가 막힌 거짓말이 있다는 것을 발견합니다. 그것은 "바쁘다!"는 말입니다. 그는 바쁘다는 핑계로 자기 삶을 반성하지 않고, 오히려 생각 없이 살아가는 사람들의 생활 태도를 고도의 거짓말 행위로 지적했습니다. 바빠서 하나님에게 예배도 못 드리고, 기도할 시간도 없고, 부모님도 찾아뵙지 못하고, 너와 얼굴을 맞대고 얘기할 시간도 없고, 운동도 할 수 없고 등. 요즘 사람들은 이렇게 바쁘다는 말로 모든 것을 정당화한다는 것입니다.

그럼 바쁘다는 말은 정말 거짓말일까요? 아닙니다. 바쁜 것이 사실입니다. 그런데 바쁨은 가치의 문제입니다. 다시 말하면 "무엇 때문에 바쁜가? 왜 바쁜가?" 속에 나의 가치가 들어 있다는 말입니다. 우리 모두는 바쁘지만 아무리 바빠도 자기가 좋아하고, 가치 있다고 생각하는 일은 다 하면서 삽니다. 정확하게 말하면 바빠서 못하는 것이 아니라 그 일에 가치를 두지 않기 때문에 못하는 것입니다. 바쁘다는 것이 사실이지만, 동시에 그 말은 거짓말이 되는 것입니다. 그러므로 "나는 정말 바쁜가? 아니면 바쁘다고 핑계하는 것인가?" 하고 자기 자신에게 정직하게 묻고 대답해야 합니다. 여기에 대해 바르게 응답한다면 우리의 삶은 엄청나게 달라질 것입니다.

시간의 파괴성과 구원성

시간이란 무엇인가요? 시간에는 양면성이 있습니다. 그래서 사람들은 새로운 시간 앞에서 기대와 걱정을 동시에 합니다. 아우구스티누스는 새해 첫날 이렇게 기도했습니다.

> 하나님이여, 나는 누구이며 어디로 가고 있는 것입니까? 내 시간은 심판을 당하고 있나이다.

시간에는 '파괴성'이 있습니다. 이것이 물리적 시간, 객관적 시간의 모습입니다. 시간과 함께 모든 것이 사라지고, 잊혀지고, 늙어 갑니다. 시간 속에서 모든 것을 잃어 갑니다. 과거는 이미 지나갔고, 미래는 아직 오지 않았습니다. 현재만 있는데, 그 현재도 지속성이 없습니다. 계속 지금 지금 지금, 이렇게 순간일 뿐입니다. 시간과 함께 지나온 나는 없어지고, 미래는 불확실하며 내게 주어진 것이 없습니다.

이렇게 시간의 파괴성에 빠지게 되면 과거도 없고, 미래도 없고, 현재만 남기 때문에 현재를 어떻게 살아야 할지 방향성을 잃어버립니다. 이 속에서 사람들은 질문합니다. "나는 지금까지 뭘 했나? 남은 것이 뭔가? 앞으로 뭘 하면서 살아야 하나?" 모릅니다. 그저 하고 싶은 대로, 기분 내키는 대로 살아갈 뿐입니다. 내일이 없는 하루살이처럼 내가 누군지도 모르고, 어디로 가야할지도 모르는 가운데 현재는 파괴됩니다.

반면에, 시간에는 구원성이 있습니다. 이것이 심리적 시간, 주관적 시간의 모습입니다. 우리 몸은 어쩔 수 없이 물리적 시간을 살아가지만, 그러나 마음속에서는 다른 일이 일어납니다. 우리는 과거를 기억하기도 하고, 미래를 기대하기도 합니다. 과거를 살펴보고, 미래를 예측하며, 오늘 내가 무엇을 해야 할지를 깨닫고 그것을 행합니다. 그래서 과거, 현재, 미래는 한 점에서 만납니다. 그럴 때 과거는 사라져서 무의미한 것이 아닙니다. 오늘의 나를 있게 했기 때문입니다. 동시에 미래는 올지 말지 모르는 막연한 것이 아닙니다. 기대 안에서 희망합니다. 그러므로 오늘을 회복시켜 줍니다.

다시 말하면 시간의 통일체 안에서는 매 순간이 지나가는 바람처럼 사라지지 않습니다. 인간은 과거를 기억 속에서 축적하고, 미래를 기대 속에서 계획합니다. 그럼으로써 현재 자신이 마땅히 해야 하는 일을 인식하고, 그 일을 감당하게 됩니다. 현재가 구원을 받는 것입니다.

> **Q** 시간의 파괴성과 구원성을 정리해 봅시다.

    왼쪽에서 오른쪽으로 뻗은 화살을 생각해 보세요. 왼쪽 끝은 태초이고, 오른쪽 끝은 종말입니다. 옆에서 보면 선입니다. 그러나 화살의 뾰족한 끝에서 보면 점입니다. 시간은 우리가 볼 때 끊임없이 변하며 흘러가는 것 같지만, 영원의 각도에서 보면 한 점에서 만납니다. 그래서 과거 현재 미래가 한 점에서 만날 때, 그것을 영원한 현재(eternal now)라고 부릅니다. 영원한 현재는 이런 면에서 시간을 초월하는 순간입니다. 그러나 영원한 현재도 시간 속에서 일어납니다. 플로티노스는 말했습니다. "신은 영원한 현재에서 우리를 본다. 그러므로 시간은 영원의 예표이며, 하나님을 향한 인간의 응답 과정이다."

시간과 인간의 관계

우리가 물리적 시간을 살 때 인생은 사라진 과거 때문에 허무하고, 사라지고 말 현재 때문에 무의미하며, 올지 안 올지 모르는 미래 때문에 불안합니다. 그래서 존재물에 집착하게 되고, 세속적이 됩니다. 그러나 우리가 심리적인 시간을 살면 우리의 삶은 현존하는 과거 현재 미래로 인해 의미와 가치, 그리고 희망으로 충만해지기 때문에 풍요로워집니다. 그래서 존재물보다 존재 자체에 관심을 갖게 되고, 성숙한 삶을 살게 됩니다. 셰익스피어는 말했습니다. "장난감 하나를 얻고자 영원을 팔아먹을 수는 없다."

> **Q** 이 셰익스피어의 말은 무슨 뜻일까요?
> _____
> _____

　시간과 인간의 관계를 바르트는 4가지로 요약합니다. 먼저는 '시작하는 시간'이 있습니다. 우리는 처음부터 존재했던 것이 아닙니다. 이 땅에서 생명을 시작한 시간이 있었습니다. 탄생의 시간이지요. 둘째는 '주어진 시간'이 있습니다. 그 시간은 내가 스스로 취한 것이 아닙니다. 내게 주어진 것입니다. 누군가가 내게 그 시간을 주었다는 말입니다. '할당된 시간'이 있습니다. 무한정 주어진 것이 아니라 일정한 시간, 정해진 시간이 있습니다. 마지막으로 '끝나는 시간'이 있습니다. 정리하고 결산하는 시간이 있습니다. 이것이 시간과 인간의 관계입니다.
　나름대로 그 안에서 자유도 있고 선택도 하지만, 인간은 기본적으로 시간 속에서 태어나, 주어진 일정한 시간을 보내고, 그 마지막에 그것에 대해 심판받는 존재입니다. 이런 의미에서 우리는 시간의 주인이 아닙니다. 시간은 내 의지와 상관없이 왔다가 떠납니다. 우리가 시간의 주인이 아님을 단적으로 나타내는 것이 죽음입니다. 내 스스로 태어나지도 않았고, 내가 원하지 않아도 떠나야 합니다. 그러므로 이 주어진 시간을 어떻게 보낼 것인가? 이것이 중요합니다.

시간을 어떻게 보내야 할까

세월을 아끼라 때가 악하니라(엡 5:16)

〈에베소서〉에서 바울은 우리에게 "세월을 아끼라"고 합니다. 의미상으로는 "주신 기회를 놓치지 말고 포착하여 선용하라!"는 뜻입니다. 하나님은 우리에게 때를 따라 기회를 주십니다. 사랑할 수 있는 기회, 봉사할 수 있는 기회, 성숙할 수 있는 기회, 충성할 수 있는 기회, 회개할 수 있는 기회, 새로운 미래를 향해 점프할 수 있는 기회 등. 그런데 그 기회는 늘 있는 것이 아닙니다. 잠깐 열렸다가 없어집니다. 시간은 마치 늪 속으로 빠져가는 보물 상자와 같습니다. 칼뱅은 본문을 "마귀에게서 시간을 빼앗으라"고 해석했습니다. 왜냐하면 우리가 시간을 제대로 사용하지 못하도록 마귀가 우리 시간을 빼앗기 때문입니다.

왜 우리는 시간을 아껴야 하나요? 시간 속에 "주님의 뜻"이 있기 때문입니다(엡 5:17). 다시 말하면 그 시간을 통해 하나님이 하실 일이 있기 때문입니다.

〈에베소서〉5:17
그러므로 어리석은 자가 되지 말고 오직 주의 뜻이 무엇인가 이해하라

우리에게 주어진 시간에 아무것이나 할 수는 없습니다. 그 시간 속에 무엇을 넣을 것인지, 어떤 일을 할 것인지 선택해야 합니다. 선택의 기준은 그 사람의 가치관입니다. 그러므로 그 사람이 어떤 사람인지는 그가 시간을 어떻게 사용하는지를 보면 됩니다. 그 시간은 우리가 누구인지를 드러내고, 하나님의 사람으로 서게 하는 기회입니다. 우리는 더 오래 살기를 바라고, 시간의 길이를 늘려 보려고 애쓰지만 그보다 더 중요한 것은 주어진 시간을 어떻게 가치 있게 사용하는가 하는 것입니다.

역사에 대한 두 가지 사고 구조

역사란 무엇일까요? 성경에 의하면 이 세상은 하나님의 '창조'에서 출발하여 역사의 완성이라는 '종말'을 향해 나갑니다. 둘 사이를 잇는 현재는 하나님 '섭리'가 인도합니다. 학문적으로 말하면 성경은 창조론-섭리론-종말론의 구조를 가집니다. 어떻게 이런 구조를 갖게 되었을까요? 역사를 보는 두 가지 사고 구조를 살펴보겠습니다.

먼저 순환적(循環的) 사고 구조입니다. 인간은 오랫동안 순환적이고 공간적으로 사고해 왔습니다. '공간적 사고'란 사계절의 순환, 해의 뜨고 짐, 봄이 되면 다시 소생하는 자연의 이치를 보면서 형성된 것입니다. 여기서 인간은 자연과 우주의 일부이며, 이런 사고 구조에서 시간은 언제나 양적이고 모든 시간은 동일한 가치를 가집니다. 시간은 언제나 돌고 도는 것이기 때문에 역사도 끝없이 반복됩니다. 여기서는 역사에 대한 인식이 나올 수 없습니다. 이런 구조 속에서 시간의 의미는 상실됩니다. 이런 패턴은 인도, 중국, 고대 그리스-로마를 위시해 대부분의 문명권에서 볼 수 있습니다.

그러나 성경은 전혀 다른 사고 구조를 가집니다. 하나님이 일상적이고 평범한 시간 속으로 들어옵니다. 하나님은 시간 속에서 그 백성을 만나고 응답하면서 그들과 함께합니다. 하나님을 체험한 시간은 특별한 사건이므로 다른 시간과 질적으로 구별됩니다. 이제 시간은 동일하지 않으며, 시간의 의미가 달라집니다. 영원이 시간 속으로 들어오면서 순환이 멈추고, 시간을 연속적으로 바라볼 수 있게 됩니다. 이것은 곧 시간의 끝인 '목적'을 생각하게 만들었습니다. 그 시간의 목적이 종말입니다. 이제 창조에서 시작된 시간은 종말에서 완성됩니다. 시작과 끝이 있는 선적(線的)인 사고가 가능해진 것입니다.

먼저 이것을 알지니 말세에 조롱하는 자들이 와서 자기의 정욕을 따라 행하며 조롱하여 이르되 주께서 강림하신다는 약속이 어디 있느냐 조상들이 잔 후로부터 만물이 처음 창조될 때와 같이 그냥 있다 하니 이는 하늘이 옛적부터 있는 것과 땅이 물에서 나와 물로 성립된 것도 하나님의 말씀으로 된 것을 그들이 일부러 잊으려 함이로다 이로 말미암아 그 때에 세상은 물이 넘침으로 멸망하였으되 이제 하늘과 땅은 그 동일한 말씀으로 불사르기 위하여 보호하신 바 되어 경건하지 아니한 사람들의 심판과 멸망의 날까지 보존하여 두신 것이니라

(벧후 3:3~7)

> **Q** 역사를 보는 두 가지 사고 구조는 무엇인가요? 신앙적 시간 이해는 어떤 특성을 갖나요?
> _____
> _____

태초에서 종말 사이의 현재가 우리가 살아가는 시간입니다. 이 시간의 연속이 역사이고, 역사는 일정한 방향으로 신의 뜻을 따라 진행된다는 생각이 '역사의식'입니다. 기독교의 가장 중요한 특징은 역사의식과 종말론적 신앙의 조화에 있습니다.

일반 역사와 구원 역사

종말론이란 미래학의 반대 개념입니다. 미래학은 이 세상의 학문을 기반으로 하여 오늘을 중심으로 앞으로 될 일을 예측하는 것입니다. 그러나 종말론은 신앙고백으로 확실히 도래할 종말의 그날을 기점으로 역으로 오늘을 바라보는

것입니다. 주님 앞에 서는 그날에 주님 앞에서 오늘의 나를 본다고 생각해 보세요. 어떤 모습일까요? 의심과 불안에 휩싸여 비틀거리는 모습이겠지요?

종말에 대한 인식이 없으면 미래의 소망을 잃고 현재의 역사에 몰입됩니다. 종말만 강조하면 현재의 역사를 관통하는 하나님의 섭리를 보지 못하고 역사에 대한 책임성도 잃게 됩니다. 종말적 신앙은 이 세상을 이기는 힘을 주고, 현재 역사에 대한 긍정인 역사의식은 이 세상에 대한 책임성을 부여합니다.

> **Q** 종말론은 무엇이며, 종말을 인식하는 것은 왜 중요한지 말해 봅시다.

그러므로 기독교 신앙은 공간적, 범신론적, 윤회적, 순환적 성격이 아닙니다. 선적이고 역사적이며, 하나님의 뜻을 추구하는 목적 지향적입니다. 하나님의 섭리에 응답할 때 신앙은 구체화됩니다. 신앙이 역사적 인식에서 멀어질 때 신앙은 모호하거나 흐려집니다. 하나님의 섭리와 신앙적 역사의식은 분리되지 않습니다. 우리는 하나님 나라의 완성을 바라보며, 지금 이 역사 안에서 하나님의 나라를 향한 삶을 살아가야 하기 때문입니다.

하나님은 역사의 주인입니다. 그래서 역사는 그분(하나님)의 이야기인 것입니다. "History is His Story." 이것이 구원 역사입니다. 동시에 우리는 하나님의 역사에 응답해야 합니다. 이것이 일반 역사입니다. 구원 역사는 일반 역사 속에서 이루어지는 신비한 역사입니다. 성경은 이스라엘의 역사를 말하면서 동시에 그 속에서 이루어진 놀라운 구원 역사를 보여 줍니다. 그러므로 우리는 보이는 역사 너머에서 이 역사를 다스리고 이끄시는, 역사의 주인이신 하나님을 바라보아야 합니다.

그 구원 역사의 한 중심에 예수 그리스도의 십자가 사건이 있습니다. 그래서 역사가 스티븐 닐은 말했습니다. "그리스도의 죽음은 역사의 중심점이다. 과거의 모든 길은 거기로 수렴한다. 그리고 미래의 모든 길이 거기서부터 발산한다." 마치 모래시계처럼 역사의 한 중심에 예수 그리스도가 있습니다. 그래서 세상의 역사도 예수님을 중심으로 B.C.와 A.D.로 갈라집니다.

예수 그리스도는 역사의 중심이며, 우리는 다시 오실 주님을 역사의 끝에서 보게 될 것입니다. 그러므로 우리는 시간의 주인이신 주님에게 물어야 합니다. 지금 시간을 바르게 사용하고 있는지, 이 시간은 하나님 앞에서 의미 있는 시간인지, 하나님에게 목적을 둔 삶을 살고 있는지 말입니다.

날 계수하는 지혜

〈시편〉 90편을 보면 모세의 기도가 나옵니다. 광야 40년을 다 보내고 이스라엘 역사를 회고하며 드리는 기도입니다. "왜 우리는 광야에서 아까운 시간들을 보내야만 했는가? 왜 우리는 범죄하며 살았는가?"에 대한 반성입니다. 결론은 우리 속에 하나님을 두려워하지 않은 것이 문제였다는 것입니다. 다시 말하면 하나님을 경외하지 않았습니다. 그래서 함부로 죄를 짓고, 불순종하며, 제멋대로 행했습니다. 짧은 인생인데, 그 시간마저도 대부분의 시간이 죄로 얼룩지고 고통당한 시간이 대부분을 차지하니 얼마나 답답하고 민망한 일입니까? 그래서 모세는 기도합니다.

우리에게 우리 날 계수함을 가르치사 지혜로운 마음을 얻게 하소서 (시 90:12)

주께서 행하신 일을 주의 종들에게 나타내시며 주의 영광을 그들의 자손에게 나타내소서 주 우리 하나님의 은총을 우리에게 내리게 하사 우리의 손이 행한 일을 우리에게 견고하게 하소서 우리의 손이 행한 일을 견고하게 하소서 (시 90:16~17)

위의 말씀에서 "날 계수하는 지혜"란 무슨 뜻일까요? 주님의 행사와 그 뜻을 깨닫게 해달라는 말은 무슨 뜻일까요? 내가 지금 몇 살인지 깨닫고 나이 값을 하게 해 달라는 것입니다. 더 나아가 시간 속에 나타난 하나님의 계획과 의도를 알게 하시고, 거기에 나를 맞추게 해 달라는 것입니다. 그래야만 남은 인생이 지난날처럼 진노와 연단과 훈련과 눈물로 가득한 삶이 되지 않고, 즐거운 삶이 될 것이기 때문입니다.

직선적 시간을 살아가는 우리들은 영원하신 하나님 앞에 설 것을 바라보며 (종말론) 오늘 해야 할 일을 감당하며 (역사의식) 세월을 아끼며 순간순간을 의미 있게 살아야 합니다.

> 🕊 **선포합니다**
> † 하나님은 시간과 역사의 주인이십니다.
> † 나는 종말론적 역사의식을 갖고 살겠습니다.
> † 나는 분명한 목적의식을 갖고 나이값을 하며 살겠습다.

22 교회와 국가

성경 〈마태복음〉 20:15~22 요절 〈로마서〉 13:1

지난 한주 하나님께서는

_____

_____

_____

하나님의 권위와 하나님이 세우신 권위

모든 권위의 출처는 하나님입니다. 주기도문 끝에는 이런 말이 나옵니다. "나라와 권세와 영광이 영원히 아버지의 것입니다." 하나님의 권세는 절대적입니다. 하나님은 창조주이시고, 우리는 피조물입니다. 창조주가 피조물에 대해 가지는 권위, 이것을 '직접 권위'라고 합니다. 또한 하나님은 우리 위에 사람을 세우십니다. 그리고 당신의 권위 일부를 나누어 주어 질서를 유지하게 합니다. 이것을 '간접 권위', 혹은 '위임 권위'라고 합니다.

그러므로 모든 사람은 하나님의 직접 권위와 하나님이 세우신 간접 권위, 그 이중적 권위 속에서 살아가게 되어 있습니다. 이것이 하나님의 질서입니다. 그러므로 하나님의 직접 권위와 그가 세우신 간접 권위에 복종하기를 배우지 못하면 질서 있게 살 수도 없고, 바른 인격이 될 수도 없습니다. 두 권위를 잘 분별하고 따라가야 우리의 삶은 평탄하게 될 것입니다. "나는 하나님에게만 복종하겠다. 사람의 권위, 그런 것은 필요 없다!"고 하는 경향이 있습니다. 이렇게 하나님이 세우신 권위를 무시하고 하나님과 직통하려는 것인데, 신학적으로는 신비주의라고 합니다. 또한 하나님의 뜻과는 상관없이 나에게 잘해 주고, 힘 있는 사람에게만 절대 복종하는 것! 이것은 영적으로 우상숭배입니다. 하나님의 권위와 하나님이 세우신 권위를 인정하고 순종하는 것이 우리를 향한 하나님의 뜻입니다.

권세에 대한 우리의 자세

이 땅에 살아가는 우리는 내 위에 세우신 하나님의 질서, 더 구체적으로는 국가와 지도자들에게 어떤 태도를 가져야 할까요? 이것을 학문적으로는 '그리스도인의 국가관'이라고 합니다. 그리스도인에게는 그가 속한 나라가 있습니다. 그러므로 자기 나라의 법과 제도를 따라야 합니다. 나라에 대해 가져야 할 근본적인 자세를 살펴보겠습니다.

〈로마서〉 13:1
각 사람은 위에 있는 권세들에게 복종하라 권세는 하나님으로부터 나지 않음이 없나니 모든 권세는 다 하나님께서 정하신 바라

첫째, 권세는 하나님이 세운 것입니다. 하나님에게로부터 오는 것입니다(롬 13:1). 하나님이 정하신 것을 영어로는 ordain이라고 합니다. "기름 부어 세운다"는 뜻입니다. 물론 우리가

"투표해서 뽑은 사람"입니다. 그런 과정을 밟았습니다. 하지만 제비는 사람이 뽑지만 결정은 하나님이 하십니다. 내가 투표를 할 때, 내게 기회가 주어졌을 때는 신중하게 선택해야 합니다. 그러나 결정된 후에는 하나님이 그를 세우셨음을 인정해야 합니다. 결정된 후에도 "나는 저 사람 안 찍었는데 역시 마음에 들지 않아" 하며 뒤에서 비방하고 흔드는 것이야 말로 미련한 일이고, 질서를 거부하는 잘못된 태도입니다.

그렇다면 맨 위에 있는 사람은 아무 통제도 받지 않고 자기 마음대로 해도 될까요? 그렇지 않습니다. 그도 따라야 할 권위가 있습니다. 법이 있고, 그 위에 하나님의 뜻이 있는 것입니다. 그러므로 모든 사람은 권위 아래에 놓여 있고, 그 권위에 순종하며 살아가야 합니다. 이것이 첫째 원리입니다.

둘째, 세우신 권세에 복종해야 합니다. 하나님이 세우셨으니 순종해야 하는 것입니다(롬 13:2). 세우신 권세를 거역하면 하나님의 명을 거역하는 것입니다. 우리나라의 정치 역사는 왕들의 실정과 외세 압력, 군부의 독재로 상처를 입어서 정부와 공공 기관에 대해 부정적입니다. 때로는 항거하는 것이 지성인의 의무인 것처럼 생각한 적도 있습니다. 물론 잘못한 것에 대해서는 말해야지요. 그러나 한계가 있습니다.

〈로마서〉 13:2
그러므로 권세를 거스르는 자는 하나님의 명을 거스름이니 거스르는 자들은 심판을 자취하리라

요즘 각종 시민 단체들이나 NGO가 각광을 받는 이유는 권력의 독점을 막고 시행착오를 줄이려는 민주주의의 보조 수단으로 가치가 있기 때문입니다. 더 좋은 대안을 제시하고, 더 좋은 정책을 펴도록 압력을 가하는 것까지는 권력의 분점 현상이라는 면에서 유익하지만, 그들도 국법을 지키면서 그 일을 해야지 정상적인 권위를 부정하거나 불법적으로 행동하는 것은 용납되지 않습니다. 이런 행위에 대해 심판이 있다는 것입니다.

권세의 목적

그렇다면 권세의 목적은 무엇일까요? 권세의 목적은 권선징악입니다. 안 되는 것을 되게 하는 것이 권세의 목적이 아니라 선을 장려하고, 악을 벌하는 것입니다.

> 관원들은 선한 일에 대하여 두려움이 되지 않고 악한 일에 대하여 되나니 네가 권세를 두려워하지 아니하려느냐 선을 행하라 그리하면 그에게 칭찬을 받으리라(롬 13:3)

그러므로 정치가 없어지기를 바라면 안 됩니다. 비록 불완전한 정부라 할지라도 있으니까 이만큼의 질서를 잡아가는 것입니다. 내가 바르고, 진실하고, 선을 행한다면 어떤 권력도 내게 적이 되지 않을 것입니다.

그러므로 국가에 대한 의무를 감당해야 합니다.

> 모든 자에게 줄 것을 주되 공세를 받을 자에게 공세를 바치고 국세 받을 자에게 국세를 바치고 두려워 할 자를 두려워하며 존경할 자를 존경하라(롬 13:7)

세금 떼어먹지 말고, 벌금이 나왔다면 불평하지 말고 납부하는 것이 질서입니다. 그리고 법을 집행하는 모든 사람을 하나님의 일꾼으로 여겨야 합니다. 그리고 자기 나라와 지도자를 사랑하고 위하여 기도해야 합니다.

> 그러므로 내가 첫째로 권하노니 모든 사람을 위하여 간구와 기도와 도고와 감사를 하되 임금들과 높은 지위에 있는 모든 사람을 위하여 하라 이는 우리가 모든 경건과 단정함으로 고요하

고 평안한 생활을 하려 함이라 이것이 우리 구주 하나님 앞에 선하고 받으실 만한 것이니

(딤전 2:1~3)

> **Q** 우리는 왜 나라와 지도자를 위해 기도해야 할까요?

셋째, 우리에게는 두 개의 시민권이 있습니다.

국가 권력이 정도를 넘어서 하나님의 권세를 대적하면 어떻게 해야 할까요? 〈요한계시록〉에 보면 국가의 권력이 타락해서 적그리스도의 역할을 하는 모습이 나옵니다(계 17:4~5). 그럴 때는 어떤 자세를 취해야 하나요? 그때는 우리의 시민권이 하늘에 있다는 것을 기억해야 합니다.

> 그러나 우리의 시민권은 하늘에 있는지라 거기로부터 구원하는 자 곧 주 예수 그리스도를 기다리노니(빌 3:20)

그리스도인들은 두 개의 시민권이 있습니다. 하늘나라의 시민권을 가지고 이 땅에서 삽니다. 이곳은 우리가 임시로 머무는 곳입니다. 그러므로 여기 살지만 여기에 붙들려 살아서는 안 됩니다. 우리의 궁극적 소망은 하늘나라입니다. 영원한 그 나라를 바라보며 그곳을 향하여 달려가야 하는 것입니다.

기본적으로 우리는 나라에도 충성하고, 하나님에게도 충성해야 합니다. 국가가 하나님의 뜻을 따라 바르게 다스리면 순종해야 합니다. 그러나 국가가 하나님의 법에 배치가 될 때에는 하나님의 법을 우선하여야 합니다.

국가와 교회의 관계에 대해서

이제 국가와 교회의 관계에 대해 생각해 보겠습니다. 교회와 국가의 관계를 보는 견해는 3가지가 있습니다. ① 하나님-교회-국가, ② 하나님-국가-교회, ③ 하나님-(교회)- 국가가 그것입니다.

역사적으로 교회는 국가 위에 있으려고 했습니다. 중세시대의 로마 교회가 그러했습니다. 교회가 세속의 권력을 지배하고 다스렸습니다. 그 결과 교회의 본분을 잊어버리고 권력에 취했습니다. 그래서 영적으로 암흑기라고 합니다. ①번 입장이 여기 해당됩니다.

②번은 교회도 국가 내의 집단이기 때문에 국가의 지배를 받아야 한다는 것입니다. 교회의 조직이나 재정도 국가에 신고하고 허락을 받고 조사를 받아야 한다는 입장이 여기 해당됩니다.

그런가하면 정교분리의 원칙이 있습니다. 이 원칙이 나온 이유는 교회가 국가 권력을 장악하거나 지배하여 일어나는 온갖 비리와 모순을 경험했기 때문입니다. 또 반대로 교회가 국가 권력에 예속되거나 시녀가 되면서 오는 부정적 역할을 지켜보았기 때문입니다. 이 정교분리라는 원칙은 정치에 무관심하라는 것이 아닙니다. 바람직한 정교분리는 교회가 권력을 얻으려고 나서지 않는 것입니다. 이런 의미에서 기독교 정당은 바람직하지 않습니다. 오히려 교회는 영적 지도력을 발휘해서 국가 권력이 하나님의 공의에 따라 바른 정책을 펼치고, 국민이 주권을 바르게 행사하며 평등하게 살 수 있도록 해야 합니다. 교회가 국가에 대하여 정치적이고 물리적인 힘이 아니라 영적인 지도력을 발휘해야 하므로 교회에 괄호를 쳐서 (교회)라고 표기한 것입니다. ③번이 여기에 해당합니다.

> **Q** 이 세 가지 견해 중에서 어느 것이 옳은지 말해 봅시다.
> _____
> _____

교회의 영적인 위치는?

또 만물을 그의 발 아래에 복종하게 하시고 그를 만물 위에 교회의 머리로 삼으셨느니라 교회는 그의 몸이니 만물 안에서 만물을 충만하게 하시는 이의 충만함이니라(엡 1:22~23)

교회의 영적 위치는 만물 위에, 그리스도 밑에 존재합니다. 다시 말하면 예수 그리스도- 교회- 만물의 순서입니다. 교회는 영적으로 그리고 정신적으로 국가 위에 존재하는 것입니다. 국가는 현실 집단이며 세속적 집단이지만, 교회는 영원한 집단이며 거룩한 공동체입니다. 이것은 정치에 간섭하여 세속 권력을 지배하라는 의미가 아닙니다. 국가가 기독교를 박해하면 그 국가는 불행합니다. 기독교가 권력을 장악하면 교회는 타락합니다.

교회와 국가의 관계에 대해서 예수님은 뭐라고 하셨을까요?

그러면 당신의 생각에는 어떠한지 우리에게 이르소서 가이사에게 세금을 바치는 것이 옳으니이까 옳지 아니하니이까 하니 예수께서 그들의 악함을 아시고 이르시되 외식하는 자들아 어찌하여 나를 시험하느냐 세금 낼 돈을 내게 보이라 하시니 데나리온 하나를 가져왔거늘 예수께서 말씀하시되 이 형상과 이 글이 누구의 것이냐 이르되 가이사의 것이니이다 이에 이르

> 시되 그런즉 가이사의 것은 가이사에게, 하나님의 것은 하나님께 바치라 하시니 그들이 이 말씀을 듣고 놀랍게 여겨 예수를 떠나가니라 (마 22:17~22)

바리새인과 헤롯당원이 와서 예수님에게 가이사에게 세금을 바치는 것이 옳으냐고 물었습니다. 이 질문은 단순하지 않습니다. 세금을 내라고 하면 열심당에서 예수님을 반역자라고 할 것이고(열심당은 하나님만이 왕이시므로 로마 황제에게 세금을 내지 않겠다고 반란을 일으켰다), 내지 말라고 하면 헤롯당(헤롯당은 로마에 아부하는 당이다)에서 반발할 것입니다. 로마 제국도 진노할 것이 분명합니다. 어떤 대답을 해도 예수님에게 불리합니다.

그런데 질문을 받은 예수님은 대답하기 전에 그들에게 물었습니다. 로마의 동전인 데나리온에는 황제의 상이 새겨져 있고, 황제가 신적인 존재라고 쓰여 있으므로 정통 유대인이 볼 때는 동전 자체가 십계명을 어긴 우상의 물건입니다. 예수님은 그 동전에 있는 형상과 글이 누구의 것이냐고 물었고, 그들은 가이사의 것이라고 대답했습니다. 그러자 예수님은 "가이사의 것은 가이사에게, 하나님의 것은 하나님에게 바치라"고 하셨습니다.

Q "가이사의 것은 가이사에게 바치라"는 말은 무슨 뜻인가요?

이 말의 의미는 하나님과 가이사를 이분법적으로 구분하면 안 된다는 것입니다. 사실 정치는 하나님과 대립 관계가 아니라 상하 관계로 보아야 합니다.

국가의 권력은 하나님의 사람을 다스리는 도구이며, 하나님이 주신 것이니 합법적 권세입니다. 그래서 예수님은 가이사의 통치를 부정하지 않습니다. "가이사의 것은 가이사에게 바치라." 동전은 가이사의 것입니다. 그러므로 이 동전은 가이사에게 바쳐라. 이 말은 세상 권력에 순응하는 자세를 가지라는 뜻입니다.

하나님의 것은 하나님에게

그런데 여기서 예수님 말씀의 핵심은 "하나님의 것은 하나님에게 바치라"는 것입니다. 가이사 위에 하나님이 계신다는 것을 말하려는 것입니다. 가이사의 통치보다 더 높고 절대적인 하나님의 통치가 분명히 존재한다는 것을 가르칩니다. 이렇게 함으로써 당시 유대인에게 예수님이 하고 싶은 말은 무엇이었을까요?

> "가이사의 통치가 절대적이 아닌데, 너희들은 가이사의 통치에만 신경을 쓰는구나. 정말 중요하고 절대적인 것은 하나님의 통치인데, 너희는 그렇게 보지 않고 보이는 권세만 의식하고 사는구나! 너희들은 왜 가이사의 눈치를 보면서, 그 위에 계신 하나님의 눈치는 보지 않느냐? 정말 보아야 하고 의식해야 할 것은 하나님의 눈치이다."

하나님의 통치에는 민감하지 않으면서 가이사의 통치에만 민감한 그들, 가이사 위에 만왕의 왕이신 하나님이 계시니 그 하나님을 의식하고 그분에게 절대 순종하라는 말입니다. 이것은 유대인에게 엄청난 충격이었습니다.

> Q "하나님의 것은 하나님에게 바치라"는 말은 무슨 뜻인가요?
>
> _____
>
> _____
>
> _____

모든 사람에게 하나님의 형상이 새겨져 있습니다(창 1:26~27). 하나님의 형상이 새겨진 사람들은 누구의 것일까요? 하나님의 것입니다. 그러므로 누구에게 바쳐져야 합니까? 당연히 하나님에게 바쳐져야 합니다. 예수님의 마음은 이런 것입니다.

"하나님의 형상이 새겨진 사람은 하나님의 것이다. 그러므로 사람은 자기 전체를 하나님에게 다 드려야 하는데, 어찌하여 너희들은 자신을 하나님에게 바치지 않으면서 가이사의 것을 가이사에게 바쳐야 하느냐고 시비를 거느냐? 너희들 자신은 하나님에게 드리지 않으면서 그까짓 동전을 바치는 일로 시비를 거느냐? 어찌하여 황제의 형상이 새겨진 동전은 황제에게 바칠 줄 알면서 하나님의 형상이 새겨진 너희는 하나님에게 바치지 않느냐?"

열심당원들을 향해서는 이런 의미입니다.

"동전만 안 바치면 다 된다고 생각하느냐? 너희 자신을 하나님에게 온전히 바쳐라. 동전을 바치지 않는 일에 목숨을 걸지 말고, 하나님에게 자신을 드리는 일에 목숨을 걸라."

또 헤롯당원들에게는 이렇게 말하는 것입니다.

"너희들은 세상의 왕에게는 잘도 갖다 바치면서 어찌하여 참되신 왕 하나님에게는 너희 자신을 드리지 않느냐? 왜 하나님은 섬기지 않고, 세상의 왕만 섬기느냐?"

이 말씀의 의미를 파악한 사람들은 그 말씀을 놀랍게 여기고 예수님을 떠나갑니다.

우리는 이 땅에 살면서 국가의 법을 지켜야 합니다. 그러나 더 중요한 것은 우리의 진정한 주인이신 하나님에게 자신을 드리는 것입니다. 하나님 안에서 교회와 국가는 서로를 돕는 아름다운 관계가 될 것입니다.

선포합니다

† 나는 모든 권위의 출처가 하나님이라는 것을 믿습니다.
† 나는 하나님이 주신 권위에 복종하며, 나라를 사랑하겠습니다.
† 나는 주인이신 하나님에게 나를 드리는 일에 목숨을 걸겠습니다.

23 기독교와 무신론

성경 〈에베소서〉 2:8~9   요절 〈시편〉 14:1

🕊 지난 한주 하나님께서는

_____

_____

_____

어떤 모임에서 강연하다가 질문을 받았습니다.

"①종교란 다 비슷한 것 아닙니까? 기독교와 다른 종교의 차이가 뭔지, 한마디로 요약해주시면 좋겠습니다. ②왜 기독교는 다른 종교를 인정하지 않습니까? 왜 꼭 예수님을 믿어야만 하나요? 다른 종교들은 서로 인정하고 교류도 하는데 기독교는 관용이 없는 것 아닙니까? ③등산을 할 때 정상에 오르는 길은 하나가 아니듯이 어느 종교를 통해서도 진리에 도달할 수 있는 것 아닌가요?"

거기 참석한 대부분이 그리스도인인데, 이런 질문이 나오는 것이 의외였지만 '충분히 궁금할 수 있겠다' 생각하고 대답했습니다. 첫 번째 질문에 대해 말씀드리겠습니다.

종교란 다 비슷한 것 아닙니까?

기독교와 다른 종교는 방향이 완전히 다릅니다. 다른 모든 종교는 아래에서 위로 올라가는 방향입니다. 내가 내 힘으로 하나님에게 도달하려는 시도입니다. 물론 사람마다 수준 차이는 있지요. 핸드리 모울은 말했습니다.

> 창녀, 거짓말쟁이, 살인자들은 하나님의 영광에 이르지 못한다. 하지만 당신도 마찬가지다. 그들은 갱도 제일 밑바닥에 서 있고, 당신은 높은 산꼭대기에 서 있을지 모르지만 당신이나 그들이나 별에 손이 닿을 수는 없다.

그런데 내 힘으로 거기까지 도달하겠다는 것이 종교입니다.

그러나 기독교는 위에서 아래로 내려옵니다. 나에게 하늘로 올라오라 하지 않고, 하나님이 인간이 되어 내려오셔서, 나를 위해 죽었습니다(엡 2:8~9). 구원을 받기 위해서 "무엇을 하라"고 요구하는 것이 아니라 "내 사랑을 받아들이라"는 것이 기독교입니다. 그러므로 기독교와 다른 종교는 구원의 방법이 정반대입니다. 요약하자면 다른 종교는 자력 구원이고, 기독교는 타력 구원입니다. 예수 그리스도를 의지하여 구원을 받는 것입니다.

〈에베소서〉 2:8~9
너희는 그 은혜에 의하여 믿음으로 말미암아 구원을 받았으니 이것은 너희에게서 난 것이 아니요 하나님의 선물이라 행위에서 난 것이 아니니 이는 누구든지 자랑하지 못하게 함이라

Q 기독교와 다른 종교는 무엇이 다른가요?

왜 꼭 예수님을 믿어야만 하나요?

두 번째 주제입니다. 기독교가 다른 종교를 인정하지 않는 이유가 무엇인지 묻는 질문입니다.

어느 초등학교 산수 시간에 구구단 시험을 보게 되었습니다. 문제는 딱 하나, "7 X 8 = ?" 정답은 56이지요. 많은 학생이 답을 잘 썼는데, 두 학생이 틀렸습니다. 한 학생은 55라고 썼고, 또 한 학생은 46이라고 썼습니다. 물론 그 둘은 다 빵점을 받았습니다. 조금 있다가 55라고 쓴 학생이 선생님을 찾아와서 말했습니다.

"선생님, 저는 정답에서 1밖에 틀리지 않았는데요. 쟤는 10이나 틀렸는데 어떻게 똑같이 빵점입니까?"

선생님이 대답했습니다.

"정답은 56, 딱 하나뿐이다. 하나가 틀렸건 열이 틀렸건 틀린 것은 틀린 것이다."

"다른 종교에 대해 관용을 가져야지, 기독교는 왜 독선적이냐? 그런 태도는 잘못된 것 아니냐?"고 묻지만 이것은 관용의 문제가 아니라, 정답을 아느냐의 문제입니다. 56이 정답인 것을 알면, 다른 대답은 아무리 비슷해도 다 틀린 것이지요. 그러나 정답을 모른다면 다른 것을 향해 틀렸다고 말할 수 있나요? 55도 괜찮고, 90도 나쁘지 않고, 25도 틀렸다고 할 수는 없습니다. 어차피 정답은 모르니까! 이것은 관용이 아니라 정답을 아느냐의 여부인 것입니다.

> **〈요한복음〉 14:6**
> 예수께서 이르시되 내가 곧 길이요 진리요 생명이니 나로 말미암지 않고는 아버지께로 올 자가 없느니라

이제는 나 곧 내가 그인 줄 알라 나 외에는 신이 없도다 나는 죽이기도 하며 살리기도 하며 상하게도 하며 낫게도 하나니 내 손에서 능히 빼앗을 자가 없도다(신 32:39)

Q 〈요한복음〉 14장 6절 말씀을 적어 봅시다.

_____

_____

정상에 오르는 길은 하나가 아니지 않습니까?

세 번째 질문에 대한 대답입니다. 정상에 오르는 길은 많다고 하는데, 여기에는 엄청난 모순이 있습니다. 왜냐하면 산꼭대기에 똑같은 신이 계시지 않거든요. 산꼭대기는 이쪽저쪽 어느 길로나 올라가기만 하면 됩니다. 왜? 정상이 똑같으니까! 그러나 기독교가 말하는 신과 불교가 말하는 신과 유교가 말하는 신과 무당이 말하는 신이 같은가요? 전혀 달라요! 그들이 주장하는 진리의 내용과 성격이 완전히 다른데, 어떻게 아무 길로나 올라가면 똑같이 정상에 오른다는 말입니까? 성립하지 않는 개념입니다. 이것은 다신교를 지지하는 사람들이 사용하는 방법인데, 하나님을 믿는 사람들이 여기에 넘어갑니다.

그러므로 "모든 것이 다 똑같이 좋다"는 생각이라면 몰라도, 분명한 진리

를 가진 종교를 설명하면서 정상에 오르는 길이 똑같다고 하는 것은 잘못된 개념입니다. 어떤 신을 만나려면 그 신이 제시한 길로만 가야 합니다. 이런 의미에서 종교는 담이 둘린 집으로 들어가는 문과 같습니다.

그래서 예수님은 "나는 양의 문이다"(요 10:7)라고 하셨습니다. 양이 우리 안으로 들어가려면 문을 통과하지 않으면 안 됩니다. 다른 곳은 다 막혀 있으니까요. 예수님을 통과하지 않으면 하나님 아버지께로 들어갈 수 없다는 말입니다. 또한 예수님은 분명하게 말씀합니다. "내가 곧 길이요 진리요 생명이다"(요 14:6). 그런데 그 길은 많은 길 중의 하나가 아닙니다. "I am the way. 내가 바로 '그 길'이다. 다른 길이 없다. 내가 아버지께로 가는 the way, 유일한 길이다." 이런 뜻입니다. 그 길이 바로 예수 그리스도입니다. 그러니 다신교적 개념에 속지 마시고, 기독교를 독선이라고 생각하지 마시고, 예수 믿는 것을 최고의 행복으로 여기며 사시기 바랍니다.

무신론을 생각하다

여러분은 다른 종교에 대해 알고 있나요? 그들의 질문에 대해 기독교를 변증할 수 있습니까? 먼저 무신론에 대해 생각해 봅시다.

무신론은 절대적인 신이 존재하지 않는다는 입장입니다. 있다고 해도 알 필요 없고, 또한 알 수도 없다는 입장을 포함합니다. 똑같은 무신론이라도 신의 존재를 인정하느냐에 따라 둘로 나뉘는데, 세속적 무신론과 비세속적 무신론입니다.

세속적 무신론은 과학적이고 진화론적이며 인본주의적인 입장입니다. 인간의 운명을 좌우하는 신은 존재하지 않으며, 죽으면 그 자체로 아무것도 남지 않는다고 주장합니다. 자연은 우연히 진화되었고, 그 중심은 언제나 인간 자신이며, 인간의 이성과 판단을 최고의 가치로 여깁니다. 그런데 인간은 우연한 진화의 산물이므로 특별한 존재 목적이나 이유가 없습니다.

현대 실존주의 철학은 인간에 대해 이렇게 말합니다. 첫째, 인간은 어떤 존재인가? "우주 속으로 아무 의미 없이 던져진 존재이다!" 마르틴 하이데거의 말입니다. 둘째, 던져진 인간의 존재 양태는 무엇인가? "그것은 두려움과 불안이다." 장 폴 샤르트르의 말입니다. 셋째, 그러면 그 속에서 어떻게 살아야 하는가? "프로메테우스적인 삶이다! 운명에 대해 항거하고 분노하면서, 굽힐 줄 모르는 도전 의지를 가지고 사는 것! 한마디로 반항자적 삶, 여기에 존재 의미가 있다!" 알베르 카뮈의 말입니다.

그러나 그들은 분석은 했지만 원인도 모르고, 대책도 틀렸습니다. 성경은 말씀합니다. 첫째, 왜 인간은 던져진 삶을 사는가? 왜 버려진 존재가 되었는가? 자기가 하나님을 던져 버렸기 때문입니다(대하 12:5b). 둘째, 왜 두렵고 불안한가? 천지를 만드시고 역사의 주관자인 하나님의 보호와 약속을 믿지 않고 거부했기 때문입니다. 그러므로 자신의 안전과 미래를 보장할 것이 아무것도 남아 있지 않기 때문에 두렵고 불안한 것입니다(시 14:5). 셋째, 왜 반항하고 분노하는가? 불안을 감추려 하고, 안전을 스스로 확보하려 하지만 안 되기 때문입니다(창 4:6). 그래서 분노가 나타나고, 이 분노가 폭력으로 표현됩니다. 그러니까 각종 폭력의 원인 속에는 분노가 있고, 그 분노 속에는 불안과 허무가 존재합니다. 불안과 허무가 있는 이유는 하나님을 스스로 떠났기 때문입니다. 그러므로

〈역대하〉 12:5b
여호와께서 이같이 말씀하시기를 너희가 나를 버렸으므로 나도 너희를 버려 시삭의 손에 넘겼노라 하셨다 한지라

〈시편〉 14:5
그러나 거기서 그들은 두려워하고 두려워하였으니 하나님이 의인의 세대에 계심이로다

〈창세기〉 4:6
여호와께서 가인에게 이르시되 네가 분하여 함은 어찌 됨이며 안색이 변함은 어찌 됨이냐

방법은 간단합니다. 하나님에게 돌아와서, 그 은혜의 팔에 나를 맡기면 평화를 얻고, 순종하며 살면 인생은 아름다워집니다.

자연주의적 유물론의 원래 의도는 인간의 존엄성과 가치를 드러내려는 것이었습니다. 인간은 자신이 원하는 대로 가치를 창출하고 미래의 진화까지도 자유롭게 조절할 수 있다고 보았습니다. 그들은 스스로를 자유로운 행위자라고 생각했지만 그들의 인식은 하나의 환상이었습니다.

> 과학적 세계상을 믿으라고 말하는 사람들은, 이성이 맹목적인 물질의 끝없고 목적 없는 변화의 어느 한 단계에서 어느 누구의 의도와도 상관없이 뜻밖에 나타난 부산물일 뿐임을 함께 믿으라고 한다. 이것은 명백한 모순이다. 그들은 나에게 한 가지 결론을 들이밀면서 동시에 그 결론의 근거가 될 수 있는 유일한 증언을 의심하게 한다. 이 난점은 치명적이다. - C. S. 루이스

세속적 무신론에서 기계의 부속품이 되어 버린 인간은 자기 가치를 찾지 못하고, 의미를 찾기 위하여 몸부림치지만 결국 궁극적 의미를 잃어버린 존재가 됩니다. 왜냐하면 자신의 존재 근거가 없기 때문입니다. 신을 버린 그들은 스스로 자유를 얻었다고 생각했으나 어디에서도 궁극적인 자기 존재 가치를 찾을 수 없는 우주의 미아가 되었습니다. 이들의 딜레마를 카우프만은 이렇게 묘사했습니다. "인간은 …… 신이 되고 싶어 하는 원숭이이다."

> **Q** 인간의 존엄과 가치를 드러내려 했던 세속적 무신론은 실패했습니다. 왜 그리 되었을까요?

동양 종교인 샤머니즘과 유교와 도교를 비세속적 무신론이라고도 합니다.

여기서 인간은 세상의 주인이 아니며, 세상을 다스리는 절대자도 아닙니다. 다만 나보다 더 위대한 실체 – 나를 그 속에 태어나서 살게 하는, 내가 죽어서 그 속에 묻힐 수밖에 없는 – 눈에 보이는 세계, 그 자연이 나의 주인입니다. 나는 다만 그 속에 살며, 그 원리에 따라 살아갈 뿐입니다. 이 입장은 절대적인 신이 없다는 면에서 무신론적입니다. 학문적으로는 신(theos) 중심이 아니라 코스모스(cosmos:우주와 자연) 중심의 세계관을 가지고 있습니다.

무교(巫敎: 샤머니즘)는 인간과 신령과 무당이 굿이란 종교 의례에서 만나 조화를 이룸으로써 문제를 해결하는 종교입니다. 신을 향한 결단보다는 생활의 당면 문제를 초월적인 신의 능력을 빌어 해결하려 합니다. 나의 소원 성취가 목적이며, 신은 세속적인 목적을 채워 주는 수단일 뿐입니다. 유교는 천명을 추구하며 의연한 삶을 살기 위해 수신제가치국평천하에 몰두하면서 인간의 길을 찾아보려 합니다. 그런데 초월을 부정하면서 궁극적 가치 체계를 세우지 못하고, 후손이 드리는 제사에서 구원을 찾았습니다. 도교는 좀 더 존재의 한계를 뛰어넘으려고 시도했지만 결국 그들이 추구한 것은 육체의 생명을 오래 유지하는 것에 두면서 현실을 초월하는 가치를 만들어 내지 못했습니다.

세속적 무신론에서는 자기 자신이 우주의 중심인 반면, 동양 종교에서는 자연이 모든 것의 중심입니다. 여기서는 자연과의 합일, 자연과의 동화를 최고의 이상으로 여깁니다. 동양 종교를 구성하는 무교·유교·도교를 순서대로 살펴보면, 계속해서 인간의 욕심은 축소되고 있습니다. 자연에게 자기를 점점 내주고 있는 것입니다. 무교에서는 신령도 인간의 욕심에 따라 다스리려고 합니다. 유교는 자연이 부여한 인간의 도리를 다하려고 합니다. 도교에서는 유교의 그런 가르침도 너무 인위적이므로 자연 앞에 인간의 의지를 다 내려놓고 완전히 자연과 하나가 되어야 한다고 주장합니다.

거짓 신과 진짜 신

무신론의 좋은 점은 거짓 신을 몰아냈다는 것입니다. 그러나 무신론이 거부하는 거짓 신이 어떤 것인지는 별개의 문제입니다. 옛날부터 인간은 자신이 이해하기 어려운 것은 신의 간섭으로 여겼습니다. 천둥과 번개를 이해하지 못했을 때는 그 원인을 제우스에게 돌리고, 바다의 바람을 잠재우고 싶을 때는 포세이돈이나 용왕에게 빌었습니다. 이제 과학이 발달한 시대에 이런 신들은 필요 없습니다. 왜냐하면 그것은 진정한 신이 아니고 사이비 신(세계 내의 인과적 요소)이기 때문입니다. 이것을 제거하는 것은 과학의 위대한 작업입니다. 인간에게 자유를 가져왔으며, 인간으로 인간되게 합니다.

그러나 모든 신을 사이비 신으로 볼 수는 없습니다. 엄밀한 의미에서 무신론에서 공격하는 신은 성경에서 말하는 진정한 신(하나님)이 아니라 인간이 만들어 낸 신, 자기를 투사한 신입니다. 이런 신을 거부하는 무신론은 합리적이지만, 참된 신까지도 부정하는 가치 체계는 근본적으로 인간의 모든 문제를 풀어낼 능력을 상실하게 합니다. 이것은 과학의 월권입니다.

성경은 무신론이 생기는 이유를 인간의 작은 지혜 때문이라고 합니다. 그 지혜는 이렇게 주장합니다.

> 종교란 어리석은 사람들이 무서움을 극복하기 위해 만들어낸 보완조치다. 종교란 원시적인 것이며, 사람들이 성숙해지면 사라져야 한다. 세상에 보이는 모든 것은 우연히 생겨났고, 우리 조상은 원숭이이며, 인생의 목적이란 아무 것도 없고, 모든 것은 우연히 왔다가 우연히 사라지는 것이다. 어디로 가는지는 모른다.

프랑스의 철학자 파스칼은 《팡세》에서 사람을 세 종류로 구분했습니다.

첫 번째 사람은 하나님을 찾다가 만난 사람이고, 두 번째 사람은 하나님을 찾으나 아직 만나지 못한 사람이고, 세 번째 사람은 하나님을 찾지도 않고 만나지도 못한 사람이다. 첫 번째 사람은 합리적이고 행복하다. 두 번째 사람은 합리적이지만 행복하지 않다. 세 번째 사람은 합리적이지도 않고 행복하지도 않다.

하나님의 형상으로 만들어진 인간으로서 하나님을 찾는 것이 지극히 합리적이며, 하나님을 만나는 것이 인간 최고의 행복이라는 말입니다.

Q 나는 몇 번째 사람인지, 왜 그렇게 생각하는지 말해 봅시다.

하나님을 인정하고, 복음을 따라 사는 것은 세상의 어떠한 철학과 논리보다 가장 합리적이고 자연스러우며 행복한 것입니다. 믿는 것이 더 불합리하고 두려움이 많은 증거라고 생각하는 사람이 많습니다. 그러나 성경은 그렇게 말하지 않습니다. 하나님의 형상을 가진 인간으로서 하나님을 인정하고 사는 것이 훨씬 더 행복하고, 합리적이고, 마땅히 걸어가야 할 인간의 길입니다.

> **선포합니다**
> † 모든 인간은 종교적입니다.
> † 과학도 하나의 종교이며, 과학주의는 우상숭배입니다.
> † 나는 나를 만드신 하나님을 믿고, 동행하는 삶을 살겠습니다.

24 기독교와 범신론

성경 〈창세기〉 3:4~5, 〈이사야서〉 5:20~21 요절 〈이사야서〉 43:1

지난 한주 하나님께서는

　　교회 다니지 않는 분에게 "교회 좀 나오세요!" 하고 권면하면 이렇게 말하는 분들이 있습니다. "사람이 뭔가 믿고 의지하고 싶을 때, 왜 꼭 교회에 다녀야만 합니까? 다른 곳에 다니거나 아무 데도 안 다닐 수도 있는 것 아닙니까? 좋은 책을 읽거나 산에서 수양을 하거나 나름대로 노력하면 되지, 꼭 교회에 나와야 한다는 말은 독선 아닙니까?" 그러면 저는 이렇게 대답합니다.

　　사람이 너무나 고귀하기 때문이지요. 사람은 이 세상 무엇보다도 가장 잘 만들어지고, 가장 정밀하고 우수하며, 세상에서 하나밖에 없는 소중한 존재입니다. 최고의 명품이지요. 싸구려 물건은 아무데나 가서 고쳐도 됩니다. 그러나 명품이 고장 나면 아무 곳에나 보내면 안 됩니다. 반드시 만든 곳으로 보내야 제대로 고칠 수 있고, 안심하고 맡길 수 있지요. 인간은 하나님이 만드신 최고의 걸작입니다. 그런데 그 명품을 감히 누가 고치겠습니까? 내 스스로? 병원에서? 학교에서? 산 속에서? 아닙니다. 그들을 만드신 하나님의 집에서만 고칠 수 있습니다. 그래서 문제가 있으면 교회로 나와야 하는 것입니다.

사람은 이렇게 명품이기 때문에 아무렇게나 사용하면 안 됩니다. 명품의 사용 매뉴얼이 있습니다. 하나님의 말씀이 바로 그것입니다. 하나님의 말씀은 '인간 사용 설명서'입니다. 이대로 하면 인간은 정말 명품답게, 제대로 살 수 있습니다.

그런데 기독교 외에도 인간이야말로 명품 중에 명품이라고 생각하는 사람들이 있습니다. 그들이 바로 범신론자들입니다. 범신론(汎神論)은 모든 것(汎)이 신(神)이라는 주장입니다. 이것을 두 가지로 나눌 수 있는데 전자는 힌두교와 불교이고, 후자는 뉴에이지입니다. 범신론 사상을 크게 3가지, 고통에 대한 생각과 공 사상, 그리고 윤회 사상으로 정리할 수 있습니다.

> Q 범신론은 무엇인가요?
> 이 범주에 속하는 종교로는 어떤 것이 있나요?

고통에 대한 범신론의 생각

범신론은 "모든 것이 고통"(一切皆苦)이라 말합니다. 특별히 힌두교와 불교의 목적은 고통을 없애는 것입니다. 그런데 모든 고통은 욕망의 좌절 때문에 생기니, 욕망을 없애면 고통은 없어집니다. 그러려면 욕망을 갖지 않아야 합니다. 욕망은 집착에서 생기는 것이니 집착하지 말라고 합니다.

문제는 고통이 왜 생겼는가에 있습니다. 성경은 죄 때문에 생겼다고 말합니다(요 5:14). 죄에 대한 하나님의 진노가 고통의 원인입니다(롬 1:18). 그러므로 회개하는 것이 고통을 없애는 첫걸음입니다. 그래서 예수님은 "회개하라. 천국이 가까이 왔느니라"(마 3:2, 4:17)는 말씀으로 사역을 시작하셨습니다. 그러나 불교에서는 죄 대신에 무지(無知)를 말합니다. 회개 대신에 깨달음(覺)을 이야기합니다. 불교에는 죄라든지 회개라는 개념이 없습니다. 그러므로 대속이라든지 용서라든지 하는 개념이 들어올 수 없고, 따라서 그리스도도 필요하지 않습니다.

그러나 고통에 초점을 맞추는 것은 인간 중심적인 세계관입니다. 왜냐하면 고통은 인간이 싫어하는 것이기 때문입니다. 죄에 초점을 맞추는 것은 신 중심적인 세계관입니다. 왜냐하면 죄는 하나님이 싫어하는 것이기 때문입니다. 이 내용을 단순화하면 다음과 같습니다.

범신론: 무지→고통→깨달음→열반

기독교: 죄→고통→회개→천국

> **〈로마서〉 1:18**
> 하나님의 진노가 불의로 진리를 막는 사람들의 모든 경건하지 않음과 불의에 대하여 하늘로부터 나타나나니

Q 고통을 대하는 데 있어 범신론과 기독교의 다른 점은 무엇인가요?

색즉시공, 공즉시색

둘째, 공(空) 사상입니다. 여기에 따르면 우주에 존재하는 것 중에 영원한 것은 아무것도 없습니다. 우주의 만물들은 본래 영원불변한 속성이나 본질을 가지고 있지 않으며, 따라서 실체(實體)가 없습니다. 이것을 자성(自性)이 없다고 말합니다. 즉 모든 사물은 자기 정체성이 없다는 것입니다. 우주 만물이 보여주는 다양성과 정체성은 우주의 본래 모습이 아니라 환상에 불과하다는 것입니다. 깨달음이란 우주의 다양한 모습이 환상에 불과하다는 것을 알고 사물들에 대한 집착과 욕망을 버리는 것을 의미합니다.

심지어 인식의 주체인 '나'조차도 고유의 본질과 속성을 가진 존재가 아니며, 따라서 '나'라는 정체성은 없습니다. 이러한 우주의 본래 모습을 보지 못하고 영원불변한 사물들인 것처럼 착각하여 집착하는 것은 무지 때문입니다. 모든 고통의 근원은 결국 무지에 있기 때문에 고통을 없애기 위해서는 무지를 깨뜨려야 합니다. 무지를 깨뜨리는 것이 바로 깨달음입니다.

불교의 공사상을 말하는《반야심경》(般若心經)은 "색즉시공 공즉시색"(色卽是空 空卽是色)을 말합니다. 이것은 현상 세계(色)는 실체와 자성이 없으나(空), 공(空)은 현상 세계와 독립한 어떤 것이 아니라 바로 곧 현상 세계(色) 그 자체의 모습이라는 뜻입니다. 공의 차원에서는 'A'와 'B'라는 두 사물은 각각 어떤 독자적인 존재성이나 자성이 없으며, 따라서 'A'와 'B'는 본질적으로 하나입니다. 그래서 'A'는 곧 'B'요, 'B'는 곧 'A'라는 논리가 성립합니다. 이런 논법에 따라서 불교에서는 생(生)과 사(死)는 서로 다른 것이 아닌 하나입니다.

승 성철은 1987년도 석탄일 법어에서 이렇게 말했습니다.

사탄이여 어서 오시옵소서. 나는 당신을 존경하며 예배합니다.
당신은 본래 거룩한 부처입니다.

이것 역시 선과 악, 하나님과 사탄이라는 대립의 경지를 넘어서 '공'이라는 입장에서 한 말입니다. 불교의 '공' 사상은 물리적 세계에서 적용되는 상대성을 모든 영역에 확대 적용하도록 비약함으로써 도덕적 상대주의에 빠집니다.

이 논리를 따르면 선이 악이 되고, 악이 선이 됩니다. 그러나 선은 선이고, 악은 악입니다. 천국은 천국이고, 지옥은 지옥입니다. 죄는 죄고 의는 의입니다. 하나님은 하나님이시고, 사탄은 사탄입니다. 영생은 영생이고, 사망은 사망입니다. 이것을 뒤집는 것은 말장난입니다.

> 율법이 들어온 것은 범죄를 더하게 하려 함이라 그러나 죄가 더한 곳에 은혜가 더욱 넘쳤나니 이는 죄가 사망 안에서 왕 노릇 한 것 같이 은혜도 또한 의로 말미암아 왕 노릇 하여 우리 주 예수 그리스도로 말미암아 영생에 이르게 하려 함이라 (사 5:20~21)

개별자의 정체성과 다양성을 부정하는 것은 우리를 개별자로 만드신 하나님의 창조 사역을 부정하는 것입니다. 우주의 실체를 환상으로 간주하는 것은 하나님의 창조 사역을 환상으로 간주하는 것입니다. 만일 개별자들이 정체성이 없고 다양하지 않다면 하나님이 개별자들과 인격적인 관계를 맺을 수 없습니다. 이것은 곧 하나님의 인격성을 부정하는 것입니다.

여기서 강조하는 것이 궁극자에 대한 비인격화입니다. 비인격적 존재는 주권을 행사할 수 없으며, 영광을 받을 수 없습니다. 그러므로 범신론은 인격적인 존재인 하나님을 '궁극적 원리'나 '힘'으로 비인격화함으로써 결과적으로 사람들이 하나님과 인격적 교제를 하지 못하게 하고, 하나님이 영광을 받지 못하게 합니다.

그 중요한 방법이 합일(合一)입니다. 신인합일(神人合一)이나 천인합일(天人合一), 주객합일(主客合一)은 일종의 무의식으로, 너와 나의 구분이 없는 상태입니다. 이것은 자기 정체성의 상실, 인격의 상실로 이어집니다. 무의식의 상태는 인간이 어떤 정보에 대해서 방어할 수 없는 상태입니다. 마치 권투선수가 팔을 내리고 있는 것과 동일합니다. 만일 정체성과 인격을 상실하면 귀신이 들어와서 그 자리를 차지합니다. 그러므로 신인합일은 결국 무인격의 상태이기 때문에 사탄이 비인격적 관계를 맺기에 가장 좋은 상태이며, 일종의 귀신들림의 상태입니다. 그러나 하나님은 인격적 존재시며, 우리를 개별적으로 아시며, 우리와 인격적인 관계를 맺는 분입니다.

〈이사야서〉 43:1
야곱아 너를 창조하신 여호와께서 지금 말씀하시느니라 이스라엘아 너를 지으신 이가 말씀하시느니라 너는 두려워하지 말라 내가 너를 구속하였고 내가 너를 지명하여 불렀나니 너는 내 것이라

너희는 눈을 높이 들어 누가 이 모든 것을 창조하였나 보라 주께서는 수효대로 만상을 이끌어 내시고 그들의 모든 이름을 부르시나니 그의 권세가 크고 그의 능력이 강하므로 하나도 빠짐이 없느니라 야곱아 어찌하여 네가 말하며 이스라엘아 네가 이르기를 내 길은 여호와께 숨겨졌으며 내 송사는 내 하나님에게서 벗어난다 하느냐(사 40:26~27)

Q 〈이사야서〉 43장 1절 말씀을 적어 봅시다.

_____
_____
_____
_____

불사에 대한 인간의 열망_윤회 사상

셋째, 윤회 사상입니다. 윤회 사상은 우주적 순환에 대한 관념을 인간의 생애에 적용한 것으로서, 불사(不死)에 대한 인간의 열망을 표현합니다. 인간도 우주처럼 탄생과 죽음을 거듭한다는 말입니다. 업(카르마)에 의한 윤회의 고리를 깨달음을 통해 끊겠다는 것인데, 윤회 사상에 따르면 업의 해소는 누군가가 대신할 수 있는 것이 아닙니다. 그래서 수없는 생을 반복하면서 해탈을 위해 몸부림칩니다.

그러나 여기에는 너무나 많은 모순이 있습니다. 정리하면 다음과 같습니다. 모든 출생이 환생이며 모든 생애가 전생의 상벌(업보)이라면 최초의 생애는 무엇에 대한 상벌인지 설명할 수 없습니다. 또한 윤회설이 사실이라면 세상은 갈수록 나아져야 할 텐데 도리어 점점 더 악화되고 있습니다. 더 나아가서 윤회설을 인정한다면 전 세계 인구는 고정 불변이라야 합니다. 어떤 영혼들은 성공적으로 해탈했을 것이므로 세상의 인구는 오히려 점차 줄어야 합니다. 그러나 현실은 그렇지 않습니다.

Q 윤회 사상의 모순은 무엇인가요?

사탄은 윤회 사상을 통해서 우주의 기원과 창조, 그리고 종말에 대한 질문을 없애 버립니다. 그래서 창조주 하나님의 존재를 부정하고, 심판을 은폐시킵니다. 그러나 성경은 우리가 하나님 심판대 앞에 각자 설 것임을 말씀합니다.

Q 〈로마서〉 14장 10절 말씀을 적어 봅시다.
_____
_____

　윤회 사상에다 서구의 진화론을 결합해서 영적 진화론을 주장하는 것이 뉴에이지입니다. 뉴에이지는 기독교에 대한 반발에서 시작합니다. 기독교라는 옛 종교(old religion)가 말하는 내용이 맘에 들지 않는다는 것입니다. '죄'라는 개념으로 인간을 억압하고, '지옥'을 만들어 위협했다는 것이지요. 그러므로 억압적인 개념을 가진 '종교'라는 말 대신에 '운동'(movement)이라는 보편적이고 현대적인 말로 바꾸고, 기독교가 아닌 것으로 새로운 시대(new age)를 열어가겠다는 것입니다. 그래서 new age movement라고 합니다.

〈로마서〉 14:10
네가 어찌하여 네 형제를 비판하느냐 어찌하여 네 형제를 업신여기느냐 우리가 다 하나님의 심판대 앞에 서리라

　이들은 에덴동산에서 아담과 하와 두 사람은 죄를 저지르고 타락한 것이 아니라, 인간 이전 단계에서 인간으로 진화한 것으로 봅니다. 그런데 이렇게 자의식이 생긴 두 사람을 보고 기독교에서는 선악과를 먹지 말라는 신의 뜻을 어겼기 때문에 죄를 지은 것(원죄론)으로 잘못 해석했다고 주장합니다(《에덴으로부터의 도약》).

　그들은 인간이 자기 존재를 잊어버린 신이라고 합니다. 힌두교와 불교의 환생 개념까지 받아들입니다. 뉴에이지는 범신론적이지만 힌두교와 불교보다 훨씬 더 과학적인 이미지를 갖습니다. 이것은 타락한 인간의 원죄를 부정하고, 인간의 힘으로 이상적 사회를 만들 수 있다는 인본주의입니다. 이것은 예수 그리스도의 피 없이, 성령의 도우심 없이 새로운 차원의 인간이 될 수 있다는 선언이며, 천국은 있으나 지옥은 없다는 입장입니다.

하나님 없이 하나님처럼 되려는 것

범신론은 인간의 지위를 신으로 승격시키려 했으나 결과는 비인격적인 낮은 자리로 격하시켰습니다. 왜냐하면 "모든 것이 신이고, 신이 모든 것"이므로 자기를 신으로 생각하더라도 사람은 바위나 나무보다 나을 게 없기 때문입니다. 존재하는 모든 것이 옳다고 가정할 때 인간과 자연은 동등하게 됩니다. 인간이 풀이나 벌레와 다름없는 존재가 되고 만 것입니다. 프란시스 쉐퍼가 말하듯이 범신론 안에서는 때로 쥐와 소가 인간보다 우선됩니다.

더 나아가 범신론은 보이는 현실을 의미 없는, 덧없이 사라지는 무상한 실재로 간주하면서 부정적으로 보게 됩니다. 범신론은 현실의 삶을 피안에 이르는 통과 단계로만 인식하기 때문에 탈사회적이고, 현실을 더욱 공허하게 만들 수 있습니다. 이것은 숙명론과 무감각을 초래합니다. 여기서 우리는 범신론에서 말하는 가치관 그대로 살아갈 수 있는지 물어야 합니다.

고통을 없애고 내가 신이 되려는 시도는 거창했으나 이 시도는 실패했습니다. 이유는 하나님 없이 하나님처럼 되려고 했기 때문입니다. 사실 인간이 신이 되고자 하는 갈망 자체는 잘못이 아닙니다. 하나님은 인간을 하나님의 형상으로 창조하셨고, 그들이 하나님의 자녀가 되기를 원하셨기 때문입니다. 그러나 하나님이 선물로 주신 하나님의 형상과 뱀이 제안한 것은 완전히 다른 것입니다. 아담과 하와가 믿은 거짓말의 핵심은 그들이 하나님 없이 하나님처럼 될 수 있다는 것입니다. 그러나 하나님 없이 우리가 할 수 있는 대부분의 일들은 우리 자신을 신이 된 듯이 여기도록 합니다.

제임스 핀리는 이렇게 표현했습니다.

> 우리는 하나님이 아니다. 우리는 스스로 존재하게 되지 않았고, 궁극적인 자기 성취에도 이를 수 없다. 그렇게 주장하는 것은 살아 계신 하나님과의 믿음의 관계를 손상시키며 존속할 수도 없는 자아에 대한 헛된 믿음이기에 존재론적 자살 행위이다.

하나님을 몰아내면 우리는 우리 자신에게 신이 됩니다. 하나님의 형상으로 창조된 자아를 거부하면 우리 스스로 만들어 낸 거짓 자아가 커지게 되는데, 이 거짓 자아는 우리가 되기 원하는 사람, 우리 스스로가 만들어 낸 사람, 마치 우리가 하나님인 양 창조해 낸 사람입니다. 그러나 그런 사람은 실제로 존재할 수 없습니다.

인간은 흙으로 만들어진 존재인데 거기에 하나님의 형상을 부여했습니다. 흙에 집착하면 무신론이 되고, 하나님의 형상에 집착하면 범신론이 됩니다. 인간은 피조물이며, 죄인이며, 하나님을 갈망하는 존재입니다. "나는 피조물이 아니고, 죄인도 아니고, 하나님도 필요 없는 존재, 다시 말하면 내가 곧 신이며 모든 것이다!"라는 범신론의 주장은 오늘도 많은 사람을 미혹하고 있습니다. 이것은 인간의 가능성을 극대화시키는 것 같으나 사실은 인생을 힘들고 무의미하게 만드는 잘못된 주장입니다.

하나님은 우리를 흙으로 만드셨습니다. 그리고 거기에 하나님의 형상을 주셨습니다. 우리는 피조물입니다. 그러나 하나님의 자녀로 하나님과 인격적인 관계를 맺으며 살아갑니다. 이것이 기독교의 가르침입니다.

선포합니다
- † 나는 하나님의 형상을 가진 존재입니다.
- † 나는 나만의 독특함을 살려 하나님을 기쁘시게 하겠습니다.
- † 나는 하나님과 인격적 관계 안에서 살 것입니다.

25 세계관

성경 〈열왕기하〉 6:14~17   요절 〈사도행전〉 17:27

지난 한 주 하나님께서는

세상을 바라보는 관점

세계관(世界觀)이란 독일의 칸트가 처음 사용한 단어인데, 의식적이든지 무의식적이든지 세상을 바라보는 관점입니다. 이 개념을 더 발전시킨 사람은 딜타이인데, 그의 견해를 정리하면 다음과 같습니다.

> 세계관이란 한 사람이 주변 세계와 거기에 담긴 수수께끼를 인식한 다음, 그것에 대해 어떻게 이해하고 느끼고 행동으로 반응할지 고민할 때, 그 결과를 본질적으로 결정짓는 삶의 깊은 체험에서 나오는 일련의 정신적 범주이다.

세계관의 목표는 안정을 찾는 것입니다. 즉 인생의 수수께끼를 해결하여 가장 근본적인 의문에 나름대로 대답하고, 생각하고 행동하는 일을 성공적으로 수행하려는 것입니다.

세계관은 마치 안경 렌즈처럼 우리에게 밀착되어 있어서 렌즈에 색깔을 넣으면 온통 그 색깔대로 보이는 것처럼, 그 사람의 세계관이 무엇이냐에 따라 세상을 다르게 봅니다. 인간은 경험들을 파편으로 남겨 두지 않고, 서로 연결시켜 하나의 구조물로 만들려는 경향이 있습니다. 예를 들면 벽돌로 건물을 지을 때, 벽돌은 경험을 의미하고 벽돌과 벽돌을 연결시키는 것은 이성의 합리화 작용이라고 할 수 있습니다. 헤르만 도여베르트는 말했습니다. "세계관은 근본적으로 마음이나 신앙적인 지향이다. 그것은 마음의 영적 결단에서 나온다." 세계관은 어릴 때부터 경험한 것을 통해서 자연스럽게 형성됩니다.

세계관의 종류는 많습니다. 여기서는 무신론적 세계관, 범신론적 세계관, 유신론적 세계관으로 크게 나누려고 합니다. 세계관을 구성하는 3요소는 '신과 세상과 인간'입니다. 각각의 세계관을 이 세 가지 요소를 중심으로 정리해 보겠습니다.

세계관에 대한 세 가지 접근

무신론적 세계관은 절대적인 신(초월)의 존재를 부정하는 세계관입니다. 이 세계관에 의하면 세상은 그 자체로 늘 존재해 왔으며, 인간은 우연히 존재하게 된 진화의 산물이며, 가장 지적인 종(種)입니다. 인간은 하나의 기계, 복잡한 우주 속에서 톱니바퀴의 이빨과 같은 존재에 불과하며, 존재의 목적이나 이유는 없습니다. 인간은 자신이 가지고 있는 이성을 통하여 계속해서 진화해야 하며, 그럴 때 더 좋은 세상을 만들 수 있다고 봅니다. 종교를 거부하는 사람들의 세계관 즉 진화론에 근거한 과학주의, 인본주의가 여기에 해당됩니다.

범신론적 세계관은 모든 것을 신으로 보는 세계관입니다. 이 세계관에 의하면 보이는 세상은 합리적이며 질서 정연한 것이 아니라 궁극적 실재에 대한 경험을 훼방하는 일시적이고, 비실제적인 것입니다. 이것은 마야(maya), 즉 환영(幻影)에 불과한 것입니다. 보이는 인간은 통일성을 가진 인격이 아니라 우주적 의식의 한 부분인 영(靈)인데, 인간의 궁극적인 목적은 존재를 멈추고 우주의 근원과 융합되는 것입니다. 여기에는 힌두교와 불교, 뉴에이지 운동이 포함됩니다.

유신론적 세계관은 절대적인 신의 존재를 인정하는 사람들의 세계관입니다. 이 세계관에 의하면 보이는 세상은 신의 창조물이며, 인간은 하나님의 형상을 가진 가장 존귀한 존재입니다. 인간은 하나님의 청지기로서 세상을 다스리고 돌보는 책임을 받았습니다. 여기에는 유대교, 이슬람교, 기독교가 있습니다.

> **Q** 공부한 세 가지 세계관을 정리해 봅시다.

우리는 아무 입장도 취하지 않고 살 수는 없습니다. 어떤 명백한 세계관을 취하기를 거부하는 것도 결국 그 자체가 하나의 세계관이 됩니다. 많이 배운 사람이나 적게 배운 사람이나 모든 사람은 나름대로의 세계관을 가지고 있으며, 자신의 세계관대로 살아갑니다. 이런 사고의 틀이 정교하게 조직적으로 서술

될 때 그것을 철학이라고 합니다. 그러니까 철학은 의도적이고 의지적으로 고수하려는 그 무엇으로서 이론적인 반면, 세계관은 비의도적이고 비의지적으로 자연스럽게 형성된 것이며 전이론(前理論)적입니다. 철학은 얼마든지 미화되고 코팅할 수 있는데 반해, 세계관은 꾸밈없는 자신의 기본 가치라고 할 수 있습니다.

세계관, 가치 체계, 행동 양식

문화 인류학자들은 대개 문화를 설명할 때 3개의 동심원을 그립니다. 맨 안쪽에 있는 작은 원이 세계관, 그 다음 원이 가치 체계, 맨 바깥쪽이 행동 양식입니다. 그러니까 핵심 신념 체계(core belief system)인 세계관으로부터 가치 체계가 나오고, 가치 체계에 따라서 행동 양식들이 나타나는 것입니다.

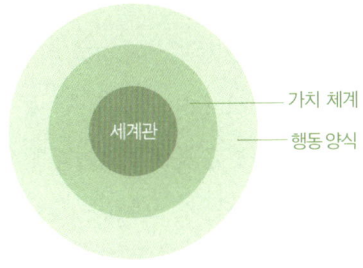

불교권 지역에서 다른 사람들을 도와줄 때, 사람들은 "감사하다"는 표현을 별로 하지 않습니다. 도움을 당연하게 받아들입니다. 그러면 처음에는 '감사하다는 말을 잊어버렸나 보다'라고 생각하다가 나중에는 아주 예의 없는 사람들이라고 실망하거나 분노로 발전할 수도 있습니다.

그런데 이것은 세계관의 문제입니다. 왜 그들은 감사하지 않을까요? 불교나 힌두교에는 업보(karma)라는 것이 있어서 좋은 업을 쌓으면 내세에 좋은 곳에 태어나고, 나쁜 업을 쌓으면 나쁜 곳에 태어난다고 믿습니다. A가 B를 도와주었다면 B는 A를 위해 한 일이 없습니다. 그러나 업보의 관점에서 생각해보면 A에게 좋은 업을 쌓을 수 있도록 기회를 제공해 준 것은 B입니다. 만일 B가 도움을 거절했다면 A는 좋은 업을 쌓지 못하기 때문이지요. 그러므로 B는 A에게 크게 감사할 이유가 없는 것입니다. 결국 불교적 세계관 때문에 이런 현상이 나타나는 것입니다.

요나의 이야기는 세계관에 대한 인간의 본능적인 반응을 잘 보여 줍니다. 요나는 고대 앗시리아의 수도인 니느웨 사람들을 미워하며 성장했습니다. 그 나라가 이스라엘을 괴롭혔기 때문이지요. 요나의 생각에는 그런 잔인한 이방인들은 하나님의 진노를 받아야 마땅한 사람들이었습니다. 그들에게 예언하라고 했을 때, 요나는 다시스로 도망갑니다. 니느웨 사람들이 심판에서 구원되는 것은 요나 자신이나 자기 백성들의 세계관으로는 이해할 수 없기 때문이지요. 요나의 세계관으로는 니느웨 백성이 하나님의 자비를 받는다는 사실을 수용하기가 어려웠습니다. 그러나 요나의 세계관에 대해 하나님은 근본적으로 도전하셨고, 요나는 다음과 같은 불평을 늘어놓습니다. "여호와여 원하건대 이제 내 생명을 거두어가소서 사는 것보다 죽는 것이 내게 나음이니이다"(욘 4:3). 바꾸어 말하면 "하나님이 내 세계관대로 살지 못하게 하신다면 차라리 내 삶을 끝내는 것이 좋겠습니다"입니다. 그러나 요나와 이스라엘의 세계관은 성경적인 세계관이 아니었습니다.

기독교적 세계관

기독교 세계관의 내용은 창조- 타락- 구속입니다.

창조의 내용은 하나님이 무로부터 선하게 창조하셨다는 것을 말합니다. 세상은 어디서 시작되었는가? 보이는 모든 것은 어디서 왔는가? 이것이 창조에서 다루어집니다. 그런데 세상은 무엇인가 잘못되었습니다. 죄를 지어 타락한 것입니다. 고통의 원인은 무엇인가요? 그것은 바로 죄 때문입니다. 하나님 없이 하나님처럼 되려는 것이 죄의 본질이라는 것입니다. 그렇다면 우리는 무엇을 할 수 있을까요? 세계를 어떻게 바로잡을 수 있나요? 예수 그리스도의 십자가를 통해서 구속되어야 합니다. 이것이 성경적 세계관의 기본틀입니다.

타세계관을 이해하는 기독교의 입장

기독교적 세계관에 입각하여 볼 때 타종교와 타세계관을 어떻게 보아야 할까요? 다른 종교나 세계관에 대한 입장은 다음과 같습니다.

첫째, 가장 극단적인 생각은 타종교가 사탄의 작품이라는 주장입니다. 둘째, 타종교나 세계관이 선(先)복음(Pre Gospel)이라고 생각하는 것입니다. 즉 타종교라는 것은 복음이 잘 수용되도록 하기 위해 하나님이 미리 만들어 놓으신 것이라고 생각합니다. 자유주의 신학자들이 대체로 이런 생각을 가지고 있습니다. 셋째. 타종교에 대한 올바른 성경적 관점은 타종교를 우선은 일반 은총의 발로로 보는 것입니다. 하나님은 인간을 하나님 형상대로 창조하셨고, 인간이 하나님과 교제하며 살도록 창조하셨습니다. 그런데 어느 날 사탄이 "네가 하나님과 같이 될 것"이라고 유혹했고 인간은 넘어갔습니다. 그러나 인간이 타락하여 독립을 선언했다고는 하지만, 창조자에게 의존할 수밖에 없는 인간의 본질적 속성이 없어진 것은 아닙니다.

예를 들어서 6살짜리 어린아이가 있다고 합시다. 이 아이는 자유 의지를 가지고 있으며 "부모가 필요 없다"고 독립을 선언할 수도 있지만, 이 아이가 정말로 독립적으로 살 수 있는 것은 아닙니다. 부모에게 의존해야만 살 수 있다는 본질은 전혀 변하지 않습니다. 인간은 하나님에게 절대적으로 의존할 때 참된 행복과 기쁨과 안식을 누릴 수 있고, 공허함을 채울 수 있는 존재입니다. 하나님에게서만 채워질 수 있는 공허함을 채우기 위해서 인간은 무엇인가를 계속 추구합니다. 어떤 사람에게는 그것이 돈이나 명예일 수도 있고, 향락이나 예술이나 학문일 수도 있고, 다른 종교일 수도 있습니다. 이 모든 것을 우상이라고 합니다.

그런데 우리는 타종교를 단순히 일반 은총 내지 종교성의 발로라고만 정의해서는 안 됩니다. 거기에는 일반 은총뿐 아니라 인간의 죄성과 하나님에 대한 반역성, 그리고 그것을 부추기는 사탄의 역사가 섞여 있기 때문입니다.

타락한 인간의 인식 능력은 불완전하기 때문에 계시 없이 절대자를 추구하는 사람들은 부분적인 진리만을 가진 세계관을 구성합니다. 이것이 타종교와 세계관이 발생한 기원입니다. 그러므로 타종교와 타세계관은 불완전하며 오류가 있습니다.

그런데 사람들은 제한되고 왜곡된 인간의 인식 기능에 기초하여 구성해 낸 부분적인 진리를 확대하여, 그것이 전부인 것처럼 일반화합니다. 이때 사탄이 인간의 죄에 의해서 생겨난 약점이나 오류, 하나님에 대한 반역적 태도를 활용하여 일반 은총의 발로로 생긴 부분적인 진리를 미끼로 삼아 진리가 아닌 부분으로 사람들을 끌고 갑니다. 만약 처음부터 전적으로 엉터리 같고 진리가 아닌 것 같으면 사람들은 아무도 타종교나 타세계관을 따르지 않을 것입니다. 타종교나 타세계관에도 상당히 진리처럼 보이는 부분이 있기 때문에 사람들은 그것만 보고 끌려들어가게 되는 것입니다.

그러나 사탄은 점차로 부분적인 진리조차도 잠식합니다. 그래서 하나님의 말씀과 공유한 진리의 부분이 점점 작아져서 보다 더 사탄적인 가르침을 드러내는 종교나 세계관으로 변합니다. 그럼에도 불구하고 이 공유된 부분, 부분적인 진리는 일반 은총이며 선교에 있어서 접촉점이 될 수 있습니다. 따라서 우리는 타종교나 타세계관에 나타나는 일반 은총을 적절히 활용할 수 있어야 합니다. 이것을 그림으로 보면 다음과 같습니다.

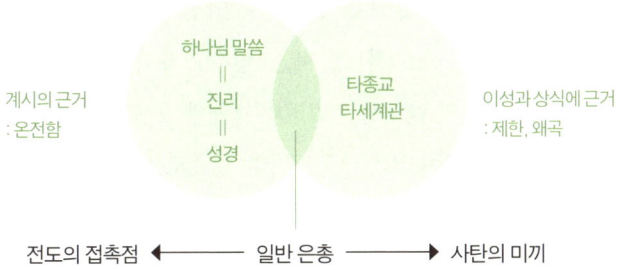

> **Q** 〈사도행전〉 17장 22~31절 말씀을 읽고 바울은 일반 은총을 어떻게 전도에 활용했는지 적어 봅시다.
>
> _____

우리가 타종교와 타세계관에 대해서 배우고 연구하는 이유는 무엇일까요? 첫째는 효과적인 전도의 접촉점을 찾기 위해서입니다. 둘째는 복음을 효과적으로 변증하기 위해서입니다. 셋째는 이 시대가 세계관의 전쟁터이기 때문입니다. 그러므로 타종교의 세계관에 대해서 정확히 이해하는 것은 중요합니다. 만일 타종교와 세계관을 정확히 이해하지 못하면 혼합주의에 빠지는 실수를 범할 수 있습니다. 그리고 타종교와 세계관을 이해할 때 사람들을 효과적으로 도울 수 있습니다.

세계관의 갈등

우리는 심각한 혼합주의 시대에 살고 있습니다. "당신이 가지고 있는 세계관이 과연 성경적 세계관인가?" 하고 질문할 때, 그렇다고 대답하기가 쉽지 않습니다. 왜냐하면 조지 오티스의 말처럼 우리들의 세계관 속에 물질주의 세계관을 비롯한 잡다한 세계관이 섞여 있기 때문입니다. 겉으로는 교회도 잘 나오고 그리스도인으로서의 가치 체계나 행동 양식을 가지고 있는 것처럼 보여도, 마음 깊은 곳에 뿌리 박혀 있는 세계관은 다른 경우가 많습니다. 대중가요, 스포츠, 전자 제품, 자동차, 아파트 평수 같은 용어로 대변되는 물질주의와 세속주의가 성도들의 사고방식과 삶의 양식을 실제로 지배하는 경우가 많은 것입니다.

복음을 통해 성경적 세계관을 전할 때 반드시 다른 세계관의 저항을 받게 됩니다. 이런 의미에서 세계관의 대결은 단순히 기독교와 타종교 사이에만 나타나는 것은 아닙니다. 오히려 성경적 세계관을 가진 사람과 그렇지 않은 사람들 사이의 대결이라고 할 수 있습니다. 그러므로 세계관의 싸움은 그리스도인 내

부에서 먼저 일어나야 합니다. 또한 우리는 우리 안에 도사리고 있는 자기 자신의 세계관, 자기 문화의 세계관을 심으려는 유혹을 받습니다. 그러므로 자신의 세계관이 성경적인가 확인해야 하고, 다른 사람의 세계관을 이해해야 합니다. "정말 나는 성경 말씀에 입각한 올바른 세계관을 가지고 사는가, 아니면 입으로는 그렇다고 하면서 내 속에는 다른 세계관이 들어 있는가?" 하는 자기 성찰이 꼭 필요합니다.

선포합니다

- 나는 내 모든 행동이 나의 세계관에서 나온 것임을 압니다.
- 나는 세속적 세계관을 성경적 세계관으로 바꿔 가겠습니다.
- 나는 비신앙적 세계관에 묶여 있는 사람들을 풀어 자유하게 하는, 믿음의 용사가 되겠습니다.

6단원의 주제는 '소통'입니다.

말에는 있던 것을 없게 하고, 없던 것을 있게 하는 창조적 능력이 있습니다. 일반적으로 말은 의사 전달이나 감정을 표현하는 수단이라 생각하지만 예수님의 말(씀)에는 살리는 능력이 충만했습니다. 말을 어떻게 하며 살아야 할까요?

먼저, 말을 들을 줄 알아야 합니다. 다음으로 비난 없이 말해야 합니다. 비난 없이 말하는 것만으로도 상대방에게 상처 입히지 않을 수 있고, 용기를 북돋아 격려할 수 있습니다.

소통은 또 하나의 주제가 됩니다. 사람들과 막힌 담 없이 대화하고, 사랑하며 살아가는 것은 우리의 삶을 행복하고 윤택하게 만들어 줍니다. 예수님은 당신이 섬기기 위해 이 땅에 오셨다고 했습니다. 우리도 그분처럼 섬기는 사람을 살다가 하나님 품으로 돌아가십시다.

6단원

소통

26 | 언어의 위력
27 | 듣는 마음
28 | 비난 없이 말하기
29 | 따뜻한 소통
30 | 섬김

26 언어의 위력

성경 〈야고보서〉 3:5~8   요절 〈고린도후서〉 3:6

🕊 지난 한주 하나님께서는

_____

_____

_____

죽이는 칼, 살리는 약

한 마디 말로 천 냥 빚을 갚는다는 속담이 있습니다. 한 마디 말로 상황이 얼마든지 달라질 수 있다는 것을 강조하는 금언입니다. 말실수 한 마디로 될 듯했던 일이 망가지기도 하고, 안 될 것 같았던 일이 성취되기도 합니다. 말은 칼은 아니지만 사람을 죽일 수 있고, 약은 아니지만 죽어가던 사람을 살려 낼 수 있습니다.

이와 같이 혀도 작은 지체로되 큰 것을 자랑하도다 보라 얼마나 작은 불이 얼마나 많은 나무를 태우는가 혀는 곧 불이요 불의의 세계라 혀는 우리 지체 중에서 온 몸을 더럽히고 삶의 수레바퀴를 불사르나니 그 사르는 것이 지옥 불에서 나느니라 여러 종류의 짐승과 새와 벌레와 바다의 생물은 다 사람이 길들일 수 있고 길들여 왔거니와 혀는 능히 길들일 사람이 없나니 쉬지 아니하는 악이요 죽이는 독이 가득한 것이라(약 3:5~8)

Q 위의 성경 말씀을 읽고 답해 봅시다.

1. 혀(말)는 무엇에 비유되었나요?
_____

2. 말에는 무엇이 가득하다고 했나요?
_____

말이 불에 비유되어 있습니다. 작은 불씨 하나가 거대한 숲도 태워 없애버릴 수 있다고 했습니다. 말 한마디로 인해 인생이 송두리째 망가진 사람들을 만나기란 그리 어려운 일이 아닙니다. 말에는 죽이는 독이 가득합니다. 그러나 그것만이 언어가 갖고 있는 능력의 전부는 아닙니다. 말에는 긍정적인 에너지도 많아서 안 되던 것을 되게 하는 힘도 있고, 없던 것을 있게 하는 창조적 능력도 있습니다. 일반적으로 말은 의사 전달이나 감정을 표현하는 수단 정도로 여기지만 말에는 창조적인 힘이 있습니다.

여호와의 말씀으로 하늘이 지음이 되었으며 그 만상을 그의 입 기운으로 이루었도다. 그가 바닷물을 모아 무더기 같이 쌓으시며 깊은 물을 곳간에 두시도다 온 땅은 여호와를 두려워하며 세상의 모든 거민들은 그를 경외할지어다 그가 말씀하시매 이루어졌으며 명령하시매 견고히 섰도다(시 33:6~9)

하나님이 말(씀)로 하늘을 만들었다고 했습니다. 만상이 그분의 입 기운으로 이루어졌다고도 했습니다. 아름다운 자연과 높고 푸른 저 하늘과 물속에서 헤엄치며 자유로이 왕래하는 저 물고기들까지 하나님의 말씀이 만들어 낸 위대한 작품들입니다. 성경은 말의 위력이 얼마나 엄청난지를 구체적으로 보여 줍니다.

성경을 통해 본 말의 능력

땅이 혼돈하고 공허하며 흑암이 깊음 위에 있고 하나님의 영은 수면 위에 운행하시니라
(창 1:2)

창조되기 전 세상은 혼돈하고 공허했습니다. 땅은 무질서한 상태로 텅 비었고, 깊은 어둠이 그 위를 덮고 있었는데 을씨년스러운 바람이 수면 위에 불고 있어서 황량하기 그지없었습니다. 그런 세상을 향하여 하나님은 빛이 있으라고 말씀했습니다.

하나님이 이르시되 빛이 있으라 하시니 빛이 있었고(창 1:3)

하나님이 빛이 있으라고 말씀하시자 무질서하게 뒤엉켜 있던 것들과 텅 비어 있던 모든 것이 물러가고, 깊은 어둠도 자취를 감추었습니다. 대신 밝음과 따사로움이 수면 위로 살포시 내려앉았습니다. 황량한 바람이 불던 수면 위에는 싱그러운 기운이 생겨났습니다. 새로운 세계가 창조된 것입니다. 이렇게 엄청난 새 세계가 하나님의 말씀 한 마디로 창조되었습니다. 말에 얼마나 강력한

힘이 있는지 보여 주는 대목입니다.

예수님이 사역하실 때 많은 기적을 일으키셨는데 그 기적들 가운데 말 한 마디로 죽은 아이를 살려 낸 사건이 있었습니다.

> 회당장의 집에 함께 가사 떠드는 것과 사람들이 울며 심히 통곡함을 보시고 들어가서 그들에게 이르시되 너희가 어찌하여 떠들며 우느냐 이 아이가 죽은 것이 아니라 잔다 하시니 그들이 비웃더라 예수께서 그들을 다 내보내신 후에 아이의 부모와 또 자기와 함께 한 자들을 데리시고 아이 있는 곳에 들어가사 그 아이의 손을 잡고 이르시되 달리다굼 하시니 번역하면 곧 내가 네게 말하노니 소녀야 일어나라 하심이라 소녀가 곧 일어나서 걸으니 나이가 열두 살이라 사람들이 곧 크게 놀라고 놀라거늘(막 5:38~42)

Q 위의 성경 말씀을 읽고 답해 봅시다.

1. 누가 죽었나요?
   _____

2. 예수님은 죽은 아이를 살릴 때 무슨 말을 하셨나요?
   _____

예수님이 회당장의 집에 도착했을 때 아이는 이미 죽었고, 사람들은 울고 있었습니다. 예수님은 아이가 "죽은 것이 아니라 잔다"고 말씀하시면서 죽은 아이의 손을 잡고 '달리다굼'이라 말했습니다. "소녀야 일어나라"는 뜻이라 합니다. 그 말을 들은 아이는 놀랍게도 살아났습니다.

이와 비슷한 이야기가 또 있습니다. 〈요한복음〉 11장에는 죽은 나사로의 이야기가 나옵니다. 나사로는 죽은 지 나흘이 지나서 이미 장례를 치렀고, 시신은 상해서 냄새가 났습니다. 무덤 가까이 가신 예수님은 큰 소리로 "나사로야 나오라"고 명령했습니다. 놀랍게도 죽은 지 나흘이나 된 나사로가 수족을 베로 동인 채 걸어 나왔습니다. 예수님의 말에는 죽은 자도 살려 내는 위력이 있었습니다.

살리는 말

우리는 예수님과 다르니까 그렇게 강력한 능력을 발휘하기는 어려울 것입니다. 그러나 우리의 말에도 살리는 힘이 있습니다.

교회에 앞마당에 다양한 정원수를 심으면서 감나무 두 그루를 심었습니다. 저는 유실수를 심어 열매를 보는 것이 좋습니다. 다음 해 봄이 되자 모든 나무에 새싹이 움트는데 웬일인지 감나무 한 녀석은 새싹을 내밀기는커녕 말라비틀어지고 있었습니다. 지나다니던 성도들은 나무가 죽었다며 뽑아 버리라 했습니다. 3월이 지나고 4월이 되면 뭔가 변화를 보이지 않을까 싶어 기다려 봤으나 허사였습니다. 뽑아 버릴까 생각하다가 그래도 뭔가 해 본 다음에 없애도 늦지 않겠다 싶어서 아침저녁 말라비틀어진 감나무에게 다가가서 쓰다듬으며 "죽지 말고 살라"고 격려했습니다. 5월 하순쯤 되던 어느 날 밤 감나무에서 반사되는 빛이 전과 달랐습니다. 새싹이 빛에 반응하면서 "제가 살아났어요!"라며 조막손을 흔드는 것 같았습니다. 다가가보니 죽어가던 나무에 새싹이 돋아나고 있었습니다. 정말로 살아난 것이었습니다. 이 사건은 나에게 우리의 말에도 살려 내는 힘이 있음을 확인시켜 주었습니다.

그가 또한 우리를 새 언약의 일꾼 되기에 만족하게 하셨으니 율법 조문으로 하지 아니하고 오

> 직 영으로 함이니 율법 조문은 죽이는 것이요 영은 살리는 것이니라 (고후 3:6)

그리스도인들은 새 언약의 일꾼입니다. 새 언약의 일꾼들은 율법의 조문을 따라 살지 않고 영을 따라 삽니다. 영은 살리는 것이므로 하나님의 영을 가진 사람들은 살리는 일을 합니다. 살리는 일 중 가장 손쉽게 시작할 수 있는 것이 말입니다. "죽겠다", "나는 안 된다", "너 같은 게 뭘 할 수 있겠어!" 이렇게 말하는 대신 "살 만하다", "나는 잘 될 것이다", "너는 해 낼 수 있어!" 이렇게 말하면 나도 살고, 주변 사람도 살아납니다. 언약의 새 일꾼들이 해야 할 것은 죽이는 일이 아니라, 살리는 일입니다. 말로 아이들을 죽이는 실수를 하지 말고, 살리는 일을 합시다. 말로 배우자를 죽이는 대신 살리는 일을 합시다. 말로 우리가 속한 공동체를 어둡게 만들지 말고 밝고 명랑한 공동체가 되게 합시다.

축복하는 말

말이 가진 또 하나의 기능은 축복하는 것입니다. 〈창세기〉 49장에는 야곱이 자녀들을 축복한 이야기가 소개되어 있습니다. 서열로 따지면 르우벤이 장자니까 그가 족장의 계보를 이어가야 했는데 아버지 야곱은 그가 탁월하지 못할 것이라 말했습니다. 대신 넷째 유다에게는 놀라운 말을 했습니다. 장차 유다가 민족의 중심이 될 것이라 예고하며 축복했습니다.

> 유다야 너는 네 형제의 찬송이 될지라 네 손이 네 원수의 목을 잡을 것이요 네 아버지의 아들들이 네 앞에 절하리로다 유다는 사자 새끼로다 내 아들아 너는 움킨 것을 찢고 올라갔도다 그가 엎드리고 웅크림이 수사자 같고 암사자 같으니 누가 그를 범할 수 있으랴 규가 유다를

떠나지 아니하며 통치자의 지팡이가 그 발 사이에서 떠나지 아니하기를 실로가 오시기까지 이르리니 그에게 모든 백성이 복종하리로다(창 49:8~10)

> **Q** 위의 성경 말씀을 읽고 답해 봅시다.
>
> 1. 형제들이 유다에게 어떻게 하리라고 말했나요?
>   _____
>
> 2. 유다의 발 사이에서 무엇이 떠나지 않을 것이라 했나요?
>   _____

　야곱이 자녀들에게 축복한 말은 그대로 성취되었습니다. 유다 지파는 이스라엘의 모든 지파 가운데 중심이 되었고, 민족을 대표하는 이름이 되었습니다. 세계 많은 나라가 이스라엘 백성을 유태인이라 부르는 것을 보면 야곱의 축복이 실현되었음을 알 수 있습니다. 뿐만 아니라, 인류를 구원한 예수 그리스도께서도 유다 지파에서 나셨고, 규가 그들을 떠나지 않았습니다.

죽이는 말

　많은 사람이 말에 숨어 있는 이 엄청난 능력을 제대로 활용하지 못합니다. 자녀들을 축복하고, 주변 사람을 축복하는 말을 해야 하는데 도리어 저주하는 말, 더러운 말을 더 많이 합니다. 말 속에 들어 있는 긍정적인 힘은 사용하지 않고 부정적이고 파괴적인 것만 끌어당기며 삽니다. 그 결과 성도들에게 있어야 할 명랑함이나 살리는 역사는 뒤로 밀려나고 부정적인 것들이 삶속으로 들어왔습니다. 삶을 더 고단하고 힘겹게 만드는 실수가 말에서 시작되었습니다.

> 갈렙이 모세 앞에서 백성을 조용하게 하고 이르되 우리가 곧 올라가서 그 땅을 취하자 능히 이기리라 하나 그와 함께 올라갔던 사람들은 이르되 우리는 능히 올라가서 그 백성을 치지 못하리라 그들은 우리보다 강하니라 하고 이스라엘 자손 앞에서 그 정탐한 땅을 악평하여 이르되 우리가 두루 다니며 정탐한 땅은 그 거주민을 삼키는 땅이요 거기서 본 모든 백성은 신장이 장대한 자들이며 거기서 네피림 후손인 아낙 자손의 거인들을 보았나니 우리는 스스로 보기에도 메뚜기 같으니 그들이 보기에도 그와 같았을 것이니라 (민 13:25~33)

Q 위의 성경 말씀을 읽고 답해 봅시다.

1. 갈렙은 무어라 말했나요?
   _____

2. 다른 정탐꾼들은 어떻게 보고했는지 구체적으로 적어 봅시다.
   _____
   _____

12명의 정탐꾼 가운데 10명은 부정적으로 보고했습니다. 그들의 보고에는 이 땅을 주신 하나님에 대한 신뢰도 없었고, 자신들의 능력에 대한 믿음도 없었습니다. 그런 불신앙은 부정적인 말로 나타났습니다. 이 부정적인 말에 백성들은 동요했고, 결국 긍정적으로 말하는 여호수아와 갈렙의 보고는 받아들여지지 않았습니다. 그 결과 이스라엘 백성은 일주일이면 들어갈 수 있는 땅을 40년이나 되는 긴 세월 동안 광야 생활을 한 후에야 들어갈 수 있었습니다. 더욱 안타까운 것은 부정적인 말을 따라 움직였던 20세 이상의 모든 성인은 단 한

명도 가나안에 들어가지 못하고 광야에서 죽은 것입니다. 부정적인 말이 우리의 삶을 얼마나 슬프게 만드는지 확인해 주는 사건이라 하겠습니다.

기드온 시대 때 있었던 사건 한 가지를 더 소개하겠습니다. 이스라엘이 미디안과 아말렉의 침공을 받아 위기에 처했을 때 하나님은 기드온을 지도자로 세워 전쟁을 치르게 했습니다. 하지만 기드온은 준비된 장군이 아니었습니다. 그것은 기드온을 주춤거리게 했고, 자신 있게 적군을 향해 공격할 수 없게 만들었습니다. 고민에 고민을 거듭하던 기드온은 병사 몇 명을 이끌고 미디안 병사의 동태를 파악하고자 매복을 나갔다가 뜻밖의 이야기를 듣습니다.

> 기드온이 그 곳에 이른즉 어떤 사람이 그의 친구에게 꿈을 말하여 이르기를 보라 내가 한 꿈을 꾸었는데 꿈에 보리떡 한 덩어리가 미디안 진영으로 굴러 들어와 한 장막에 이르러 그것을 쳐서 무너뜨려 위쪽으로 엎으니 그 장막이 쓰러지더라 그의 친구가 대답하여 이르되 이는 다른 것이 아니라 이스라엘 사람 요아스의 아들 기드온의 칼이라 하나님이 미디안과 그 모든 진영을 그의 손에 넘겨 주셨느니라 하더라 기드온이 그 꿈과 해몽하는 말을 듣고 경배하며 이스라엘 진영으로 돌아와 이르되 일어나라 여호와께서 미디안과 그 모든 진영을 너희 손에 넘겨 주셨느니라 하고 (삿 7:13~15)

승리에 대한 확신이 없었던 기드온은 적군이 하는 말을 듣고 크게 고무되어 승리를 확신합니다. 부대로 돌아와 군사들을 독려하여 마침내 전쟁에서 승리했습니다. 말에는 사람들을 일으켜 세워 주는 강력한 힘이 있습니다.

믿음으로 선포하다!

하나님의 사람들은 믿음으로 살아갑니다. 믿음으로 살아가는 성도들이 하는 말은 때로 너무 앞선다고 생각될 수도 있습니다. 하지만 하나님이 허락하신다는 확신이 들 때 앞서 말하는 용기가 필요합니다. 구약성경은 히브리말로 기록되었는데 그 언어에는 독특한 어법이 있어서 확실한 미래는 과거로 표현합니다. 예를 들어 '합격할 것이다'라는 미래를 그것이 확실하면 '합격했다'라고 표현하는 식입니다. 아픈 아이가 낫게 될 것이 분명하면 '아이는 나았다'라고 말합니다. 이런 어법은 듣기에 따라 교만해 보일 수도 있습니다. 하지만 그런 표현 속에는 믿음이 들어 있고, 일을 이루실 하나님에 대한 신뢰가 들어 있습니다. 그런 표현을 우리는 '선포'라고 부릅니다. 하나님은 우리가 선포하는 말을 들으시고 어음(약속)을 현금(현실)이 되게 하십니다.

기드온은 "여호와께서 미디안과 그 모든 진영을 너희 손에 넘겨 주셨느니라" 하고 과거형으로 말했습니다. 선포한 것입니다. 미디안과의 전쟁은 아직 치르지도 않았는데 전쟁의 승리를 선포했고, 결국 기드온은 승리했습니다.

성도들은 어떤 말을 하며 살아야 할까요? 살리는 말, 축복하는 말, 선포하는 말을 하며 사십시다. 그것이 하나님이 우리에게 주신 언어라는 도구를 가장 잘 사용하는 방법입니다. 말은 단지 '발음 행위'가 아니며, 그렇다고 그 안에 뜻을 담고 있는 '발의 행위'만도 아닙니다. 말은 듣는 이로 하여금 그렇게 되게 하는 '발동 행위'입니다. 되게 하는 힘이 있습니다. 말로 누군가를 살려 내고, 누군가를 축복하며, 하나님이 우리에게 약속한 것을 현실로 만들어 가십시다.

> **선포합니다**
> † 나는 말 속에 살리는 힘도 있고, 죽이는 힘도 있음을 믿습니다.
> † 나는 살리는 말을 하며 살겠습니다.
> † 나는 믿음으로 말하겠습니다!

27 듣는 마음

성경 〈열왕기상〉 3:3~14 요절 〈잠언〉 25:11

지난 한주 하나님께서는

_____
_____
_____

듣는 마음, 지혜

솔로몬은 왕이 되면서 일천번제를 드렸습니다. 자신의 역할을 잘 감당하기 원하는 마음의 소원을 담아 하나님에게 정성껏 예배했습니다. 솔로몬의 정성에 감동하신 하나님이 그날 밤 꿈에 나타나 소원이 무엇인지 물었습니다. 솔로몬은 듣는 마음을 달라고 말씀드렸습니다. 히브리어 레브 쇼메에는 '마음'을 뜻하는 레브와 '듣는다'는 형용사가 결합된 구절로 '듣는 마음', '경청'하는 자세를 달라고 한 것입니다.

> 누가 주의 이 많은 백성을 재판할 수 있사오리이까 듣는 마음을 종에게 주사 주의 백성을 재판하여 선악을 분별하게 하옵소서(왕상 3:9)

하나님은 솔로몬이 '듣는 마음'을 구한 것을 귀히 여기셨습니다. 그리하여 솔로몬은 지혜의 왕이 됩니다.

경청, 마음으로 듣기

스티븐 코비는 성공하는 사람들에게는 좋은 습관이 있다고 말한 바 있습니다. 그의 책 《성공하는 사람들의 7가지 습관》에서 "먼저 듣고 다음에 이해시키는 습관"을 다섯 번째 귀중한 덕목으로 꼽았습니다. 성공한 사람들은 잘 듣는다는 것입니다. 먼저 듣고 다음에 말하는 습관이 성공하는 사람들에게만 필요한 덕목이겠습니까? 모든 사람에게 잘 듣는 태도와 기술이 필요합니다. 잘 듣는다는 것은 단지 말하는 사람의 이야기를 사실 중심적으로 듣는 것이 아니라, 말로 표현된 것 뒤에 감춰져 있는 숨은 의도와 느낌, 그리고 욕구까지를 듣는 것입니다.

> 왕이 이르되 산 아이를 둘로 나누어 반은 이 여자에게 주고 반은 저 여자에게 주라 그 산 아들의 어머니 되는 여자가 그 아들을 위하여 마음이 불붙는 것 같아서 왕께 아뢰어 청하건대 내 주여 산 아이를 그에게 주시고 아무쪼록 죽이지 마옵소서 하되 다른 여자는 말하기를 내 것도 되게 말고 네 것도 되게 말고 나누게 하라 하는지라 왕이 대답하여 이르되 산 아이를 저 여자에게 주고 결코 죽이지 말라 저가 그의 어머니이니라 하매 온 이스라엘이 왕이 심리하여 판결함을 듣고 왕을 두려워하였으니 이는 하나님의 지혜가 그의 속에 있어 판결함을 봄이더라
> (왕상 3:25~28)

> **Q** 위의 성경 말씀을 읽고 답해 봅시다.
>
> 1. 솔로몬은 아이를 어떻게 하라고 명령했나요?
> _____
>
> 2. 솔로몬이 친어머니를 찾을 수 있었던 능력은 어디에서 나왔을까요?
> _____

솔로몬이 친어머니를 알아낼 수 있었던 것은 '듣기'에 있었습니다. 겉으로 하는 말만 듣는 것이 아니라, 마음속 깊은 곳에 감춰져 있는 진짜 소리를 들을 수 있었기에 지혜로운 재판을 할 수 있었습니다. 말을 배우는 아이들을 보면 말을 하기 전에 오랜 기간 동안 먼저 듣습니다. 듣기가 되면 말하기가 시작됩니다. 외국어도 마찬가지여서 듣기가 되면 말하기는 자연스럽게 따라옵니다.

공감적 경청

잘 듣는 데 기술이 필요할까요? 그렇습니다. 기술이 필요합니다. 우선, 말하는 사람을 바라보아야 합니다. 시선을 말하는 사람에게 주는 것이 듣기에서 첫 번째로 중요한 일입니다. 그 다음으로 표현된 것 너머에 있는 것을 듣는 훈련이 필요합니다. 사례를 읽으면서 무엇이 잘못되었는지 살펴보십시오.

딸: 엄마, 오늘 친구가 노트를 가져가 버렸어.
엄마: 누구야? 누가 네 노트를 가져갔어?

딸: 아니 왜 상호라고 있잖아, 그 아이가 가져갔어.
엄마: 도대체 그런 나쁜 녀석이 어디 있어. 왜 남의 노트를 가져간 거야. 걔 전화번호 줘.
딸: 그런 게 아니라, 걔가 나한테 관심이 많은 가봐.
엄마: 무슨 소리야. 걔가 뭣 땜에 너한테 관심을 가져. 너 쓸데없이 그런 녀석하고 친하게 지내지마!
딸: 아니 누가 친하게 지낸대? 그 애가 내 것을 갖고 싶어 해서 그런 거라니까!
엄마: 네 것을 왜 갖고 싶어 해? 너 미쳤니? 뭣 땜에 그런 녀석에게 노트를 줘!
딸: 아, 그만둬! 내가 알아서 할 테니까! 진짜 짜증나!

어떻습니까? 엄마와 아이의 대화가 안 된 이유는 어디에 있다고 생각하십니까? 그렇습니다. 엄마가 아이의 말은 잘 듣지 못한 데 원인이 있습니다. 아이의 말을 듣는 것이 아니라, 자신의 관점에서 하고 싶은 말만 하니까 소통이 되지 않았습니다. 다음은 같은 경우인데 듣기가 잘된 대화입니다.

딸: 엄마, 오늘 친구가 노트를 가져가 버렸어.
엄마: 어, 그래 누가 네 노트를 가져가 버렸구나.
딸: 응, 거 왜 상호라는 아이 있잖아 그 아이가 가져갔어.
엄마: 상호가 가져갔어? 왜 남의 노트를 가져갔다니?
딸: 걔가 나한테 관심이 많은 가봐.
엄마: 어 그래? 상호가 너한테 관심이 많아서 노트를 가져갔단 말이지!
딸: 응, 엄마! 이럴 땐 어떻게 해야 하지?
엄마: 글쎄~ 너는 어떻게 했으면 좋겠다고 생각하니?
딸: 걔가 쓸데없이 딴 생각하지 못하게 따끔하게 말하고 내일 돌려받아야겠어.

어떤가요? 똑같은 상황이지만 듣기가 잘 된 대화입니다. 상대방의 말을 앞서지 않고 존중하여 들어 주니까 불필요한 충돌도 방지할 수 있고, 관계가 망가지는 일도 없습니다.

〈요한복음〉 4장에는 예수님과 사마리아 여인의 대화가 나옵니다. 섭씨 40도가 훌쩍 넘어가는 뜨거운 중동지역에서 대낮에 물을 길러 올 수밖에 없었던 사마리아 여인에게 예수님은 "물을 좀 달라"고 했습니다. 대낮에 유대인 남자와 대화를 나누는 것 자체가 금기시되던 때라 사마리아 여인은 가시 돋친 말로 대꾸했습니다. "유대 남자인 당신이 어떻게 사마리아 여자인 나에게 물을 달라 합니까?" 예수님은 이 여인이 그렇게 말할 수밖에 없는 현실을 이해하셨습니다. 그리고 그녀가 절실하게 생각하고 있는 문제들을 향하여 한 걸음씩 다가갔습니다. 그리고 마침내 그녀를 괴롭히고 있는 핵심적인 이슈에 도달했습니다. 예수님은 뜨거운 대낮에 물을 길러 올 수밖에 없는 이 여인의 가슴 아픈 사연을 따뜻하게 어루만지셨고, 사마리아 여인은 위로를 받았습니다. 잘 듣기, 공감적 경청은 두 사람을 연결해 주는 접착제 같은 역할을 합니다. 입장이 다른 두 사람 사이에 일체감이 생기게 하여 분리가 아니라 하나 됨을 느끼게 해 줍니다.

동조는 공감이 아닙니다!

이 기술을 제대로 이해하지 못하면 자칫 동조와 혼동하게 됩니다. 공감적 경청의 의미상 주어는 말하는 사람이지 듣고 있는 사람이 아닙니다. 내담자가 "사는 게 힘들어서 죽고 싶어요"라고 말했다 하십시다. "(당신은) 사는 게 힘들어서 죽고 싶을 지경이군요"라고 받아야 합니다. 그런데 "나도 그래요"라고 말하면 어떻게 될까요? 그것은 경청이 아니라 동조입니다. 죽고 싶을 만큼 힘든 상황에 있는 사람에게 공감하려고 하는 말 같지만 그것은 경청이 아니라, 동조가 되어 예기치 못했던 사건을 만들 수도 있습니다.

예를 들어보겠습니다. 어떤 성도가 찾아와서 말합니다. "김 집사가 나에 대해 험담을 하고 다녀서 신앙생활하기가 정말 힘들어요." 듣고 있던 여러분이 "나도 그래"라고 말하면 어떻게 될까요? 이 말을 들은 그 성도가 김 집사에게 가서 "아무개도 당신이 험담을 하고 다니는 것 때문에 신앙생활하기가 힘들다고 하더라"고 말합니다. 그렇게 되면 생각하지 못했던 복잡한 일이 일어납니다. 그러므로 경청과 동조를 구별할 수 있어야 합니다. 공감적 경청은 그가 하는 말에 동의하는 것이 아니라, 그의 감정을 있는 그대로 되비쳐 주는 것입니다.

> **Q** 경청하는 것과 동조는 어떻게 다른가요?

불통이 가져다 준 불행

성경에는 제대로 듣지 않아서 까다로운 문제에 봉착했던 많은 사람의 이야기가 있습니다. 솔로몬 사후 이스라엘의 새로운 지도자 르호보암과 백성들 사이에 있었던 이야기를 살펴봅시다.

> **Q** 〈열왕기상〉 12장 1~17절 말씀을 읽고 답해 봅시다.
> 1. 이스라엘의 온 회중이 르호보암에게 무슨 부탁을 했나요?

27. 듣는 마음 **297**

> **Q** 〈열왕기상〉 12장 1~17절 말씀을 읽고 답해 봅시다.
>
> 2. 르호보암은 어떻게 대답했나요? (14절)
> _____
>
> 3. 르호보암은 결국 어떤 결과를 얻었나요?
> _____

르호보암은 그를 찾아온 대표자들의 이야기를 잘 듣지 않았고 백성들과의 소통에 실패했습니다. 그 결과 나라는 분열되고, 그의 통치는 겉돌았습니다. 경청하는 대신 걸림돌을 사용하여 위로받기 원했던 백성을 더욱 힘들게 만들었기 때문입니다. 르호보암과 같은 실수를 범할 위험은 우리에도 있습니다. 상대방의 이야기를 잘 듣는 것이 아니라, 걸림돌을 사용하여 도리어 걸려 넘어지게 하는 것입니다. 다음의 대화를 읽어 봅시다.

아들: 엄마, 오늘 짝이 나를 때렸어요.
엄마: 그 아이가 괜히 너를 때렸겠니?
아들: 엄마, 제가 그 아이한테 잘못한 일이 없었어요.
엄마: 정말 네 짝이 널 때린 건 맞니?
아들: 그렇다니까요. 걔는 툭하면 사람을 때리는데 정말 화가 나요.
엄마: 그 아이가 때린 게 아닌데 네가 괜히 멀쩡한 사람 탓하는 거 아니니?
아들: 아, 정말 짜증나!
엄마: 네가 왜 짜증나. 그 아이는 원래 그런 아이니까 그런가 보다 해.
아들: 아니 무슨 말씀이세요?
엄마: 그 아이한테 집안사정 같은 게 있겠지.

이런 대화를 나눈 아들은 그날로 가출했습니다. 더 이상 엄마하고는 말이 안 통한다고 생각했기 때문이었습니다. 어떻게 말해야 했을까요?

아들: 엄마, 오늘 짝이 나를 때렸어요.
엄마: 그래? 화가 많이 났겠구나.
아들: 네, 제가 그 아이한테 잘못한 일이 없었거든요.
엄마: 그런데 그 아이가 널 때렸던 말이지!
아들: 네, 걔는 툭하면 사람을 때리는데 정말 미치겠어요.
엄마: 힘들겠구나.
아들: 담임선생님에게 말씀을 드리든지 학폭위(학교폭력위원회)를 소집하든지 해야 할 것 같아요.
엄마: 엄마가 도울 일이 있니?
아들: 아뇨, 우선 선생님과 상의를 해 본 다음에 말씀드릴게요.
엄마: 그래, 우리 아들! 마음 고생이 많구나. 선생님과 상의한 본 다음 결과를 꼭 알려 줘.
아들: 네, 엄마 고마워요.

어떤가요? 걸림돌 없이 나눈 아들과 엄마의 대화는 물이 흐르듯 자연스럽습니다. 많은 사람이 경청하는 훈련이 되어 있지 않아서 너무 앞서가거나 자기주장만 하는 바람에 소통에 실패합니다. 사랑이 없는 것은 아니지만, 사랑의 기술이 없는 까닭에 소통의 어려움을 겪습니다.

〈잠언〉 25:11
경우에 합당한 말은 아로새긴 은 쟁반에 금 사과니라

Q 〈잠언〉 25장 11절 말씀을 적어 봅시다.

_____

경우에 합당한 말이 아름답다는 말씀입니다. 반대로 경우에 합당하지 않는 말은 듣는 사람에게 답답함과 서먹함을 가져다 줍니다. 경우가 맞지 않는 말이 오갈 때 상대방은 당황할 뿐 아니라, 최악의 경우에는 관계가 끊어져 버립니다.

다시 묻기

정확한 공감과 경청이 어려울 때는 '다시 묻기'가 좋은 방법입니다. 개념이 불확실하거나 그 마음을 이해하기가 어려우면 되묻는 것이 좋습니다. 되묻기를 통해 개념도 선명해지고, 상대방의 마음도 정확히 이해할 수 있게 되기 때문입니다.

지혜는 듣는 마음에 있습니다. 상대방이 하는 말에 제대로 반응만 해도 관계에서 오는 어려움은 사라집니다. 인생을 성공적으로 살아갈 수 있습니다. 듣는 마음이 있는 사람이 되십시다.

> 🕊 **선포합니다**
> † 나는 잘 들을 줄 아는 사람이 되겠습니다.
> † 공감과 동조를 구별하여 말하겠습니다.
> † 공감적 경청으로 성도들을 돕겠습니다.

28

비난 없이 말하기

성경 〈마태복음〉 7:1~5 요절 〈에베소서〉 4:29

지난 한주 하나님께서는

_____

_____

_____

비난 없이 말씀하신 예수님

말에는 살리는 힘도 죽이는 힘도 있는데 어떤 말은 살리고, 어떤 말은 사람을 죽일까요? 칭찬과 인정하는 말은 사람을 살리고, 비난하는 말에는 독이 가득해서 사람을 죽입니다. 그러므로 비난 없이 말해야 합니다. 부활하신 예수님이 갈릴리로 낙향한 제자들을 찾아간 이야기를 살펴봅시다. 갈릴리 호수에서 밤새 물고기를 잡느라 기진한 제자들을 위해 예수님은 떡과 고기를 구워 아침식사를 준비하시고 "밥 먹자"고 하셨습니다.

그들이 조반 먹은 후에 예수께서 시몬 베드로에게 이르시되 요한의 아들 시몬아 네가 이 사람들보다 나를 더 사랑하느냐 하시니 이르되 주님 그러하나이다 내가 주님을 사랑하는 줄 주님께서 아시나이다 이르시되 내 어린 양을 먹이라 하시고 또 두 번째 이르시되 요한의 아들 시몬아 네가 나를 사랑하느냐 하시니 이르되 주님 그러하나이다 내가 주님을 사랑하는 줄 주님께서 아시나이다 이르시되 내 양을 치라 하시고 세 번째 이르시되 요한의 아들 시몬아 네가 나를 사랑하느냐 하시니 주께서 세 번째 네가 나를 사랑하느냐 하시므로 베드로가 근심하여 이르되 주님 모든 것을 아시오매 내가 주님을 사랑하는 줄을 주님께서 아시나이다 예수께서 이르시되 내 양을 먹이라(요 21:15~17)

> **Q** 위의 성경 말씀을 읽고 답해 봅시다.
>
> 1. 예수님은 베드로에게 무엇을 물어보셨나요?
>
> _____
>
> 2. 베드로의 대답을 들은 예수님은 어떤 일을 부탁하셨나요?
>
> _____

예수님은 세 번이나 자신을 모른다고 부인했던 베드로에게 한 마디 하실 만했는데 아무 말이 없으셨습니다. "내가 뭐라 했느냐, 앞으로는 제대로 해라" 혹은 "네가 그딴 식으로 행동하고 어떻게 수제자라 할 수 있겠냐!" 하는 형태의 비난이 없습니다. 예수님은 그저 "네가 나를 사랑하느냐" 물으시고 "내 어린양을 먹이라"고 당부했을 뿐입니다.

간음하다 현장에서 붙잡힌 여인 이야기가 〈요한복음〉 8장에 기록되어 있습니다. 서기관들과 바리새인들이 간음하다 현장에서 잡힌 여인을 데려와서 예수님에게 물었습니다. 모세의 율법에 이런 여자는 돌로 쳐 죽이라고 했는데 예수님은 어떻게 말씀하시겠습니까? 예수님은 아무 말씀도 하지 않으신 채 땅에 글씨를 쓰고 있었습니다.

> 그들이 묻기를 마지 아니하는지라 이에 일어나 이르시되 너희 중에 죄 없는 자가 먼저 돌로 치라 하시고 다시 몸을 굽혀 손가락으로 땅에 쓰시니 그들이 이 말씀을 듣고 양심에 가책을 느껴 어른으로 시작하여 젊은이까지 하나씩 하나씩 나가고 오직 예수와 그 가운데 섰는 여자만 남았더라 예수께서 일어나사 여자 외에 아무도 없는 것을 보시고 이르시되 여자여 너를 고발하던 그들이 어디 있느냐 너를 정죄한 자가 없느냐 대답하되 주여 없나이다 예수께서 이르시되 나도 너를 정죄하지 아니하노니 가서 다시는 죄를 범하지 말라 하시니라(요 8:7~11)

Q 위의 성경 말씀을 읽고 답해 봅시다.

1. 계속해서 묻는 사람들에게 예수님은 무어라 말씀하셨나요?
   _____

2. 모두 떠나고 홀로 남은 여성에게 예수님이 하신 말씀은 무엇인가요?
   _____

사람들이 묻기를 계속하자 예수님은 이렇게 말씀하셨습니다. "너희 중에 죄 없는 자가 먼저 돌로 쳐라." 하지만 그 여인에게 돌을 던지는 사람이 없었습니다. 한 사람, 두 사람 증오심으로 가득했던 현장을 떠나고 마침내 예수님과 그 여인 둘만 남게 되었을 때 예수님은 말씀하셨습니다. "나도 너를 정죄하지 아니하노니 가서 다시는 죄를 범하지 말라."

비난 없이 말하는 훈련

예수님은 간음하다 현장에서 잡혀온 여인도 비난하지 않았습니다. 그 예수님을 우리는 본받아야 합니다. 비난하지 않으며 말하기란 생각보다 어렵습니다. 마음을 먹는다고 되는 것이 아니라, 오랜 습관으로 굳어진 자신만의 독특한 어법을 고치는 훈련이 필요합니다. 무엇보다 먼저 우리의 마음을 살펴보는 것이 좋습니다.

> 비판을 받지 아니하려거든 비판하지 말라 너희가 비판하는 그 비판으로 너희가 비판을 받을 것이요 너희가 헤아리는 그 헤아림으로 너희가 헤아림을 받을 것이니라 어찌하여 형제의 눈 속에 있는 티는 보고 네 눈 속에 있는 들보는 깨닫지 못하느냐 보라 네 눈 속에 들보가 있는데 어찌하여 형제에게 말하기를 나로 네 눈 속에 있는 티를 빼게 하라 하겠느냐 외식하는 자여 먼저 네 눈 속에서 들보를 빼어라 그 후에야 밝히 보고 형제의 눈 속에서 티를 빼리라
> (마 7:1~5)

Q 위의 성경 말씀을 읽고 답해 봅시다.

1. 우리가 하는 비판으로 얻게 되는 것은 무엇인가요?
   _____

2. 형제의 눈 속에 있는 티를 보기 전에 먼저 해야 할 일은 무엇인가요?
   _____

남을 비난하는 사람들은 먼저 자신을 성찰해야 한다는 것이 예수님의 가르침입니다. 형제의 눈 속에 있는 티를 보기 전에 내 안에 있는 들보를 깨달을 수

있어야 비난하기를 멈출 수 있습니다. 자신의 들보(허물)에 대한 인식이 있으면 남을 비판하지 않을 수 있습니다. 아이들이 공부를 하지 않는 것을 보면 꾸짖고 싶은 마음이 들 때가 있습니다. 그때 나 자신도 공부하기 싫었던 때가 있었고, 친구들과 함께 딴짓했던 과거를 회상할 수 있다면 상처 주는 말을 꿀꺽 삼킬 수 있습니다. 과거보다 훨씬 유혹이 많아진 세상에서 그래도 저 만큼 해 내는 것이 감사하다 생각하면 비난할 것보다는 칭찬할 것이 더 많다는 생각이 들 수도 있습니다.

비난의 단어 _ 항상, 또, 언제나

비난 없이 말하는 사람이 되려면 어떤 말이 비난이 되는지 알아야 하고, 그런 표현을 반복적으로 훈련하여 자신의 것으로 만들어야 합니다. 일반적으로 '항상', '또', '언제나' 같은 표현이 들어가면 비난이 됩니다. 구체적인 예문을 들어 보겠습니다.

저녁에 영화를 보러 가자고 했던 남편이 갑자기 일이 생겨 약속을 지키지 못하게 되었다며 문자를 보냈습니다. 이럴 때 "당신은 나와 약속한 것은 항상 안 지키지!"라고 표현하면 상대방에 대한 비난이 됩니다. 휴일이어서 늦게까지 잠을 자는 남편에게 "당신은 쉬는 날이면 언제나 잠만 자!"라고 말한다면 이 표현에도 비난이 들어 있습니다. 소파에 누워 TV를 보는 남편에게 "또 소파에 누워 텔레비전 보는 거야? 당신은 맨날 왜 그래!"라고 말한다면 이 표현에도 비난이 들어 있습니다. 어떤 단어가 문제가 될까요? '항상', '언제나', '또', '맨날' 같은 단어가 상대방을 비난하는 말입니다.

남편이 아내에게 '항상' 약속을 안 지키는 것도 아니고, 쉬는 날이면 '언제나' 잠만 자는 것도 아닌데 아내는 남편의 행동이 역사적으로(?) 문제라고 비난하고 있는 것입니다. 소파가 편해서 가끔 누워 텔레비전을 보는 데 그것이 눈에 거슬린 아내가 '맨날' 왜 그러느냐고 퍼부으면 남편은 억울하다고 생각하게 될 것입니다.

다시 예문을 만들어 보겠습니다. 남편이 냉장고를 열더니 "냉장고는 항상 왜 이렇게 더러워!"라고 말하면 듣는 아내의 기분은 어떨까요? 오랜 만에 친구들을 만나러 외출했다가 집에 들어오자 "집안이 더러워서 발 디딜 곳도 없는데 또 누구 만나러 나갔던 거야!"라고 말하면 어떻겠습니까? 해야 할 일이 밀려 있긴 했지만 드라마가 재미있어서 본방을 사수하고 있는데 남편이 들어오더니 "언제나 드라마만 보고 앉아 있고 도대체 하는 일이 뭐야!"라고 말한다면 듣는 아내의 마음은 어떨까요? 듣는 아내의 기분이 좋을 리 없습니다. 아내가 냉장고나 집안이 항상 더러운 것은 아니라고 생각한다면 남편의 역정은 공정하지 않은 비난이라고 느낄 것입니다. 어떤 표현이 문제가 된 건가요? '항상', '또', '언제나' 같은 표현입니다. 어쩌다 그런 일을 역사적인 것으로 만들고 있기 때문입니다.

자녀들에게는 하는 말도 한 번 들여다보겠습니다. 주말에 외출하는 아이가 단정하지 않게 옷을 입은 것을 본 엄마가 "너는 항상 왜 그렇게 옷을 입니 제발 좀 제대로 입고 다녀!"라고 말한다든지, 학원에 갔다 와서 오랜 만에 게임을 하고 있었는데 "또 컴퓨터 게임하니? 숙제는 했어?"라고 말하면 아이의 기분은 어떨까요? 기말고사 성적이 별로 좋지 않게 나온 것을 본 엄마가 "너는 언제나 하는 게 이 모양이니, 한심한 녀석!"이라고 말하면 아이의 마음은 어떨까요? 이런 문장에서 공통적으로 빼야 하는 단어가 있습니다. '항상', '또', '언제나' 같은 단어입니다. 문제가 되는 행동이 있으면 그것을 구체적으로 말하여 수정하는 것은 좋은 일이지만 마치 역사적으로(?) 계속되어 온 일인 것처럼 공격하면 아이는 방어적이 될 뿐 아니라, 공격적으로 바뀌어 일탈할 수도 있습니다.

있는 그대로 말하기

어떤 행동에 대한 꾸중이나 화남의 표현은 그 사건에 국한되는 것이 좋고, 과거의 행동과 연관되어 있는 것처럼 말하지 않는 것이 지혜입니다. 이런 표현 방법을 토마스 고든은 나-전달이라 했는데 원리가 있습니다.

> 첫째, 비난 없이 문제가 되는 행동을 서술하라.
> 둘째, 그로 인한 당신의 감정을 말하라.
> 셋째, 그것이 당신에게 미치는 구체적인 영향을 언급하라.

이 세 가지 원리를 따라 '당신은 약속한 것을 항상 안 지키지!'라는 문장을 예문으로 삼아 다시 표현해 보겠습니다.

> 1) 당신이 약속을 안 지키면
> 2) 나는 무시당한 것 같은 느낌이 들어서 화가 나고
> 3) 당신에게 밥상을 차려 주고 싶은 마음이 없어져.

다시 '당신은 쉬는 날이면 언제나 잠만 자는 거야?'라는 표현을 나 전달법으로 말해 보겠습니다.

1) 당신이 쉬는 날 잠을 자고 있으면
2) 피곤하겠다는 생각보다는 너무 자기만 생각한다는 마음에 밉기도 하고
3) 함께 시간을 보내고 싶은 소원이 무시당하는 것 같아서 속상해.

어떻습니까? 듣는 사람이 기분 나쁠까요? 그러지 않을 것이라면 이유는 무엇일까요? 이런 표현에는 상대방을 비난하는 내용이 없기 때문입니다. 말하는 사람의 느낌이 표현되고, 자신이 겪는 어려움을 도와달라는 요청이 들어 있기 때문에 듣는 사람은 기꺼이 상대방을 돕고자 합니다. 이런 형태의 표현은 관계를 망가뜨리지 않으면서도 상대방의 행동을 바꾸게 하는 힘이 있습니다.

> 무릇 더러운 말은 너희 입 밖에도 내지 말고 오직 덕을 세우는 데 소용되는 대로 선한 말을 하여 듣는 자들에게 은혜를 끼치게 하라 하나님의 성령을 근심하게 하지 말라 그 안에서 너희가 구원의 날까지 인치심을 받았느니라 너희는 모든 악독과 노함과 분냄과 떠드는 것과 비방하는 것을 모든 악의와 함께 버리고 서로 친절하게 하며 불쌍히 여기며 서로 용서하기를 하나님이 그리스도 안에서 너희를 용서하심과 같이 하라(엡 4:29~32)

Q 위의 성경 말씀을 읽고 답해 봅시다.

1. 어떤 말은 입 밖에 내지 않아야 하나요?
   _____

2. 서로에게 어떻게 말하는 것이 좋은가요?
   _____

성경은 우리에게 더러운 말은 입 밖에도 내지 말라고 권할 뿐 아니라, 서로 친절하게 말할 것을 당부하고 있습니다. 마음으로는 사랑한다고 하면서 표현

은 거칠게 하면 그것을 사랑으로 받아들일 사람은 많지 않을 것입니다.

사랑으로 말하기

너희 모든 일을 사랑으로 행하라 (고전 16:14)

우리의 말에는 미움과 불만족이 들어 있는 경우가 있습니다. 그런 상태에서 대화가 몇번 오고 가면 싸움으로 이어질 확률이 높습니다. 표정이나 어감 속에 사랑이 들어 있는 말을 하려고 노력해야 합니다.

누추함과 어리석은 말이나 희롱의 말이 마땅치 아니하니 오히려 감사하는 말을 하라 (엡 5:4)

상대방의 행동을 보고 희롱하거나 어리석게 말하지 말고 감사의 나 전달을 하는 것은 지혜로운 일입니다. 예를 들어 출근하는 길에 음식물 쓰레기를 버리고 가는 남편을 보고 "아이구~ 해가 서쪽에서 뜨겠네 서쪽에서 뜨겠어!"라며 희롱하면 남편은 다시 그런 행동을 하고 싶지 않을 것입니다. 감사의 말을 하는 것이 좋습니다. "출근하는 길에 냄새날 텐데 도와줘서 고마워요" 말하면 남편은 또 그런 일로 아내를 도와주고 싶어 합니다. 비슷한 표현을 공부하는 아이에게 해 볼 수 있습니다. 밤늦게까지 공부하는 아이에게 "웬일이니? 네가 공부를 다 하고 살다보니 별 일도 다 있네!"라고 말하면 아이의 기분이 어떨까요? 희롱 당한다고 느껴서 불쾌할 겁니다. 그러나 "우리 아들(딸)이 밤늦게까지 공부하는 것을 보니까 엄마는 참 행복하다"고 말하면 아이는 더 자주, 더 많이 엄마를 행복하게 만들어 주려고 노력할 것입니다.

"칭찬은 고래도 춤추게 한다"는 말은 책 제목이면서 동시에 칭찬이 동기 부여에 결정적이라는 뜻으로 쓰는 표현입니다. 그런데 칭찬은 자칫하면 역효과를 낼 수도 있습니다. 칭찬이 과장되어 있다고 느끼면 도리어 반감을 사서 역효과를 내기도 합니다. 특히 청소년들에게는 사실에 근거한 구체적인 칭찬이 아니면 관계가 까다로워질 수도 있습니다.

또 칭찬하는 사람이 심판자처럼 느껴지게 되는 것도 위험입니다. 음식물 쓰레기를 버리고 출근한 남편에게 "당신 잘 했어!"라고 말하면 그것은 감사의 나-전달이 되기보다는 아내가 심판자의 위치에 서는 형국이 되어 어색해집니다. 그래서 칭찬보다는 나-전달이 훨씬 좋은 표현입니다.

"무릇 내가 사랑하는 자를 책망하여 징계하노니 그러므로 네가 열심을 내라 회개하라"(계 3:19)고 하나님의 사자는 라오디게아 교회에 편지하였습니다. 뜨겁지도 아니하고 차지도 아니한 것을 책망하면서 부족함에 대해 눈을 뜨기 바라셨던 것입니다. 상처 입히고 있으면서도 인식하지 못하던 것을 새롭게 깨달아 비난 없이 말하는 사람이 된다면 하나님이 기뻐하실 것입니다.

> **선포합니다**
> † 나는 비난하는 말로 다른 사람에게 상처 준 것을 회개합니다.
> † 나는 비난 없이 말하는 훈련을 하겠습니다.
> † 희롱하는 말 대신 감사의 말을 하겠습니다.

29 따뜻한 소통

성경 〈에베소서〉 3:13~18   요절 〈골로새서〉 3:13~14

지난 한주 하나님께서는

_____

_____

_____

소통을 공부해야 하는 이유

'소통'이라는 단어는 한문으로 트일 소(疏), 통할 통(通)으로 막힌 것이 트여서 잘 통하게 되었다는 뜻을 담고 있습니다. 정체되었던 교통 상황이 원활하게 되었다든지, 막혀 있던 두 사람의 관계가 좋아졌을 때 쓰는 말입니다. 오늘은 소통을 주제로 공부하려고 합니다.

　소통이란 주제를 성도들이 공부해야 할 이유는 무엇일까요? 성장과 더불어 자아 정체감이 확립되면서 독특한 개성을 가진 두 사람 사이에 그리고 이익을 달리 하는 두 집단 간에 불통되는 일이 많아졌기 때문입니다. 길은 넓어졌는데 사람들의 마음은 좁아지고, 매체는 좋아졌는데 소통에는 더 많은 어려움이 발생했습니다. 세대 간, 계층 간, 심지어 한 집에 사는 부모 자녀 사이에도 막힌 담이 생겨서 불통의 시대가 되었습니다.

사랑하는 사람과 소통하기 어려운 이유는 무엇일까요? 소통을 위한 구체적인 노력이 부족했기 때문입니다. 아버지 다윗과 아들 압살롬 사이에는 사랑이 있었습니다. 그러나 서먹해진 관계를 풀어갈 구체적인 노력이 부족했습니다. 아버지와의 따뜻한 관계를 그리워했던 압살롬은 자신만의 노력으로는 관계 회복이 어렵다고 판단하여 군대 장관 요압의 도움을 청하기도 했지만, 끝내 문제 해결이 힘들다고 느끼자 쿠데타를 일으켜서 아버지를 권좌에서 축출했습니다. 그리고 미처 도망치지 못했던 후궁들과 백주에 동침하는 악행도 저질렀습니다. 상황이 이에 이르자 아버지 다윗은 쿠데타를 진압하기 위해 혼신의 힘을 다했고, 그 과정에서 아들 압살롬이 죽자 통곡합니다.

> 왕의 마음이 심히 아파 문 위층으로 올라가서 우니라 그가 올라갈 때에 말하기를 내 아들 압살롬아 내 아들 내 아들 압살롬아 차라리 내가 너를 대신하여 죽었더면, 압살롬 내 아들아 내 아들아 하였더라(삼하 18:33)

아들 압살롬의 죽음을 이렇게 가슴 아파하면서 다윗은 왜 아들과의 관계 회복을 위해 아무런 조치도 취하지 않았을까요? 관계 개선을 위해 아버지 다윗이 먼저 노력해야 했다는 것은 분명합니다. 그러나 다윗에게 한계가 있었습니다. 다윗은 유능한 왕이었고, 하나님을 사랑하는 신실한 신앙인이었지만 자식과 소통하는 구체적인 기술이 부족했습니다. 또 아버지 다윗에게는 압살롬이 다말 문제로 큰 형 암논을 죽인 것에 대한 분노도 있었습니다. 형을 죽인 살인자를 어떻게 다루나 지켜보는 백성들의 눈치를 보느라 선뜻 자식 앞에 나서지도 못했습니다. 가족 문제에 관하여 우유부단했던 다윗의 일처리 방식은 가족 문제를 더욱 꼬이게 하고 말았습니다. 소통의 부재가 낳은 비극이었습니다.

> 누가 누구에게 불만이 있거든 서로 용납하여 피차 용서하되 주께서 너희를 용서하신 것 같이 너희도 그리하고 이 모든 것 위에 사랑을 더하라 이는 온전하게 매는 띠니라 (골 3:13~14)

온전한 관계를 원한다면 세 가지를 기억하라고 성경은 권하고 있습니다. 용납, 용서, 그리고 사랑을 더 하는 것이 그것입니다.

용납, 용서, 그리고 사랑으로

따뜻한 소통을 하려면 먼저 용납, 너그러이 받아 주는 것이 필요합니다. 상대방을 너그러이 받아 주려면 그의 연약함과 한계를 이해하고 "나도 틀릴 수 있다", "나에게도 잘못이 있다"는 열린 마음이 필요합니다. 경기장의 심판도, 법관의 판결도, 학자의 학설도, 나 자신의 판단도 모두 완전할 수는 없습니다. 누구나 오류를 범할 수 있습니다. 오류의 가능성을 인정하는 것이 소통의 시작이요, 따뜻한 관계의 출발점입니다.

독일의 동물학자 야콥 폰 윅스퀼은 모든 동물은 자신만의 가상 세계를 가지고 산다는 것을 알아냈습니다. 예를 들어 까마귀는 움직이지 않는 메뚜기는 잡아먹지 않습니다. 메뚜기가 움직이지 않으면 까마귀는 그것이 메뚜기라고 인지하지 못하는 것입니다. 또 닭은 소리를 듣지 못하면 병아리가 위험에 처해 있음에도 불구하고 그것을 알아차리지 못합니다. 수많은 실험과 관찰을 통해 윅

스쿼이 발견한 것은 모든 동물이 자신만의 독특한 인지 구조, 이해의 틀을 가지고 있다는 것이었습니다. 이런 원리는 사람에게도 적용됩니다. 사람들도 자신만의 독특한 가상 세계를 갖고 있으므로 이 상대방을 이해하는 열린 마음으로 다가가야 합니다. 그러지 않으면 소통은 어려운 일이 됩니다.

제 모친은 나이가 80이 넘었는데 안부 전화를 드리면 언제나 "밥 먹었냐?"고 묻습니다. 전화를 끊을 때면 "차 조심해라" 하고 당부합니다. 밥을 굶고 사는 세상도 아니고, 아들의 나이도 이제 50이 넘었는데 "차 조심하라"는 말은 영혼 없는 인삿말처럼 느껴져서 반갑지 않았습니다. 그러던 어느 날 어머니가 걸어가시는 뒷모습을 보게 되었습니다. 무거운 짐을 머리에 이고 다니셨던 어머니의 다리가 항아리처럼 휘어 있었습니다. 눈물이 핑 도는데 주체할 수가 없었습니다. 그 후로부터 "밥 먹었냐"라는 말이 "별 일 없느냐, 밥 굶는 일은 없느냐"는 말로 들리기 시작했습니다. 아버지가 일찍 돌아가신 이후 어머니는 홀로 우리를 키우셨는데 경제적인 어려움으로 인해 온 가족이 굶은 적이 몇 번 있었습니다. 어머니에게는 새끼들이 밥 먹는 문제가 중요한 일이 되었습니다. 안 해 본 노동이 거의 없으셨던 어머니의 일생을 이해하면서부터 영혼 없는 말처럼 들리던 "밥 먹었냐?"가 다르게 들리기 시작했습니다. "차 조심하라"도 "너는 소중한 내 새끼다"라는 말씀으로 들렸습니다. 이해하게 되니까 소통이 따뜻해졌습니다.

용납과 관련된 또 하나의 주제는 겸손입니다. "나는 옳고 너는 틀렸다"고 생각하니까 소통이 어렵습니다. "나도 틀렸을 수 있다"고 생각하면 소통은 한결 쉬워집니다. 움베르토 마투라나는 "모든 동물은 상대를 알아보는 인지 시스템이 닫힌 상태로 작동한다"고 말합니다. 외부에서 들어오는 자극이나 사건을 있는 그대로 받아들이는 것이 아니라, 자신의 독특한 인지 구조를 따라 받아들인다는 것입니다. 이러한 특징은 심리학적이라기보다는 생물학적입니다. 생물학적으로 인간의 안구 뒷면 중 한 곳에 맹점이 있다 합니다. 빛이 들어와도 인식할 세포가 없기 때문에 바깥에서 일어난 것을 전혀 보지 못합니다. 그럼에도 마치 모든 것을 본 것처럼 느끼는 까닭은 뇌의 속임수라 합니다. 어떤 사건이 발생했을 때 현장에서 직접 경험해도 전혀 보지 못한 부분이 있는 이유가 여기 있습니다. 그러므로 내가 놓친 부분, 내가 보지 못한 부분이 있다는 것을 인정해야 합니다. 내가 보지 못한 부분이 있다는 것을 인정하면 다른 사람들이 봤다고 할 때 수용할 수 있는 여지가 생깁니다. 그런 열린 마음은 서로의 필요성을 느끼게 하고, 시너지 효과를 극대화할 수 있게 해 줍니다.

이 풍랑, 나 때문입니다.

더 나아가 일이 어렵게 된 것에 대한 책임이 나에게도 있다고 인정하면 문제 해결의 실마리는 생각보다 쉽게 찾을 수 있습니다. 구약성경〈요나서〉를 보면 요나는 비록 하나님의 명령을 뿌리치고 도망하는 중이나 자신의 과오를 인정할 줄 알았습니다.

> 그들이 서로 이르되, 자 우리가 제비를 뽑아 이 재앙이 누구로 말미암아 우리에게 임하였나 알아 봅시다 하고 곧 제비를 뽑으니 제비가 요나에게 뽑힌지라 무리가 그에게 이르되 청하건대 이 재앙이 누구 때문에 우리에게 임하였는가 말하라 네 생업이 무엇이며 네가 어디서 왔으며 네 나라가 어디며 어느 민족에 속하였느냐 하니 그가 대답하되 나는 히브리 사람이요 바다와 육지를 지으신 하늘의 하나님 여호와를 경외하는 자로라 하고 자기가 여호와의 얼굴을 피함인 줄을 그들에게 말하였으므로 무리가 알고 심히 두려워하여 이르되 네가 어찌하여 그렇게 행하였느냐 하니라 바다가 점점 흉용한지라 무리가 그에게 이르되 우리가 너를 어떻게 하여야 바다가 우리를 위하여 잔잔하겠느냐 하니 그가 대답하되 나를 들어 바다에 던지라 그리

하면 바다가 너희를 위하여 잔잔하리라 너희가 이 큰 폭풍을 만난 것이 나 때문인 줄을 내가
아노라 하니라(욘 1:7~12)

> **Q** 위의 성경 말씀을 읽고 답해 봅시다.
>
> 1. 재앙의 원인을 구명하고자 제비를 뽑자 누가 뽑혔나요?
> _____
>
> 2. 요나는 이 풍랑이 누구 때문이라고 대답했나요?
> _____

요나는 앗수르의 수도였던 니느웨로 가서 회개할 것을 외치라는 하나님의 명령을 뒤로하고 반대쪽에 있는 항구 다시스로 갔습니다. 도망가려고 탔던 배가 풍랑을 만나고, 이 위기에 이유가 있다고 느낀 선원들이 제비를 뽑자 요나는 풍랑이 자기 때문이라고 인정합니다. 바다에 자기를 던지면 풍랑은 고요해질 것이라고 했습니다. 망설이던 선원들은 요나를 바다에 던졌고, 풍랑은 고요해졌습니다. 소통이 되지 않을 때 그 책임을 전적으로 남에게만 전가하면 해결의 실마리를 찾기 어렵습니다. 이 풍랑 나 때문이라고 했던 요나의 태도를 가질 때 문제는 쉽게 수습될 수 있습니다.

용서하려면

따뜻한 소통을 위해 빼놓을 수 없는 또 하나의 주제는 용서입니다. 상대방의 실

수와 잘못을 용서할 때 막혔던 담이 허물어집니다. 그런데 용서가 어렵습니다. 용서를 통해 가장 큰 이익을 보는 사람은 용서하는 본인이라는 것을 알고 있는데도 용서하기 어렵습니다. 우리의 용서는 어디에서 시작되어야 할까요? 시몬 웨일은 "나라는 존재도 실은 생각하는 것과 다른 모습이다. 그것을 아는 것이 용서이다"라고 했습니다. 나라는 존재가 생각하는 것처럼 그렇게 훌륭하지 않고, 오히려 허물과 연약함이 많은 존재라는 것을 인식하는 데서 용서는 시작합니다.

부모에게 받은 상처 때문에 살았으나 내면이 죽어가고 있는 자식들, 자식들로 인해 분노를 곱씹으며 살아가는 부모들, 신뢰했던 사람의 배신으로 인하여 괴롭힘 당하며 사는 사람들, 그들 대부분이 용서하지 못하여 어려움을 겪고 있습니다. 용서했으면 훨씬 편안한 삶을 살았을 텐데 그렇게 하지 못해서 끝내 불행하게 살아갑니다. 세상이 내가 기대한 만큼의 반응을 보이지 않을 때도 용서하며 살아가면 비교적 편안한 인생을 살아갈 수 있는데 억울하게 생각하고, 분노하면 결과적으로 자신에게 손해가 됩니다.

〈사무엘상〉 18장에 6~14절을 보면, 사울은 골리앗을 물리친 다윗을 위협적인 존재로 받아들였습니다. 백성들의 마음이 다윗을 향하고 있다고 느꼈기 때문이었습니다. 백성들이 다윗을 사랑하는 것에 대해 너그러운 마음을 가질 수 있어야 했는데 그러지 못했습니다. 본인이 백성들의 마음을 얻기 위해 더욱 노력했으면 좋았을 텐데 그런 일은 하지 않고 배신감에 치를 떨면서 죄 없는 다윗만 죽이려고 했습니다. 그를 죽여 없애면 백성들의 사랑을 독차지할 수 있으리라 생각한 까닭입니다. 결과적으로 보면 사울의 그런 처신은 자멸로 이어지고 말았습니다.

어떤 대학 교수가 자신의 아버지 이야기하는 것을 들은 적이 있습니다. 시골에 계신 아버지는 동양화(?)를 좋아하셔서 평생 번 모든 재산을 놀음으로 사회에 환원(?)했답니다. 그것이 가정에 큰 상처가 되어 형은 술을 많이 마셨고, 자신도 아버지를 그다지 좋아하지 않았다 했습니다. 그런데 어느 순간부터 아버지의 뒷모습이 보이기 시작하더랍니다. 사랑하는 사람의 뒷모습이 보이면 사랑이 시작된 것이라 하던가요? 그동안 가족들 모두를 힘들게 해서 밉기만 했던 아버지가 측은하게 여겨지면서 용서가 되고 사랑하는 마음이 회복되자 소통이 따뜻해지더랍니다.

Q 〈창세기〉 50장 15~21절 말씀을 읽고 답해 봅시다.

1. 요셉의 형들은 무엇을 두려워했나요?
   _____

2. 요셉은 왜 울었을까요?
   _____

　요셉은 아들의 이름을 므낫세라 지었습니다. "잊혀지게 하는 자"라는 뜻을 갖고 있다고 합니다. 가정을 이루고 자식을 낳으면서 요셉은 자신의 인생에 불어닥쳤던 억울한 일들과 형들의 과오를 용서하기로 했던 것이 아닐까요? 그렇다면 복수하려는 생각은 오래 전에 없어진 것입니다. 복수는 하나님에게 속한 것이라 믿게 되었고, 자신에게는 사랑할 의무만 있다고 받아들였습니다. 특별히 하나님의 거대한 시나리오를 인식한 요셉은 형들의 과오가 하나님의 섭리 안에서 일어난 것임을 알았습니다. 불가피했던 일로 인해 형들을 미워하며 살지 않기로 한 것입니다.

사랑을 더하다

요셉의 용서는 하나님 계획에 대한 이해와 형들에 대한 사랑에서 시작되었다 하겠습니다. 소통하려면 사랑이 더해져야 합니다. 사랑은 허다한 허물을 덮습니다. 상당한 허물이 있음에도 그것을 덮어 주는 것이 사랑입니다. 어떤 부인으로부터 들은 이야기입니다.

> 결혼하여 사글세를 살다가 전세로 이사하고, 전세를 살다가 자그마한 집을 마련하여 잔금을 치르러 가는 길이었답니다. 택시를 타고 약속된 장소에 도착하니 가방이 없었습니다. 가방을 택시 안에 놓고 내린 것이었습니다. 백방으로 찾아봤지만 잔금이 든 가방을 되찾지 못했습니다. 퇴근한 남편이 잔금은 잘 치렀느냐고 묻는데 말은 나오지 않고 하염없이 눈물만 흘러내리더랍니다. 내막을 들은 남편이 아내를 위로하며 하는 말이 "괜찮아, 돈은 다시 벌면 되지 뭐. 그냥 깨끗하게 잊어버려" 하며 위로해 주는데 너무 고맙더랍니다. 그때 이 남편을 위해서라면 어떤 일도 할 수 있겠다는 마음이 들었다고 했습니다.

용납하고 용서하며 사랑을 더할 때 따뜻한 소통은 가능해집니다. 그리고 소통이 따뜻하게 이루어지는 그곳에 하나님도 계십니다. 여러분의 따뜻한 관계로 인해 하나님이 더욱 풍성하게 계시기를 바랍니다.

🕊 선포합니다
† 나는 소통을 위해 구체적으로 노력하겠습니다.
† 닫힌 마음 대신 열린 마음을 갖겠습니다.
† 불통된 데는 나에게도 원인이 있음을 인정하겠습니다.

성경 〈누가복음〉 10:38~42 요절 〈마가복음〉 10:45

30 섬김

지난 한주 하나님께서는

_____
_____
_____

섬기며 살다가 목숨까지 주고 가신 삶

예수님이 십자가를 앞에 두고 예루살렘으로 올라가실 때 제자들 사이에서는 "누가 더 크냐"는 문제로 다툼이 일었습니다. 그때 예수님이 말씀하십니다.

> 예수께서 불러다가 이르시되 이방인의 집권자들이 그들을 임의로 주관하고 그 고관들이 그들에게 권세를 부리는 줄을 너희가 알거니와 너희 중에는 그렇지 않을지니 너희 중에 누구든지 크고자 하는 자는 너희를 섬기는 자가 되고 너희 중에 누구든지 으뜸이 되고자 하는 자는 모든 사람의 종이 되어야 하리라 인자가 온 것은 섬김을 받으려 함이 아니라 도리어 섬기려

하고 자기 목숨을 많은 사람의 대속물로 주려 함이니라(마 10:42~45)

예수님은 세상 집권자들과 제자들의 삶을 비교하여 말씀하셨습니다. 세상 집권자들은 권세를 부리지만 너희들은 섬기는 자가 되어야 한다고 했습니다. 당신이 이 땅에 오신 이유도 섬기는 데 있고, 심지어 목숨까지 대속물로 주기 위함이라고 했습니다.

예수의 제자들은 어떤 삶을 살아야 할까요? 그분처럼 살아야 합니다. 섬기며 살다가 마지막 목숨까지 세상을 위해 주고 가는 삶, 그것이 그리스도인의 삶입니다. 그런데 왜 섬김의 삶을 살기가 어려운 것일까요? 섬김받기 원하는 본성 때문이고, 우월하고 싶은 욕심 때문입니다.

〈창세기〉 3장에는 아담과 하와가 사탄의 유혹에 넘어가는 사건이 나옵니다. 하나님처럼 되기를 원했던 아담과 하와가 막상 선악과를 따먹은 다음 얻은 것은 분리와 죽음이었습니다. 그들은 하나님이 임의로 주관하고 군림하는 것으로 잘못 이해한 까닭에 자신들도 하나님처럼 되기를 원했습니다. 그러나 하나님처럼 되기 원했던 처음 사람들은 결국 행복의 동산에서 내쫓기고, 하나님과의 분리에서 오는 고통을 겪으며 살아야 했습니다. 소외를 경험한 아담과 그의 후손들은 참 인간의 삶을 선택하는 대신 여전히 우월해지는 것으로 자신의 존재 가치를 확인하려고 땀 흘리고 있습니다. 그런데 예수님은 우리에게 섬기는 자가 되라고 합니다. 섬기는 삶은 어떤 것일까요?

섬김은 환대, 실제적인 도움 주기, 남이 하는 이야기 들어 주기, 생명의 말씀 나누기, 보편적인 예절 등 다양한 형태로 나타납니다.

환대

섬김은 먼저 환대로 나타납니다. 환대는 "반갑게 맞아 후하게 대접하는 것"이라고 국어사전에 정의되어 있습니다. 만나는 모든 사람을 반갑게 맞이하고, 후하게 대접하는 것이 환대, 섬김입니다.

> 너희는 모든 악독과 노함과 분냄과 떠드는 것과 비방하는 것을 모든 악의와 함께 버리고 서로 친절하게 하며 불쌍히 여기며 서로 용서하기를 하나님이 그리스도 안에서 너희를 용서하심과 같이 하라(엡 4:31~32)

Q 위의 성경 말씀을 읽고 답해 봅시다.

1. 버려야 할 것은 무엇인가요?
   _____

2. 서로 어떻게 대해야 하나요?
   _____

우리는 가까운 사람들에게도 미움과 분노, 악독이 가득한 마음으로 대할 때가 있습니다. 친절하고 따뜻한 마음으로 환영하여 맞이해야 하는데 거부하는 마음, 꼴도 보기 싫은 마음으로 대합니다. 그런 태도는 사랑의 소통을 불가능하게 만듭니다. 맘에 들든지 들지 않든지, 내가 좋아하든지 싫어하든지 일단 환영하고 반갑게 대하는 것이 기독교적 섬김의 시작입니다.

자녀들은 그 가정에 온 귀한 손님과 같습니다. 아이들을 반갑게 대하여 사랑하는 마음으로 하루를 시작하고, 저녁이 되었을 때 감사한 마음으로 잠자리에

드는 것이 일과의 시종이어야 합니다. 그럼에도 많은 가정에서 꾸짖음과 비난과 고함 소리로 하루를 시작하고 무관심으로 하루를 마무리합니다. 오늘이 아이들과 사는 마지막 날이라면 어떻게 대하시겠습니까? 오늘이 마지막일 수 있다는 생각, 종말론적 자세로 자녀들을 환대하십시오.

어떤 분은 자녀를 기독교적으로 기르고 있다고 말하고, 제자 훈련을 받았다며 으스대기도 하는데, 자녀를 대하는 태도를 보면 섬김이 아니라 군림이요, 사랑이 아니라 원망과 비난으로 가득 차 있음을 봅니다. 복음에 대한 이해가 잘못되어 있거나 신앙이 입술에만 머물러 있어서 마음과 행동에 스며들지 못한 까닭일 것입니다. 섬김의 삶을 사셨던 예수님처럼 자녀를 내 틀 안에 가두는 것이 아니라 자유롭게 하고, 자유로운 가운데서 하나님을 사랑하는 사람으로 길러야 합니다. 아이들을 잘 섬겨서 잠재된 능력을 발휘하게 하고, 하나님 형상을 가진 본래성을 회복할 수 있도록 돕는 것이 어른들이 할 일입니다.

가정에서 시작된 환대가 가족을 넘어 가까운 사람이나 알지 못하는 사람들에게로 물결처럼 번져 가야 합니다. 만나는 모든 사람에게 친절하고, 낯선 사람에게도 그들이 이 세상에 온 것을 환영하고 기쁘게 맞아 준다면 그것만으로도 아주 귀한 일을 하는 것입니다.

> 내가 두어 자를 교회에 썼으나 그들 중에 으뜸되기를 좋아하는 디오드레베가 우리를 맞아들이지 아니하니 그러므로 내가 가면 그 행한 일을 잊지 아니하리라 그가 악한 말로 우리를 비방하고도 오히려 부족하여 형제들을 맞아들이지도 아니하고 맞아들이고자 하는 자를 금하여 교회에서 내쫓는도다 사랑하는 자여 악한 것을 본받지 말고 선한 것을 본받으라 선을 행하는 자는 하나님께 속하고 악을 행하는 자는 하나님을 뵈옵지 못하였느니라 데메드리오는 뭇 사람에게도, 진리에게서도 증거를 받았으매 우리도 증언하노니 너는 우리의 증언이 참된 줄을 아느니라 (요삼 1:9~12)

> **Q** 위의 성경 말씀을 읽고 답해 봅시다.
>
> 1. 디오드레베는 무엇을 좋아했나요?
> _____
>
> 2. 디오드레베는 어떤 연약함을 갖고 있었나요?
> _____

요한은 가이오가 낯선 순회 전도자들을 환영한 것을 칭찬하면서 성도들에게 디오드레베를 본받지 말라고 경고했습니다. 그는 교회 안에서 으뜸이 되기를 좋아하였으나 섬기는 삶은 살지 않았습니다. 요한은 그런 디오드레베를 교회의 모델로 삼지 말라고 했습니다.

제가 지하상가 교회에서 전도사로 일할 때 허름한 옷을 입은 한 남자가 매주 예배에 참석했습니다. 저는 반갑게 그 분을 맞이했습니다. 그런데 어느 날 그 분이 담임 목사님을 찾아와서 제게 주라며 금일봉을 전달하고 갔습니다. 교회에 와서 환대받은 것이 너무 감사했다는 말과 함께 건네준 금일봉은 액수가 커서 모든 교역자가 함께 양복을 해 입었던 경험이 있습니다.

환대하는 것이 당연한데 사례하며 감사하는 세상이 되었습니다. 그만큼 사람들은 따뜻하고, 조건 없는 환영에 목말라하고 있습니다.

구체적으로 돕기

실제로 돕는 것은 우리에게 익숙한 섬김입니다. 새벽기도 때 함께 차를 타고 오가는 것은 참 보기 좋습니다. 병원에 입원한 믿음의 가족들을 위해 밑반찬을 챙겨 건네는 모습은 보는 사람을 미소 짓게 합니다. 공부는 하고 싶은데 경제적으로 어려운 이에게 소액이라도 장학금을 전달하는 일은 성장하는 젊은이에게 세상이 살 만한 곳이라는 느낌을 주기에 충분합니다. 실제적인 도움을 주는 일을 드러내지 않고, 숨겨진 채로 행하는 분이 많습니다. 아름다운 일입니다.

> **Q** 〈사도행전〉 9장 36~42절 말씀을 읽고 답해 봅시다.
>
> 1. 도르가는 어떤 사람이었나요?
> _____
>
> 2. 사람들은 왜 베드로를 모셔와 도르가를 살려 달라고 했나요?
> _____

도르가는 구체적으로 도움을 주는 사람이었고, 그녀의 도움에 많은 사람이 감동하고 고마워했습니다. 그녀가 죽자 사랑받았던 사람들은 어떻게 해서든지 그녀를 살려야겠다고 생각했습니다. 사도 베드로를 통해 그녀가 다시 살아나는 기적이 일어났는데, 이는 섬김받은 사람들의 마음이 하나로 뭉쳐서 이뤄낸 결과였습니다.

> 또 누구든지 제자의 이름으로 이 작은 자 중 하나에게 냉수 한 그릇이라도 주는 자는 내가 진실로 너희에게 이르노니 그 사람이 결단코 상을 잃지 아니하리라 하시니라 (마 10:42)

듣는 섬김

듣는 섬김도 있습니다. 예수님은 즐겨 베다니에 있는 나사로 집에 가셨습니다. 예고 없이 방문한 예수님을 대접하기 위해 마르다는 분주했습니다. 음식을 맛있게 준비하여 대접하려는 마르다의 수고를 나무랄 일은 아니었습니다. 그런데 마리아가 예수님 발치에 앉아 대화를 나누고 있을 뿐 언니를 돕는 어떤 행동도 하지 않자 마르다는 불만을 토로했습니다. 그러자 예수님은 마리아가 좋은 편을 택했다고 칭찬한 일이 있었습니다.

> 그들이 길 갈 때에 예수께서 한 마을에 들어가시매 마르다라 이름하는 한 여자가 자기 집으로 영접하더라 그에게 마리아라 하는 동생이 있어 주의 발치에 앉아 그의 말씀을 듣더니 마르다는 준비하는 일이 많아 마음이 분주한지라 예수께 나아가 이르되 주여 내 동생이 나 혼자 일하게 두는 것을 생각하지 아니하시나이까 그를 명하사 나를 도와주라 하소서 주께서 대답하여 이르시되 마르다야 마르다야 네가 많은 일로 염려하고 근심하나 몇 가지만 하든지 혹은 한 가지만이라도 족하니라 마리아는 이 좋은 편을 택하였으니 빼앗기지 아니하리라 하시니라
> (눅 10:38~42)

이 이야기는 누군가의 이야기를 들어 주는 것도 섬김이라는 메시지를 담고 있습니다. 음식을 대접하는 것만 섬김은 아닙니다. 그의 말에 경청하고, 공감하는 것은 그 값을 따지기 어려울 만큼 소중한 일입니다. 섬김은 물질적인 것만으로 되는 것이 아닙니다. 누군가의 이야기를 들어 주는 것도 귀한 섬김입니다.

> 즐거워하는 자들과 함께 즐거워하고 우는 자들과 함께 울라(롬 12:15)

즐거워하는 사람들과 함께 즐거워하고 우는 사람들과 함께 우는 공감은 이

시대에 절실히 필요한 일입니다. 기쁜 일에 함께 축하해 달라고 말하기도 조심스럽고, 슬픈 일을 만나 애통함을 쏟아놓을 만한 사람도 별로 없는 세상을 살고 있기 때문입니다. 공감하며 경청해 주는 것이 섬김이 된다는 것을 기억합시다.

생명의 떡 나누기

생명의 떡을 나누는 것도 섬김입니다. 우리가 알고 있는 오병이어의 기적은 벳세다 들녘에서 일어났습니다. 약 5,000명쯤 되는 사람들이 운집하여 예수님의 말씀을 들었습니다. 끼니때가 되어 밥을 먹어야 할 상황인데 먹일 음식이 없었습니다. 예수님은 안드레가 가져온 떡 5개와 물고기 2마리를 가지고 축사한 다음 사람들에게 떼어 주라 하셨고, 제자들이 그렇게 했더니 거기 있던 모든 사람이 배불리 먹고 12광주리나 남았습니다. 이 기적은 우리에게 떡을 나누는 섬김이 있다고 교훈합니다. 제자들이 건넨 떡이 내게 와서 멈춰 버렸다면 기적은 더 이상 일어나지 않았을 것입니다. 그런데 그 떡을 다른 사람에게 떼서 건넬 때 또 기적은 계속되었습니다. 이 떡은 빵 자체를 의미할 수도 있지만, 요한은 더 깊은 의미를 갖고 있다고 해석했습니다.

> 하나님의 떡은 하늘에서 내려 세상에 생명을 주는 것이니라(요 6:33)
> 내가 곧 생명의 떡이니라(요 6:48)

여러 종류의 떡이 있습니다. 매일 먹는 밥, 용기를 주는 말, 그리고 예수님 자신이 떡입니다. 먹을거리가 없어서 고통받는 사람들에게 음식을 주는 것, 좌절한 사람들에게 용기와 일어설 힘을 주는 말, 그리고 생명의 떡이신 예수 그리스도를 나누는 것이 섬김입니다. 이 나눔에서 기적이 일어납니다.

예의 바른 것도 섬김

보편적인 예절을 지키는 일도 섬김입니다. 최근에는 시간과 장소, 그리고 앞에 있는 대상과 상관없이 핸드폰으로 통화하거나 문자를 주고받습니다. 통신기 사용에도 에티켓이 있는데 예절을 찾아보기 어려워지고 있습니다. "사랑은 무례히 행하지 않는 것"(고전 13:5)인데 무례히 행동하는 사람이 많습니다. 사랑은 지금, 여기에 있는 사람에게 집중하는 것인데 앞에 있는 사람을 마치 투명인간처럼 대하고 수화기 너머에 있는 저 사람은 소중한 사람인 양 행동하고 있습니다. 사랑은 앞에 있는 사람에게 집중하는 것입니다. 그러니까 사람이 앞에 있을 때 양해를 구하고 전화를 받거나 소중한 사람과 함께 있을 때는 전화를 꺼두는 것이 예절입니다.

뿐만 아니라, 상대방이 말을 할 때 자르지 않고 끝까지 듣는 것, 처음 보는 사람에게도 반갑게 인사하는 것, 공중도덕을 잘 지키는 것 같은 행동은 단순한 예절이지만 매우 소중한 섬김입니다. 예수님은 말씀하셨습니다. "나는 섬기기 위해 이 땅에 왔다." 우리도 섬기기 위해 이 땅에 와 있습니다.

> 🕊 **선포합니다**
> † 예수님처럼 나도 섬기기 위해 이 땅에 살고 있습니다!
> † 나는 모든 사람을 환대하겠습니다.
> † 나는 오늘 배운 것을 구체적으로 실천에 옮기겠습니다.